普通高等学校物流管理专业系列教材

库存管理
（第2版）

Inventory Management
(Second Edition)

赵晓波 黄四民 编著

Zhao Xiaobo Huang Simin

清华大学出版社

北 京

内 容 简 介

库存管理是物流管理的重要组成部分。本书由 12 章组成,分别从需求预测、确定性库存系统和随机性库存系统介绍库存管理的基本原理和方法,并针对单级库存系统和多级库存系统讨论在不同的管理策略下系统的优化建模、分析求解以及方法和结果的应用。每章在介绍基本内容后还给出了小结与讨论,并扼要说明了某些内容的扩展,同时附有一定量的习题,以帮助读者加深对有关内容的消化和理解。

本书可作为普通高等学校物流管理专业的本科生教材,也可供其他专业的学生和从事物流领域工作的人员参考。

图书在版编目(CIP)数据

库存管理/赵晓波,黄四民编著.—2 版.—北京:清华大学出版社,2018(2023.8重印)
(普通高等学校物流管理专业系列教材)
ISBN 978-7-302-49978-7

Ⅰ. ①库…　Ⅱ. ①赵…　②黄…　Ⅲ. ①库存—仓库管理—物资管理—高等学校—教材　Ⅳ. ①F253.4

中国版本图书馆 CIP 数据核字(2018)第 067439 号

责任编辑:冯　昕
封面设计:常雪影
责任校对:刘玉霞
责任印制:杨　艳

出版发行:清华大学出版社
　　　　网　　　址:http://www.tup.com.cn,http://www.wqbook.com
　　　　地　　　址:北京清华大学学研大厦 A 座　　　　邮　　编:100084
　　　　社 总 机:010-83470000　　　　　　　　　　　邮　　购:010-62786544
　　　　投稿与读者服务:010-62776969,c-service@tup.tsinghua.edu.cn
　　　　质量反馈:010-62772015,zhiliang@tup.tsinghua.edu.cn

印 装 者:三河市铭诚印务有限公司
经　　销:全国新华书店
开　　本:185mm×260mm　　　印　张:16　　　字　数:385 千字
版　　次:2008 年 2 月第 1 版　　2018 年 5 月第 2 版　　印　次:2023 年 8 月第 7 次印刷
定　　价:49.00 元

产品编号:059731-04

编　委　会

普通高等学校物流管理专业系列教材

丛 书 序

物流业正在成为我国新兴的快速发展的行业,对物流人才的需求也急剧上升。据人才市场需求信息统计显示,物流被列为我国 12 类紧缺人才门类之一。业内专家认为,在未来 7~10 年里,随着经济的高速增长和物流业的快速发展,我国将进入物流人才需求的高峰期,人才缺口会持续扩大。

当前,与我国物流业的迅速发展不相协调的是我国物流人才培养体系的滞后,主要表现为以下两个方面:一是物流人才的培养速度跟不上物流业的发展速度;二是物流从业人员大多数没有受过系统的物流教育,与发达国家相比,我国物流从业人员的素质有很大的差距。(据有关统计资料显示,美国物流管理人员大约 95% 拥有学士学位、45% 拥有研究生学位、22% 获得了正式的从业资格证书。)

可喜的是,我国有关教育部门已认识到物流人才培养的紧迫性,在本科专业目录中设置了"物流工程"和"物流管理"两个专业,各专业人才培养的定位如下:

物流工程专业——从工程和技术的角度,对物流系统的硬件进行设计、制造、安装、调试等,同时也需要规划软件的能力。

物流管理专业——应用管理学的基本原理和方法,对物流活动进行计划、组织、指挥、协调、控制和监督,使物流系统的运行达到最佳状态,实现降低物流成本、提高物流效率和经济效益的目标。

现在有条件的大学已纷纷设立了物流相关专业,着力培养物流领域的人才。到目前为止,超过 300 所高校设置了物流专业,其中超过 200 所高校设置的是物流管理专业。

为了促进物流管理专业人才培养体系的规范和完善,2006 年 8 月 26—27 日,清华大学工业工程系召开了"全国高校物流管理(暨工业工程)教学与实验室建设研讨会"。在这次会议上,教材建设问题是大家讨论的一个焦点。会上决定由清华大学和天津大学牵头,组织国内一些在物流管理领域有丰富教学科研经验的专家学者,编写一套体系合理、知识实用、内容完整的物流管理专业系列教材,以满足各兄弟院校本科人才培养的需求。

在此后的一个月,清华大学和天津大学进行了充分沟通,初步确定了教材定位与教材结构。为了使这套教材真正编出特色、编出水平,又进一步确定了南京大学、同济大学、上海交通大学、华中科技大学、中国科学技术大学、对外经济贸易大学等院校物流管理专业的教师组成"普通高等学校物流管理专业系列教材"编委会,共同完成这套教材的组织与编写工作。

2006 年 10 月编委会正式成立,并于 14—15 日在清华大学召开了编委会第 1 次工作会议,进一步明确了本系列教材的具体编写任务和计划。2007 年 3 月 31 日—4 月 1 日,编委会第 2 次会议在清华大学召开,对教材大纲逐一进行了审查,并明确了编写进度以及编写过程中需要注意的问题,整个教材编写工作进展顺利。

这套教材主要定位为普通高等学校物流管理专业以及其他相关专业的本科生。共有

11 本主教材和 1 本实验教材，分别是《物流导论》《物流网络规划》《现代物流装备》《交通运输组织基础》《库存管理》《采购与供应管理》《企业生产与物流管理》《物流服务运作管理》《物流信息系统》《国际物流与商务》《物流系统仿真》和《物流管理系列实验》。在内容的组织和编排上，与学生已学过的工程管理类专业基础课程的内容成先后关系，一般要求学生在进入本系列的专业课程学习之前，应先修诸如"工程经济学""概率论与应用统计学""运筹学"（数学规划、应用随机模型）、"数据库原理"等课程。

　　这套教材基本涵盖了物流管理专业的主要知识领域，同时也反映现代物流的管理方法及发展趋势，不仅适用于普通高等学校物流管理、物流工程、工业工程、管理科学与工程、交通运输等专业的本科生使用，对研究生、高职学生以及从事物流工作的人员也有很好的参考价值。

　　因水平所限，加之物流工程与管理发展迅速，故教材中不妥之处在所难免，欢迎批评指正，以便再版时修改、完善。

盛昭瀚

2008 年元月于南京大学

第 2 版前言

供应链管理的最主要目的是提高整个供应链的运作效率,包括通过有效的手段使成本达到最低,使收益或利润达到最大,并保证服务水平。

通常,根据供应链的结构,可以将其模拟为多级库存系统。在本书的第 1 版中,分别在第 6 章、第 7 章和第 10 章介绍了多级库存系统的分析。内容上,要么是以分散决策的方式让各节点确定自身的库存管理策略,但此时供应链整体不一定达到最优;或者是以集中决策的方式使供应链整体达到最优,但各节点可能会偏离自身的局部最优策略。显然,前者表明系统有改进的空间,而后者因供应链各节点通常属于不同的企业体而难以实施。如何使供应链在分散决策的前提下系统整体达到集中决策的效果,长期以来是供应链管理研究的核心内容之一。已有的研究成果表明,通过设计合同可以达到这一目的,即实现供应链的协调。

本书的第 2 版增加了一章(第 11 章),专门介绍基于库存管理的供应链协调,内容包括确定性模型和随机模型中几种常用的合同。通过本章的学习,可以使学生了解供应链协调的基本原理和方法。

在本章的编写过程中,清华大学研究生薛超参与了内容的组织工作,清华大学谢金星教授也提供了许多帮助,在此一并表示衷心的感谢。

赵晓波　黄四民

2018 年 3 月

第 1 版前言

物流是关于供应链上从供应点到消费地的货物流动。从原材料开始一直到终端顾客，货物要途经一系列的环节，而每个环节都可以看成是货物的集结点，实质上每个集结点就是一个库存点。因此，一条供应链完全可以被模拟为一个库存系统。由于物流管理是对货物在供应链上的流动过程进行管理，库存管理就构成了物流管理的重要组成部分。

库存是为了满足顾客的需求，一个库存系统在运行过程中由于顾客需求对货物的消耗就要经常进行补货，由此会产生一系列的成本，满足顾客需求后会获得收益。库存管理的目标是使系统的运行成本达到最小，或使获得的收益达到最大，需要决策的是确定最优的补货时机和最优的补货批量。为此，首先要建立库存系统的优化数学模型，然后进行分析和求解，最后将所得到的解用于管理库存系统。

从早期的基本经济补货批量模型算起，科学的库存管理方法已有近百年的历史。现在，库存管理已作为运筹学的主要分支，无论是在理论上还是在应用上，其内容得到了极大的丰富。一方面，对于现代物流中出现的一些新的管理问题，许多学者在研究新的库存模型，并寻求有效的求解方法；另一方面，许多管理者也积极开展理论联系实际的实践，并获得了显著的成效。它们是相辅相成的，库存管理的模型理论研究必须建立在具有实际背景的库存系统之上，是将实际的库存系统在运行过程中所遇到的管理问题进行抽象和提炼，然后建立数学模型，在追求完美的理论求解结果的同时，也力求所得结果的实用性。

对于物流管理专业来说，库存管理是一门重要的课程，一本优秀的教科书又是课程建设的重要基础。如何编纂一本适合本科生物流管理专业的教科书，作者的指导思想是，对于学习库存管理，在一定程度上要训练学生的建模能力及分析能力，但本书在这方面的要求没有超过本科生运筹学课程的要求，在许多理论细节上没有纠缠太多。与此相比，更重要的是强调要理解和掌握有关的管理方法和原理，为培养库存管理工作中的科学决策能力奠定基础。

全书共由 11 章组成，在第 1 章绪论后，接下来的 10 章分别讨论 5 部分内容，包括需求预测（第 2 章）、库存管理的一般概念（第 3 章）、确定性库存系统的管理（第 4 章～第 7 章）、随机性库存系统的管理（第 8 章～第 10 章）、其他库存系统（第 11 章）。在确定性库存系统和随机性库存系统中，又分单级库存系统和多级库存系统。相对来说，对于本科生而言，确定性库存系统的内容比随机性库存系统的内容更容易理解和掌握，而多级库存系统比单级库存系统则要更复杂些。

学生在进入本课程的学习之前，应先修"概率论与应用统计学"和"运筹学"的数学规划部分，有条件的话最好还要修"运筹学"的应用随机模型部分。对于随机性库存系统管理的内容，如果学生具备应用随机模型的基础知识，便可以适当讲解详细些，如果学生具备"概率论与应用统计学"的基础知识但对排队系统的知识比较缺乏，则可对第 9 章只作比较粗略的介绍，重点讲解基本管理方法和结果的应用。

　　虽然库存管理的内容非常丰富，以学术研究为主题的文献非常多，但定位于本科生物流管理专业系统讲解库存管理的中英文教科书并不多见。作者在本书的编写过程中，尝试着将一些内容既要反映到教科书中去，又不要超出本科生的范围，实际上处理起来是有相当的难度的。例如，对于随机需求库存系统，连续性盘点 (r, Q) 策略和周期性盘点 (s, S) 策略是主要内容，如果详细介绍它们的建模及精确的最优解求解算法，显然许多知识点已超出了本科生的范围，为了避开这些难点，作者采取了参照安全库存来确定 r 和 s、参照基本经济补货批量来确定 Q 和 S 的方式。此外，对于随机补货提前期库存系统，无论是基准库存策略还是连续性盘点 (r, Q) 策略和周期性盘点 (s, S) 策略，在利用排队系统进行分析时也作了许多近似处理。还有，在介绍多级库存系统的管理时，有些地方也作了近似的处理。虽然文献中很少见到用这些近似方法来制定库存管理策略的介绍，但作者认为，从实用性的角度仍不失为是可取的方法。当然，如果这些内容不作近似处理，则可以将它们放到研究生的课程中去。

　　需要说明的是，库存管理与仓储管理属于不同的范畴，虽然具有一定的关联性，但内容上有很大的区别。本书系统地介绍库存管理的内容，关于仓储管理的内容安排在《物流网络规划》一书中加以介绍。

　　在本书的编写过程中，编委会成员提出了一些宝贵的建议和意见，清华大学出版社给予了大力支持，清华大学研究生李嫦、耿维、周筠、谢金贵、关若曦、高登、陈俊霖、卢稳岩、李喆、王振兴等同学给予了许多帮助，初稿完成后清华大学谢金星教授进行了仔细审阅，在此一并表示衷心的感谢。

　　我们在编写本书的过程中参考了大量的文献资料，由于篇幅所限，在本书的最后仅列出了其中部分参考文献，在此向包括未列入参考文献之中的所有有关的著作者表示衷心的感谢。

　　最后，本书一定还存在着许多不足之处，欢迎广大读者批评指正。

赵晓波　黄四民

2008 年元月于清华大学

目　　录

第 1 章 绪 论

随着人类社会发展的信息化、高科技化和全球化,物流已受到各国政府、学者和管理者的高度重视,并已成为当今社会经济活动的重要组成部分。

目前,国际上比较普遍采用的物流的定义如下:

Logistics is that part of the supply chain process that plans, implements, and controls the efficient, effective flow and storage of goods, services, and related information from the point of origin to the point of consumption in order to meet customers' requirements.

对应地,我国对物流的定义如下:

物流是供应链的重要组成部分,是为了满足消费者需求,有效地计划、管理和控制原材料、中间仓储、最终产品及相关信息从起始点到消费地的流动过程。

由此可见,库存存在于物流及供应链中的各个环节,库存管理是物流及供应链管理的重要工作之一。

1.1 库 存

什么是库存(inventory)? 现在比较流行的说法是:库存是为了满足未来需求而暂时闲置的有价值的资源。这里要强调两点:一是资源,凡是人、财、物、信息等有形的实物和无形的物质都可以属于资源的范畴,如汽车、电视机、服装、电影、民航座位、医疗、咨询等;二是有价值的资源,有些资源可以满足未来的需求,但不一定具有价值,如空气、阳光等,我们可以随时随地获得,但在获取时并不需要付出成本。

库存并不是现代社会特有的产物,一般地,只要有物质生产活动,就会伴随有库存的存在。例如,在古代,人们在春夏季节耕种粮食,秋季收获,然后将收获的粮食储存起来,以维持生存直到第二年重新收获粮食,这一过程就是一个典型的生产与库存的过程。

现代社会的物质生产方式与古代相比有巨大的差别,生产组织形式表现出高度的专业化和信息化。

仍以粮食生产为例。现在,粮食的消费方式已不只是单一的以一日三餐的形式作为唯一的消费方式,粮食会被广泛用来生产酒类、药品等商品。因此,在春耕开始之前,应对未来的市场需求有准确的把握,可以进行市场需求预测,然后确定本年度粮食的耕种面积,接下来要采购种子,在粮食作物生长的过程中,要购入化肥并施到田地里,还有可能要购入农药对农作物打药,到了收割时期将粮食收集上来,并卖给专门的粮食收购部门,再由粮食收购部门分销到商店、酒类生产厂、药品生产厂等企业。在上述许多环节都会有库存,如采购的种子、化肥、农药,粮食收购部门、商店、酒类生产厂、药品生产厂等。

再如汽车生产,一般先要对未来汽车市场的需求进行预测,然后确定未来某段时期的汽车产量。由于汽车生产过程比较复杂,一辆汽车由成千上万个零部件组成,有的属于标准件,有的属于专业件,还有的是自产件。对于标准件,要确定向标准件厂的采购方式,对于专业件,要确定由专业件厂的供货方式,而对于自产件,要安排生产计划。完成的汽车成品被发往专门的经销商进行销售。为了满足顾客多样化的需求,可以由不同的配置组成众多不同规格的汽车成品,如空调可以选择自动恒温空调,也可以选择非自动恒温空调,座椅可以是电动调节座椅,也可以是手动调节座椅,车窗可以具有防夹功能,也可以不具有防夹功能。这样,通过有限的配置可组合成非常多的最终产品。在上述各个环节都可能会有库存,如标准件、专业件、各种配置所代表的物料,以及完成组装的产成品、经销商处的成品等。

还有像计算机的生产,一台计算机可以由不同的CPU、不同的主板、不同的显示器、不同的硬盘等零部件所组成。对于计算机产品,绝大多数的零部件是国内生产,少数核心零部件,如CPU等,是从国外进口。由国内生产的零部件,要确定向零部件厂家的采购方式。从国外进口的CPU等零部件,其采购方式就要复杂得多:一是由于CPU更新换代的周期短,一般2～4个月就有可能研发出新的CPU;二是进口的CPU要经过国际物流的方式进货,手续复杂,采购周期长;三是CPU的价格变化快,同一款型号的CPU每周的价格都有可能不一样。在上述各个环节,无论是国产的零部件,还是进口的核心零部件CPU,都会有库存。

此外,像连锁经营的超市,一般公司有一个仓储配送中心,集中采购成千上万种商品,并暂存在仓储配送中心里,当下游经销店需要补充货物时,就从仓储配送中心将货物配送到下游经销店。一个连锁经营的餐饮公司也具有类似的业态,所不同的是餐饮业是以生鲜食品物料为主。因此,对于一个连锁经营的企业,在仓储配送中心和下游经销店都存在库存。

由上可知,无论是生产领域还是流通领域,库存是普遍存在的。从宏观上来看,一个国家全国范围内生产出的产品,平均将有2～3个月的库存期。库存大部分分布在生产领域和流通领域,约占总库存的90%。

1.2　库存的类型与作用

库存普遍存在于国民经济的各个领域,但它们会表现出不同的型态。另外,库存是暂时闲置的有价值的资源,应具有相关的作用。

1.2.1　库存的类型

对于一个生产企业来讲,其功能是通过一系列的工艺过程生产出产品来,因此库存主要有以下几种类型。

（1）原材料库存:未经加工被直接用于生产产品的材料的库存,如钢材、木板、染料等的库存。

（2）零部件库存：已经过一定的加工被直接用于生产产品的材料的库存，如发动机、CPU、电机等的库存。

（3）在制品库存：在完成最终加工之前的物品的库存。

（4）成品库存：已完成最终加工的物品的库存。

（5）备件、工具、设备等的库存：用来生产产品的物品的库存。

对于一个流通企业来讲，它不再改变产品的形状、性能和功能，但也可能会有适当的流通加工，诸如改变包装、商标标牌粘贴、产品搭配配套等，因此库存主要有以下几种类型。

（1）流通加工前产品库存：从生产厂家购进的成品，但还未进行流通加工的产品的库存。

（2）流通加工后产品库存：已进行了流通加工的产品的库存。

当然，也有许多流通企业并不存在流通加工，所有的加工工作已在出厂前完成，在这种流通企业里则只有上述后一种型态的库存。

还有一种库存型态，并不一定存在于生产领域或流通领域，这就是运输中的库存。在某些情况下，运输中的库存量是相当可观的，例如在日本流行的"零库存"管理方式，在库存集结点处的库存量很低，但补货频率却很高，相对来讲运输中的库存量就占有较大的比重。还有像管道库存，当管道非常长时，如石油管道、天然气管道等，库存的量也是相当可观的。对这类库存的管理也是一项重要的工作。

以上所介绍的是有形实物的库存类型，通常需要一些设施和设备来存放和维护货物，如场地、仓库、货架、传送带、起重机等。

在 1.1 节已提到，资源也可以是无形的物质。因此，另一种库存类型存在于一些服务性企业，如航空公司的座位、电影院播映的电影、心理咨询演讲、保险公司的险种等。这类产品可以满足未来人们的需求，但并不需要专门的仓库等设施和设备来存放和维护，而且通常产品一旦过期将变得毫无价值，对这类产品也要按库存管理的原理来进行管理，有时也将这类库存称为隐性库存。

1.2.2　库存的作用

由于库存是将有价值的资源暂时闲置起来，直观地看，库存似乎并没有什么好处。如果没有库存，则产品可以立即实现其应有的价值，而且还可以减少一些库存管理成本。

其实不然，库存也有它存在的理由，具体地可以从以下几个方面来分析。

1. 获取规模效益

许多企业在进行一项业务的运作过程中，需要做一些准备或启动工作。如一个生产型企业，当开始一种产品的生产时，先要进行生产系统的调试、工装设备的安装等准备工作，一旦完成这些准备工作，就希望能多生产些产品，以充分发挥出规模效益，使产品的边际成本下降。这是一种普遍现象，就像一辆 10 吨载重的卡车，当然是运送 10 吨的货物比运送 1 吨的货物要经济；再如一个可容纳 100 吨货物的冷冻库，将冷冻设备开启后，冷冻 1 吨的货物当然不如冷冻 100 吨的货物更经济；还有像一个发电厂，一旦开始发电，总是希望连续地多发些电，不可能频繁地熄火、点火。正是为了获取这种规模效益，常常将业务量扩大，于是就导致了库存。或者说，库存可以获取规模效益。

2. 应对不确定性因素

一个企业在经营过程中，往往要面对许多不确定性因素，如需求的不确定、供应商交货期的不确定、产品质量的不确定。现实中，这些不确定性因素是难以把握的。当市场产生了需求而企业无法及时满足时，可能会导致需求的损失。因此，企业为了不失去更多的客户，一个可行的办法是预备一定量的库存来应对这些不确定性因素。

3. 平稳生产过程

有时我们事先可以知道在特定时期将有需求的高峰，如中秋节对月饼的需求、圣诞节对圣诞树的需求等。一般在需求高峰时期突击性地扩大生产能力是不现实的，这时可以提前生产并将产品储存起来，在需求高峰到来之际再提供到市场。

4. 投机行为

商品的价格随时间可能会产生波动，当价格合适时就多购进一些，以便在价格高时也有可用之物，或者在价格变高时再出手，这样就必然会形成库存。

5. 最低采购量

往往供应商对采购方具有最低采购量的限制，这样采购方就至少要按最低采购量进货，如果这个最低采购量大于它的短期需求，则采购方只能将多余的货物储存起来慢慢地消耗，待货物消耗完后再进一批最低采购量的货物。

1.3　库存管理的任务

库存几乎存在于经济活动的各个环节，无论是生产型企业、流通型企业，还是服务型企业，都有许多库存的问题需要解决。

先从系统的角度来分析库存。一个最简单的库存系统至少由补货环节、仓储环节、市场环节所组成，如图 1.1 所示。如果以仓储环节为中心，补货环节可以是上游供应商，也可以是本企业内部的前置车间或工序，市场环节可以是终端顾客，也可以是下游企业，还可以是本企业内部的后续车间或工序。

补货 ─────────→ 仓储 ─────────→ 市场

图 1.1　库存系统

库存管理的对象是对整个库存系统进行管理，补货环节不断地将货物补充到仓储环节，货物在仓储环节被暂时储存后，再被送往市场环节。在这一过程中，补货活动具有一定的主动性，依管理者的决策而定，而向市场的出货则一般是被动的活动，每当市场产生需求时才实施出货活动。补货活动会带来成本，货物在仓储环节的储存也会带来成本，还有出货活动同样要带来成本。

库存系统中的一些因素会直接影响各项成本，其中有两个比较重要的因素：一是货物补充的时机，二是货物补充的批量。

对于补货活动，成本主要受补货批量的影响。一般地，补货批量越大，体现出的规模效益可使边际成本下降得越多,所以就补货活动来说,希望补货批量尽可能大些。对于出货活动,它与市场相关联。通过实施出货活动直接获得收益,但如果市场产生了需求而因缺货不能及时满足需求时,不仅不能获得收益,还有可能会招致惩罚成本,这项成本主要受补货时机的影响。如果迟迟不补货,致使货源紧缺,则缺货惩罚成本就会升高。补货时机可以通过查看库存量来确定,比如当库存量降到某一值时就进行货物补充,这样的货物补充时机将直接影响对客户的服务水平,如果补货时机对应的库存量越高,则对客户的服务水平也就越高,缺货惩罚成本就会越低,反之亦然。关于货物在仓储环节的储存所造成的成本,补货时机和补货批量都会影响该项成本。简单地说,库存量越高,对应的成本也就越高。因此,补货时机对应的库存量越高,或补货批量越大,该项成本也会越高。

　　库存管理的目标就是通过补货时机和补货批量来控制库存系统的运行成本,即确定最优的补货时机和最优的补货批量,使库存系统的运行成本达到最小,这就是库存管理的任务。这里,应广义地理解成本的含义。对于大多数库存系统来说,管理者关心的是实实在在的成本。当然,也可以把目标定为系统收益,此时的成本可以被处理为负的收益。还可以把目标定为对客户的服务水平,将服务水平看成是成本,或通过服务水平与成本之间的对应关系将服务水平换算成成本值,这样,目标还可以是满足一定的客户服务水平的要求下使库存系统的运行成本达到最小。为达到所期望的目标,决策是确定最优的补货时机和最优的补货批量。

　　需要指出的是库存管理(inventory management)与仓储管理(warehousing management)的区别。虽然库存与仓储是有关联的,但库存管理与仓储管理完全属于两个不同层面的内容。前面已简单说明了库存管理的内容,而仓储管理主要是涉及库房的规划与设计、货架的设置、分拣的原理、进出货的规则、物料的搬运方式等。简单地说,库存管理属于上层决策的范畴,而仓储管理则属于底层操作的范畴。虽然库存管理与仓储管理属于两个不同层面的内容,通常可以分开进行处理,但有的时候它们也会产生关联。例如,如果库房的空间资源有限,则库存管理的决策可能会受到库房空间资源的约束,此外在进行库房的规划与设计时,有可能要考虑库存管理的策略。

1.4　库存管理理论的发展

　　一个库存系统包含一系列的参量,欲对其进行有效的管理,首先要分析系统的特征。

　　(1)明确系统运行时间的长短。库存问题一般分有限期间库存问题和无限期间库存问题,其中有限期间库存问题又分单期库存问题和多期库存问题。对于无限期间库存问题,理论上是不存在的,但如果库存系统运行足够长的时间,一般处理为无限期间库存问题是合理的。这里要指出的是,不能简单地按照库存系统存续的时间长短作为判断的依据,有时一个库存系统虽然重复不断地运行下去,但它可能是一个单期库存问题,而不是多期库存问题。

　　(2)把握市场需求的规律。没有市场需求也就不存在库存系统,可以说准确地刻画市场需求的规律,是合理确定库存管理策略的第一步。刻画市场需求的规律通常要明确市场需求是确定性的还是不确定性的,是平稳的还是非平稳的。确定性的需求是指未来需求的时间和需求的量已经明确。不确定性的需求是指未来需求的时间和需求的量并未明确,在库存系统中,往往用随机变量来描述不确定性的需求。平稳需求是指需求随时间具有相同的规律。注意,这里所说的具有相同的规律并非指必须相等。例如,当单位时间的需求量服从正态分布时,并不意味着每次单位时间内所产生的需求都必须相等,不同的时间段所产生的需求往往并不相等,但我们说需求是平稳的,因为它们具有相同的正态分布规律;如果在不同的时间需求服从不同的分布规律,如有时是正态分布,有时是指数分布,或者虽然服从同一类型的分布规律,如正态分布,但不同的时间参数却不同,则这类需求就是非平稳的。

（3）分析系统的成本项。前面已提到,库存管理的目标往往是使库存系统的运行成本达到最小。那么,一个库存系统在运行过程中,究竟包含哪些成本项? 一般来说,补货活动会产生成本,货物仓储会产生成本,出货活动还会产生成本。要明确各类成本的核算方法。相对而言,有些成本项是比较容易核算的,如补货成本、仓储成本;有些成本项则难以核算,如出货活动所产生的成本,因它与缺货惩罚有关,而缺货惩罚所造成的成本包括商业信誉和未来潜在的损失,这部分成本就很难准确计算。

库存管理的决策是要确定最优的补货时机和最优的补货批量。为此,要针对具体的库存系统建立优化数学模型,目标函数是最小化系统的运行成本,它是一个关于补货时机和补货批量的函数,决策变量是补货时机和补货批量,根据具体的系统有时可能还会有若干约束条件。通过求解最优化问题,得到最优的库存管理策略和相应的系统成本。

最早期的库存管理理论诞生于近百年前,大约在 1913 年,美国学者 Harris 提出了经济补货批量(economic ordering quantity,EOQ)模型。该模型假设系统运行无限期间,市场需求随时间呈现恒定不变的形式,即单位时间的需求量恒定不变,不允许缺货。系统成本包括补货启动费用和货物储存过程的持货成本两项,盘点方式是连续性盘点。Harris 将这类库存系统建模为一元极值无约束优化问题,目标函数是最小化单位时间系统的总成本,系统中所有参数是确定性的,是一个确定性模型,通过求一阶导数就可以得到最优的补货批量。这一模型被称为基本经济补货批量模型。在此基础上派生出的一系列经济补货批量模型,基本上是在基本经济补货批量模型的基础上将某(些)条件放宽后的模型,如有限补货能力、允许缺货、价格折扣等,分别适合于不同的现实环境中。

对于有限期间确定性库存系统,Wagner 和 Whitin 在 1958 年建立了动态规划优化模型,给定每期市场的需求、每期补货时的启动费用和持货成本系数,无约束条件,确定每期最优的补货批量,使系统的总成本达到最小。Wagner 和 Whitin 提出了有效的多项式复杂性算法来求解该动态规划,这一算法被简称为 W-W 算法。

如果系统中的所有参数都是确定性的或比较接近确定性的,则将库存系统模拟为确定性的模型是合理的。另一方面,也有许多现实的库存系统存在一些不确定性的因素,例如,最常见的有市场需求是不确定的。Arrow、Harris 和 Marshak 在 1951 年提出了单期随机需求库存模型,给定进货单价、持货成本系数、出货单价、需求的概率分布函数,就可以算出最优的补货批量,这一模型被称为报童模型(newsboy model 或 newsvendor model)。报童寓意卖日报的小孩,当日的决策只对当日产生影响,符合单期问题的条件。在报童模型的基础上,将单期扩展到有限期,盘点方式是周期性盘点,则可建立多期随机动态规划模型,最优策略呈现出基准库存(base-stock)的形式,每期有一个补货的参照基准,将库存量补充到该基准值即可。进一步,若将有限期推广到无限期,如果系统的所有参数都是平稳的,则所有期的基准值都相等。

报童模型中未考虑补货启动费用,而许多实际的库存系统,每次补充货物都有可能会带来启动费用。当考虑补货启动费用时,对于单期库存系统,存在(s,S)形式的最优策略,当期初库存量在s以下时,就将库存量补充到S,否则不补充。对于有限期库存系统,可建立多期随机动态规划模型,Scarf 在 1960 年通过引入 K 凸性质的概念,证明存在每期都呈现(s,S)形式的最优策略。若将有限期推广到无限期,如果系统的所有参数都是平稳的,则所有期的(s,S)值相等。

对于无限期随机需求库存系统,当采取连续性盘点时,Hadley 和 Whitin 在 1963 年证明存在(r,Q)形式的最优策略,每当库存量下降到r及以下时,就补充批量为Q的货物量。

在库存系统中,另一个容易表现出不确定性的参量是补货所需的时间,通常将补货所需的时间称为补货提前期(leadtime)。对于具有随机补货提前期的库存系统,一般可以将其模拟为排队系统,故排队系统的一些分析方法和结论可以被直接用来分析具有随机补货提前期的库存系统。

前面介绍的是单节点库存系统的管理理论。从物流和供应链的角度来看,货物从原材料到终端顾客要流经一系列的环节,每个环节是一个独立的节点,每个节点实质上也是一个库存集结点,这样,整个供应链就可以被模拟为一个多级库存系统。即便是一个节点,如果该节点是一个制造企业,由不同的车间组成,则也可以将该节点内部模拟为一个多级库存系统。

从 20 世纪 60 年代至 20 世纪末,有大量文献对多级库存系统的管理进行了讨论。这些文献基于多级库存(multi-echelon inventory)的概念,在集中决策的方式下,确定多级库存系统的最优管理策略,使整个系统的运行成本达到最小。这些文献中,既有确定性模型,也有随机模型。

对于多级库存系统来说,如果是限定在一个企业内部,则集中决策是可行的,但如果各节点都属于不同的企业实体,则对整个供应链采取集中管理和决策往往是难以实现的。因此,从 20 世纪 90 年代中期开始,对多级库存系统管理的研究更多地是在各节点采取分散独立决策的方式下,如何通过博弈、协调与合作,既能增强供应链的整体实力,又能使各节点得到满意的收益。

此外,近年来将库存管理与其他学科相结合而派生出了一些交叉分支,例如库存与市场营销的结合、库存与应急管理的结合、库存与收益管理的结合等,这些新的分支进一步丰富了库存管理的内容。

最后,在库存管理不断发展的过程中,也出现了与通常的管理思想截然不同的管理方法,这就是日本丰田汽车公司以看板为工具的所谓零库存管理方法,也被称为准时制(just-in-time,JIT)生产管理方式,即所有环节在所需要的时间、按所需要的量,生产所需要的产品。这里,"零库存"是一种理念上的含义,并不是完全没有库存,但只有维持连续生产所需的、由看板数量所控制的最低的库存量,在整个供应链上没有大型的中间仓库。实施这种管理方式要有一些前提条件:首先,终端市场需求必须比较平稳,不能有较大的波动;其次,各环节的补货启动费用非常低,不然的话,频繁补货必定要承担高成本的代价;还有,整个供应链网络上的各节点在地理位置上要求布置得比较接近,这样可使供货周期较短且较稳定,容易达到准时或零库存的目的。

小结与讨论

库存是国民经济中的重要组成部分，在物流与供应链领域，库存管理是一项重要的工作。

在学习库存管理之前，应先修"概率论与应用统计学""运筹学"等课程，最好也掌握排队系统的最基本的知识。

库存管理实质上是一门决策科学，内容非常丰富，尤其在信息技术飞速发展的今天，不断涌现出新的库存管理问题。掌握库存管理的基本理论和方法，可为提高企业管理水平发挥重要的作用。

习题

1-1 企业进行库存管理的基本目的是什么？

1-2 简述企业持有库存的利与弊。

1-3 库存管理与仓储管理的主要区别是什么？

1-4 如果没有仓库，是否有库存？请举例说明。

1-5 请说明经验管理库存与科学管理库存的不同之处。

1-6 什么是"零库存"管理？

1-7 在库存管理中，试列举几种影响库存决策的不确定性因素。

第2章 需求预测

预测是对未来可能发生的事件的估计。根据不同的对象,预测有许多不同的种类,如天气预报、地震预报、经济预测、需求预测等,每种预测的原理和方法也各有不同。在库存系统中,需求预测是一项重要的工作。之所以要进行需求预测,主要原因一是一般库存系统中存在补货提前期,即在发出货物补充请求后要滞后一段时间才能到货;二是在货物补充过程中的批量规模效应,即一次补货应尽可能使批量大些,以降低相关成本。因此,要有效地进行库存管理,就应提前做好对未来的需求预测,以把握未来需求的规律,为确定最优的补货时机和补货批量提供重要依据。

需求预测的任务除了预测未来的需求量以外,还应考察预测的准确性,即预测结果与实际需求量的偏差。

2.1 需求模式

所谓需求模式,是指需求随时间变化的规律。用时间序列方法可以很好地刻画需求模式。下面介绍几种常见的需求变化规律。

2.1.1 线性趋势模式

线性趋势模式是指市场对产品的需求随时间呈现稳定的线性增加(或减少)的变化规律。定常需求模式,即各期的需求都相等,可以被看成是线性趋势模式的特例。产品的寿命周期一般呈现出导入期、增长期、成熟期、衰退期等几个阶段,增长期比较接近线性趋势,而成熟期比较接近定常需求模式。这里,呈现稳定的线性增加并不是说每个时期的需求量都严格地落在同一条直线上,而是它们的总体趋势呈现出线性的变化规律,如图2.1所示。

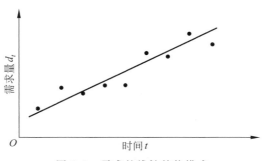

图 2.1 需求的线性趋势模式

线性趋势模式可用下列模型表示：

$$d_t = d_0 + bt \tag{2.1}$$

式中：d_t——第 t 期的需求；

d_0——第 0 期的需求；

b ——线性趋势的斜率。

2.1.2 非线性趋势模式

非线性趋势模式是指市场对产品的需求随时间呈现非线性的变化规律。例如,在产品的导入期、增长期、成熟期、衰退期中,一般导入期的需求呈现出非线性的增加趋势,而衰退期的需求则呈现出非线性的下降趋势,如图 2.2 所示。

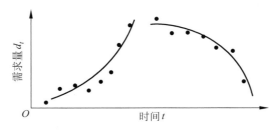

图 2.2 需求的非线性趋势模式

非线性的数学函数形式有许多,需要根据过去的历史记录分析需求所呈现的变化规律,然后选择一种合适的数学模型拟合需求的变化。通常被采用的数学函数形式有二次函数、指数函数等。

2.1.3 周期性模式

周期性模式是指市场对产品的需求随时间呈现周期性的变化规律,如图 2.3 所示。季节性的产品具有周期性的变化规律,如不同季节的服装、空调产品、与季节相关的饮食产品等,这类产品的需求的周期性变化规律往往与自然季节（春、夏、秋、冬）相吻合。此外,一天 24 小时内对电力的需求也呈现出周期性的变化规律,白天是需求的波峰,下半夜是需求的波谷。还有一些其他类型的周期性需求变化规律,像一年中的固定节假日所产生的需求,如铁路旅客的需求、汽车的销售量等。

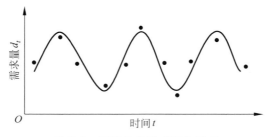

图 2.3 周期性的需求变化模式

周期性的变化模式可用下列模型表示:

$$d_t = d_0 c_t \tag{2.2}$$

式中: d_t——第 t 期的需求;

d_0——平均需求;

c_t——第 t 期所对应的周期系数。

由上可知,周期系数是刻画周期性需求变化规律的核心,其含义是在平均需求的基础上放大或缩小 c_t 倍。如以自然季节春、夏、秋、冬周期性循环为例,每季为一期,假设春季的周期系数为 1,夏季的周期系数为 1.5,秋季的周期系数为 1,冬季的周期系数为 0.5,则春、秋两季的需求与平均需求相等,而夏季需求是平均需求的 1.5 倍,冬季需求则是平均需求的 0.5 倍,在一个循环周期内所有周期系数之和等于 4,正好为一个循环周期的时间长度。一般地,如果一个循环周期为 N 期,则有

$$\sum_{t=1}^{N} c_t = N \tag{2.3}$$

2.1.4 线性趋势与周期性的组合模式

线性趋势与周期性的组合模式是在线性趋势的基础上再叠加周期性的变化。这一模式有两种常见的情形,其一是相加模式(见图 2.4(a)),其数学表达式为

$$d_t = (d_0 + bt) + V_t \tag{2.4}$$

式中: V_t——第 t 期所对应的周期的调整量。

另一模式是相乘模式(见图 2.4(b)),在刻画这一需求模式时,也是利用周期系数这一概念,其数学表达式为

$$d_t = (d_0 + bt)c_t \tag{2.5}$$

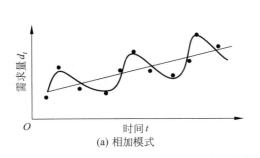 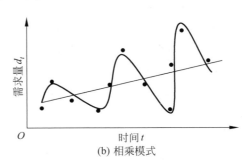

图 2.4 线性趋势与周期性变化的组合模式

两种模式的区别在于:相加模式中各期所对应的周期的调整量随时间为"等幅"变化规律;而在相乘模式中,若线性趋势为增长趋势,则各期所对应的周期的调整量随时间呈"增幅"变化规律,若线性趋势为下降趋势,则各期所对应的周期的调整量随时间呈"减幅"变化规律。

2.2　定性预测方法

需求预测主要有两类方法：一是定性预测方法，二是定量预测方法。本节介绍几种常用的定性预测方法。

2.2.1　德尔菲法

在定性预测方法中，具有代表性的方法之一是德尔菲（Delphi）法，它起源于美国早期空军部门为创造新的军事技术而开发的一种方法，这一方法于 20 世纪 60 年代在兰德（Rand）公司得到了应用。德尔菲一词来自于希腊神话的口语谐音，意为对未来的预示具有绝对可靠的准确性的能力。德尔菲法在科学、技术、经济、卫生、教育、商业等领域得到了广泛的应用，现今已成为需求预测中普遍采用的流行方法之一。

德尔菲法的工作过程建立在专家小组的基础上，专家小组一般由 20 人左右组成，视具体情况而定。在挑选专家的时候要掌握两个基本原则：一是这里的"专家"是对该项业务非常熟悉的人员，而并不一定是对该项业务并不熟悉的著名学者；二是任一专家不知道专家小组中的其他成员，所有的工作过程都是采取匿名的方式进行的。

在每次需求预测前，由负责人设计一套问卷发送给各位专家，每位专家独立给出需求预测结果，并写明主要理由和所考虑的因素，然后将结果提交到负责人处。负责人收齐所有的专家答案，进行统计和分析。如果所有专家的预测结果基本一致，则可将其作为最终的需求预测结果；若存在比较大的分歧，则设计第二轮问卷，同时在问卷上提供一些专家在前一轮问卷上提出的主要理由和因素，供本轮专家预测时参考。在本轮答卷过程中，各位专家将针对其他专家提出的理由和因素，考虑是否调整前一轮本人所给出的结果。如果别的专家所提出的理由和因素是自己没有充分考虑的，则应适当参考并相应调整结果；如果他认为别的专家所提出的理由和因素并不充分，则应进行分析和说明，同时给出自己的新结果。负责人收齐所有的专家答案，进行统计和分析，如果所有专家的预测结果基本一致，则可将其作为最终的需求预测结果，若还存在比较大的分歧，则设计第三轮问卷。重复上述过程，直到所有专家的结果基本一致为止。

这一方法的核心要点是所有的专家以匿名的方式参与这一工作，专家的来源不受限制，既可以是公司内部的，也可以是公司外部的；既可以是国内的，也可以是国外的。每位专家都按自己的独立判断提交自己的结果，这样就可以避免像圆桌会议方式所存在的弊端，若专家小组召开圆桌会议来讨论需求预测，则少部分权威专家可能会处于主导地位，而其他专家则只能处于附和的地位。

这一方法也存在着不足，即它不是完全建立在科学的方法之上，仍然受人为因素的影响，在多轮函询后，有的专家根据前几轮反馈的结果会出现随大流的倾向。但不管怎么说，德尔菲法已被许多公司用来进行需求预测，并取得了良好的效果。

2.2.2 部门经理意见法

这一方法是由高层主管召集多个部门的经理人员开会讨论,进行需求预测,这些经理可能来自销售部门、生产部门、研发部门、采购部门、财务部门等,他们就需求这一主题进行预测,各自发表自己的意见和看法,最后将所有的观点进行整理,并确定预测结果。这种方法比较适合较长期的预测和重大规划决策的情形,如新产品的开发、新生产线的引进等。

这种方法的不足之处是人为因素的干扰,当某个权威人士发表了他的观点后,其他人员就容易出现随大流的倾向,这样容易导致预测结果偏离真实的需求情况,从而影响预测结果的准确性。

2.2.3 顾客调查法

通过设计问卷,对顾客进行调查,这样可以了解和掌握未来市场对产品需求的走向。尤其在新产品开发时,由于缺乏历史需求记录,无法对未来的需求进行直接的预测。一般先经过调查得到顾客意见,然后综合各种其他信息,得出需求预测结果。这种方法比较适合较长期的预测,如对新产品的未来需求进行预测。

这种方法要注意仔细设计问卷及获取有效的样本,要保证所收集到的数据是无偏向的和具有代表性的。不合理的调查设计可能会造成不正确的顾客群体样本,顾客不一定认真地配合完成调查任务,基于这样的样本信息,所得数据不仅不能正确反映顾客的需求,有时甚至会得出错误的结论。

2.2.4 销售人员意见法

一般销售人员分布在广大区域的不同地区,作为最基层的工作者直接面对市场和顾客,掌握着第一手资料。由他们对本地区的需求作出预测,将各地区的预测结果汇总到公司总部,公司的销售部门根据收集到的信息,综合考虑其他因素后形成预测结果。这种方法适合于公司短期预测。

这种方法在操作过程中要注意销售人员主观因素的影响。销售人员可能会出于对自己完成销售指标有利考虑,有意将上报的需求预测结果偏离可能的真实需求结果,从而对公司的长期运营造成损失。

2.3 移动平均法

虽然定性预测方法得到了许多公司的采用,但其一个明显的缺陷是人为因素偏多,缺乏科学性,对复杂问题难以得出准确的结果。本节及后续多节将讨论需求预测的定量分析方法。

在定量分析方法中,根据其原理可分为两大类:一类是基于时间序列的方法,如移动平均法、指数平滑法、周期性波动预测法等；另一类是因果分析方法，常采用回归分析法进行预测。

时间序列的方法就是基于过去的历史记录数据来推测未来的结果。通常，时间单位可以是天、周、旬、月、季、年等，将一个单位时间看作一期，需求量是指一期内所产生的需求。在进行需求预测时，一般是对过去的实际需求数据进行适当的加权处理来推测未来的需求。

移动平均法就是取最近的 N 期实际需求进行平均作为下一期的需求预测值。记 d_n 为第 n 期的实际需求，当第 t 期结束后，用移动平均法预测 $t+1$ 期的需求时计算式为

$$F_{t+1} = \frac{1}{N} \sum_{n=t-N+1}^{t} d_n \tag{2.6}$$

从式(2.6)可以看出，移动平均法是对最近的 N 期需求数据进行等加权求和，每个数据的加权系数均为 $\frac{1}{N}$。

式(2.6)可以改写为以下形式：

$$F_{t+1} = \frac{1}{N} \left(\sum_{n=t-N}^{t-1} d_n + d_t - d_{t-N} \right) = F_t + \frac{1}{N}(d_t - d_{t-N}) \tag{2.7}$$

式(2.7)中，前一次的预测计算结果被直接利用，可节省求和项的计算时间。

一般地，当 N 值越大时，预测所得结果随时间的变化越平稳，虽然市场发生了较大的变化，但预测的结果无法及时反映出来，显得比较迟钝；而当 N 值取得较小时，预测所得结果能及时跟上市场的变化。那么，在实际应用中，N 究竟怎么取？是取大好还是取小好？这要视企业的具体情况而定。一般来说，如果企业的应变能力很强，如一些小型企业，尤其是对劳动密集型的企业，生产能力可以及时进行调整，这种情况下可以考虑将 N 取得小些，以及时适应市场的变化，企业可以长期维持较少的库存量。而当企业希望能有稳定的生产计划，不希望生产能力总是大范围地波动时，如一些大型企业，频繁地调整生产能力比较困难，此时，可以考虑将 N 取得大些，即便市场发生了较大的变化，企业也并不是立即调整生产能力和计划，而是在一定程度上继续保持较稳定的生产过程，当市场需求较小时，企业将会积压一定的库存，这些库存可以在以后市场需求增大时再投放出来，这样，长期来看企业具有较高的库存量。

例 2-1　某型号家具销售量记录如表 2-1 所示。假设当前时间为 $t=1$（月份），之前的销售记录为 $d_0=416, d_{-1}=277, d_{-2}=359, d_{-3}=447, d_{-4}=316, d_{-5}=531$。试采用 $N=3$ 和 $N=6$ 的移动平均法计算需求预测值。

解：当 $N=3$ 时，可以预测 1 月份的销售量，即

$$F_1 = \frac{1}{3}(359 + 277 + 416) = 350.7 = 351（取整）$$

当 1 月份结束时，得到的真实销售记录是 323 套，则误差为 $351-323=28$。依此类推，可得到各月份的销售预测及其误差。同理，取 $N=6$ 时，可以预测 1 月份的需求，结果为

$$F_1 = \frac{1}{6}(531 + 316 + 447 + 359 + 277 + 416) = 391$$

当 1 月份结束时可得误差为 $391-323=68$。依此类推，可得到各月份的销售预测及其误差。

从表 2-1 可以发现,预测的准确性与 N 的大小并没有必然的关系。

表　2-1 套

月份	实际销售量	预测($N = 3$)		预测($N = 6$)	
		结果	误差	结果	误差
1	323	351	28	391	68
2	501	339	-162	356	-145
3	378	413	35	387	9
4	299	401	102	376	77
5	439	393	-46	366	-73
6	262	372	110	393	131
7	334	333	-1	367	33

当需求总体上具有稳定的线性增长趋势时,采用移动平均法进行预测,所得结果会有滞后效应,这一现象可用以下例子来说明。

例 2-2　某产品的需求具有稳定的线性增长趋势,增长幅度为每期 2 件,假设当前时间为 $t=1$,之前的销售记录为 $d_0=8, d_{-1}=6, d_{-2}=4, d_{-3}=2$。试采用 $N=2$ 和 $N=4$ 的移动平均法进行预测,并分析所得结果。

解：分别采用 $N=2$ 和 $N=4$ 的移动平均法进行预测,所得结果如表 2-2 所示。

表　2-2 件

时期	实际需求	预测($N = 2$)	预测($N = 4$)
1	10	7	5
2	12	9	7
3	14	11	9
4	16	13	11
5	18	15	13
6	20	17	15
7	22	19	17
8	24	21	19
9	26	23	21
10	28	25	23

将上述结果作图,如图 2.5 所示。所谓滞后效应,是指预测结果要滞后一段时间才跟上实际的需求。以第 5 期为例,实际需求是 18 件,如采用 $N=2$ 的移动平均法进行预测,则要在第 6 期以后的预测结果才能达到 18 件的量;若采用 $N=4$ 的移动平均法进行预测,则要在第 7 期以后的预测结果才能达到 18 件这一数值。N 越大,滞后效应越强。

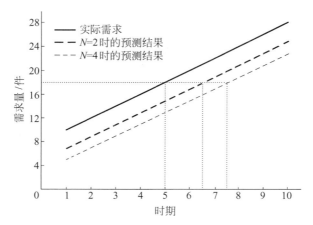

图 2.5   稳定的线性增长趋势时的滞后效应

2.4   指数平滑法

移动平均法的基本原理是将最近的 N 个历史数据进行加权平均,每个数据都赋予等加权值 $1/N$。这一方法操作起来简单,容易执行,但这一原理具有一定的缺陷。首先,考虑的历史数据是有限个,其次,每个数据都赋以相同的加权值也不合理。一般来说,离当前时间越近的历史数据对未来的影响越大,而距当前时间越远的历史数据对未来的影响越小。

为克服移动平均法的缺点,指数平滑法所采用的原理是将过去所有的历史数据进行加权平均,而且按距离当前时间由近到远其加权系数由大到小逐步衰减。

2.4.1   一重指数平滑法

一重指数平滑法的计算公式为

$$F_{t+1} = \alpha d_t + (1-\alpha) F_t \tag{2.8}$$

式中:α——平滑系数,$0 \leqslant \alpha \leqslant 1$。

由式(2.8)可知,一重指数平滑法的原理是在第 t 期结束要预测下一期的需求时,将第 t 期的实际需求与第 t 期的预测结果进行加权平均,加权系数分别为 α 及 $1-\alpha$。

由于第 t 期的预测结果 F_t 是在更前一期计算的,即 $F_t = \alpha d_{t-1} + (1-\alpha) F_{t-1}$,将其代入式(2.8)中,可得到

$$\begin{aligned} F_{t+1} &= \alpha d_t + (1-\alpha) \left[\alpha d_{t-1} + (1-\alpha) F_{t-1} \right] \\ &= \alpha d_t + \alpha(1-\alpha) d_{t-1} + (1-\alpha)^2 F_{t-1} \end{aligned}$$

上式中,F_{t-1} 又是在第 $t-2$ 期计算的,如果过去的历史时期已有很长的时间了,不妨假设已经历了无限多期,上述计算式就可表达为

$$F_{t+1} = \alpha d_t + \alpha(1-\alpha) d_{t-1} + \alpha(1-\alpha)^2 d_{t-2} + \alpha(1-\alpha)^3 d_{t-3} + \alpha(1-\alpha)^4 d_{t-4} + \cdots$$

上式明确表达了第 $t+1$ 期的需求预测是过去所有历史实际需求的加权求和,其中,第 $t-n$

期的加权系数是 $\alpha(1-\alpha)^n$。从数学上来讲,所有的加权系数之和应该等于1,作为验证,有

$$\alpha+\alpha(1-\alpha)+\alpha(1-\alpha)^2+\alpha(1-\alpha)^3+\alpha(1-\alpha)^4+\cdots=\alpha\times\frac{1}{1-(1-\alpha)}=1$$

正好符合在数学上对加权系数的要求。

　　进一步,如果将历史时间看成自变量,则各期的加权系数正好为下述指数函数的形式:

$$f(x)=\alpha(1-\alpha)^x,\quad x=0,1,2,\cdots$$

如图 2.6 所示,这就是指数平滑法的名称来源。

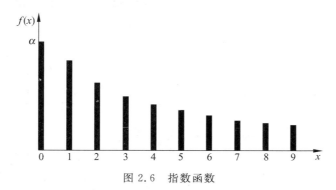

图 2.6　指数函数

　　例 2-3　某销售店按月记录咖啡的销售量,每月底结束时预测下月的市场需求量,采用指数平滑法进行需求预测,当前时间为 $t=1$(月份),前一期的实际销售量和需求预测量分别是 $d_0=102$ 千克,$F_0=102$ 千克,试取平滑系数 $\alpha=0.1$ 和 $\alpha=0.6$ 进行预测,并分析所得结果。

　　解:取平滑系数 $\alpha=0.1$ 和 $\alpha=0.6$ 时预测所得的结果如表 2-3 所示。

表　2-3　　　　　　　　　　　　　　　　　　　　　　　　　　　　　　　　　　　千克

月 份	实际销售量	预测($\alpha=0.1$)	预测($\alpha=0.6$)
1	117	102	102
2	129	103.5	111
3	140	106.1	121.8
4	131	109.5	132.7
5	122	111.7	131.7
6	108	112.7	125.9
7	123	112.2	115.2
8	91	113.3	119.9
9	52	111.1	102.6
10	68	105.2	72.2
11	81	101.5	69.7
12	105	99.5	76.5

　　将表2-3中的结果描绘为图形得到如图2.7所示形状。从图中可以看出,不管α值为多少,得到的预测结果在总体上可以跟踪实际需求的变化趋势,当α值较小时是非常平稳地跟踪,而当α值较大时是紧随式地跟踪。在实际应用中,如何合理地选取α值,要视企业的具体情况而定。一般来说,如果企业的应变能力很强,可以考虑将α取得大些,以及时适应市场的变化,企业可以长期维持较少的库存量。而当企业希望能有稳定的生产计划,不希望生产能力总是大范围地波动时,则可以考虑将α取得小些,即便市场发生了较大的变化,企业也并不是立即调整生产能力和计划,而是在一定程度上继续保持较稳定的生产过程,当市场需求较小时,企业将会积压一定的库存,这些库存可以在以后市场需求增大时再投放出来,这样,长期来看企业具有较高的库存量。

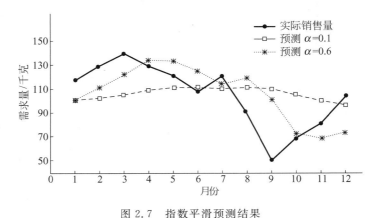

图 2.7　指数平滑预测结果

2.4.2　二重指数平滑法

　　当市场需求具有一定的线性趋势时,可考虑采用二重指数平滑法进行预测,它的基本原理是每期结束时先预测基数和斜率,基于所得的基数和斜率来计算下一期的需求预测值。这里,斜率是与线性趋势相关联的,反映需求变化的速率。

　　在第 t 期结束时,按下列一重指数平滑法的原理分别计算基数 s_t 和斜率 g_t:

$$s_t = \alpha d_t + (1-\alpha)(s_{t-1} + g_{t-1}) \tag{2.9}$$

$$g_t = \beta(s_t - s_{t-1}) + (1-\beta)g_{t-1} \tag{2.10}$$

其中,α 和 β 为平滑系数。由于是对基数和斜率两个量分别应用一重指数平滑法的原理进行预测,故称其为二重指数平滑法。

　　基于上述基数和斜率的值,预测第 $t+1$ 期的需求:

$$F_{t+1} = s_t + g_t \tag{2.11}$$

如果是在第 t 期结束时预测第 $t+2$ 期的需求,则计算式为

$$F_{t+2} = s_t + 2g_t$$

同理,在第 t 期结束时预测第 $t+n$ 期的需求,计算式为

$$F_{t+n} = s_t + ng_t$$

例 2-4 某产品的销售量呈现一定的线性增长趋势,假设 $d_0=27$,$s_{-1}=23$,$g_{-1}=4$,试取 $\alpha=0.2$ 和 $\beta=0.2$ 进行预测。

解:第 1 期的预测计算为

$$s_0 = 0.2 \times 27 + (1-0.2) \times (23+4) = 27$$
$$g_0 = 0.2 \times (27-23) + (1-0.2) \times 4 = 4$$
$$F_1 = 27 + 4 = 31$$

依此可逐步计算以后每期的需求预测值,将结果列于表 2-4 中。同时,为了对比,取 $\alpha=0.2$ 作一重指数平滑预测,将结果列于同一表中。从中可以看出,二重指数平滑法的预测精度远高于一重指数平滑法的预测精度。

表   2-4

时 期	实际销售量	一重指数平滑 $(\alpha=0.2)$		二重指数平滑 $(\alpha=0.2, \beta=0.2)$	
		预测值	误差	预测值	误差
1	34	27	−7	31	−3
2	38	28.4	−9.6	35.7	−2.3
3	45	30.3	−14.7	40.4	−4.6
4	49	33.2	−15.8	45.7	−3.3
5	53	36.4	−16.6	50.9	−2.1
6	60	39.7	−20.3	55.9	−4.1
7	65	43.8	−21.2	61.5	−3.5
8	71	48.0	−23.0	67.1	−3.9
9	74	52.9	−21.4	73.0	−1.0
10	78	56.9	−21.1	78.3	0.3

2.5 周期性波动预测法

许多产品的需求具有周期性的波动,如季节性的产品以年度为一个循环周期,市场需求的波动与自然季节相吻合。平日和节假日旅客所产生的客运需求,呈现出周期性的波动。经销商在一年中固定的日期进行促销,此时市场的需求也会呈现出周期性的波动。还有像电力的需求,白天和晚上就形成一个需求波动的循环周期。

2.5.1 无趋势的周期性波动

设一个循环周期的时间长度为 N 期,所谓需求的周期性波动是指在一个循环周期内,某些时期需求高于总体平均值,而在另一些时期需求低于总体平均值。假定总体平均值呈现稳定不变的情形,如图 2.3 所示,平均需求为 d_0。

用 $c_1,c_2,\cdots,c_N$ 表示一个循环周期内各期相对于总体平均值的周期系数,当对下一循环周期内各期的需求进行预测时,计算式为 $F_t=d_0c_t$。

先根据历史记录数据(一般至少两个完整的循环周期)确定平均需求 d_0,再确定一个循环周期内各期的周期系数,然后对下一循环周期内各期的需求进行预测。

例 2-5 某家电配件公司下游客户的需求呈现如下规律:每月上旬由于客户处在生产计划和启动准备阶段,需求量较小,月中旬和月下旬需求量基本一致且明显高于月上旬的需求。表 2-5 是最近 3 个月按旬统计的需求量,试预测下月各旬的需求量。

表 2-5 件

时期	第 1 月	第 2 月	第 3 月
上旬	4527	4478	4612
中旬	8921	9032	8845
下旬	8893	8726	9132

解:1 个月为 1 个循环周期,每个循环周期内的总需求基本稳定。根据表 2-5 中数据,3 个月按旬为单位的平均需求为 $d_0=7463$ 件。

以第 1 月为参照,可得各旬的周期系数为:$c_1=\dfrac{4527}{7463}=0.61$,$c_2=\dfrac{8921}{7463}=1.20$,$c_3=\dfrac{8893}{7463}=1.19$。

以第 2 月为参照,可得各旬的周期系数为:$c_1=\dfrac{4478}{7463}=0.60$,$c_2=\dfrac{9032}{7463}=1.21$,$c_3=\dfrac{8726}{7463}=1.17$。

以第 3 月为参照,可得各旬的周期系数为:$c_1=\dfrac{4612}{7463}=0.62$,$c_2=\dfrac{8845}{7463}=1.19$,$c_3=\dfrac{9132}{7463}=1.22$。

对于第 4 月,各旬的周期系数取前 3 个月对应周期系数的平均值,得到

$$c_1=\frac{0.61+0.60+0.62}{3}=0.61$$

$$c_2=\frac{1.20+1.21+1.19}{3}=1.20$$

$$c_3=\frac{1.19+1.17+1.22}{3}=1.19$$

故可得到第 4 月各旬的需求预测如下:

上旬:$F_1=7463$ 件 $\times 0.61=4552$ 件

中旬:$F_2=7463$ 件 $\times 1.20=8956$ 件

下旬:$F_3=7463$ 件 $\times 1.19=8881$ 件

2.5.2 线性趋势与周期性的组合波动

设一个循环周期的时间长度为 N 期,假定总体平均值呈现直线变化规律,如图 2.4 所

示,用 $f(t) = d_0 + bt$ 表示该直线方程。

对于相加模式的周期波动,用 $V_1, V_2, \cdots, V_N$ 表示一个循环周期内各时期在总体平均值基础上的调整量,当对下一循环周期内各期的需求进行预测时,可用下式计算:

$$d_t = f(t) + V_t \tag{2.12}$$

在实际进行需求预测时,先根据历史记录数据(一般至少两个完整的循环周期)确定总体平均值直线方程。以其为参照,进一步确定一个循环周期内各时期的调整量,然后对下一循环周期内各期的需求进行预测。

例 2-6　某啤酒厂的销售量变化与自然季节相吻合,过去两年的数据统计如表 2-6 所示。试对来年各季节的需求进行预测。

表　2-6

2015 年				2016 年			
一季度	二季度	三季度	四季度	一季度	二季度	三季度	四季度
178	203	245	191	185	211	252	197

解:将表 2-6 中的记录描绘成图形,如图 2.8 所示的实线部分。在两个循环周期中,各季度对应的差值基本一致,且基本呈现平行增长的趋势。因此,符合总体上线性上升的相加模式周期波动。

求总体平均值直线方程 $f(t) = d_0 + bt$,可用直线回归方法求解,得到结果如下(过程略):

$$f(t) = 193.29 + 3.21t$$

以 2015 年为参照,可得 $f(1) = 196.50, f(2) = 199.71, f(3) = 202.92, f(4) = 206.13$,由此得到各季节的调整量为:$V_1 = -18.5, V_2 = 3.29, V_3 = 42.08, V_4 = -15.13$。

以 2016 年为参照,可得 $f(5) = 209.34, f(6) = 212.55, f(7) = 215.76, f(8) = 218.97$,由此得到各季节的调整量为:$V_1 = -24.34, V_2 = -1.55, V_3 = 36.24, V_4 = -21.97$。

对于 2017 年,各季度的调整量取 2015 年和 2016 年对应季度调整量的平均值,得到 $V_1 = -21.42, V_2 = 0.87, V_3 = 39.16, V_4 = -18.55$,故可得 2017 年各季度的需求预测结果为

一季度:$F_9 = 193.29 + 3.21 \times 9 - 21.42 = 200.76$
二季度:$F_{10} = 193.29 + 3.21 \times 10 + 0.87 = 226.26$
三季度:$F_{11} = 193.29 + 3.21 \times 11 + 39.16 = 267.76$
四季度:$F_{12} = 193.29 + 3.21 \times 12 - 18.55 = 213.26$

图 2.8 中的虚线部分为预测结果。

对于相乘模式的周期波动,用 $c_1, c_2, \cdots, c_N$ 表示一个循环周期内各期相对于总体平均值的周期系数,当对下一循环周期内各期的需求进行预测时,可用下式计算:

$$F_t = f(t)c_t \tag{2.13}$$

与相加模式的周期波动预测过程类似,先根据历史记录数据(一般至少两个完整的循环周期)确定总体平均值直线方程,再确定一个循环周期内各期的周期系数,然后对下一循环周期内各期的需求进行预测。

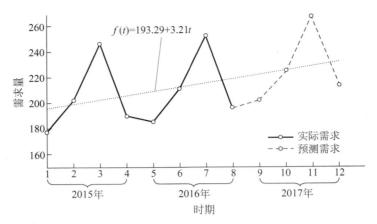

图 2.8　相加模式的周期波动预测

例 2-7　某型号的手机正处于产品生命周期中的快速成长期,一经销商近期的销售记录显示以下信息:总体上呈稳定的线性增长趋势,每周从周一至周五每天具有相同的需求规律,周六、周日每天具有相同的需求规律但销售量明显高于周一至周五每天的销售量。表 2-7 记录了最近 3 周的销售量,试预测第 4 周各天的需求。

表　2-7

第 1 周		第 2 周		第 3 周	
星期一	18	星期一	20	星期一	21
星期二	19	星期二	20	星期二	20
星期三	19	星期三	19	星期三	22
星期四	17	星期四	21	星期四	21
星期五	20	星期五	22	星期五	23
星期六	63	星期六	75	星期六	98
星期日	66	星期日	79	星期日	101

解:图 2.9 中实心圆点表示表 2-7 中的销售数据。从中可以看出,总体上每天的销售量具有稳定的线性增长趋势,每周为一个循环周期,且周期性的波动呈现放大的趋势。因此,符合总体上线性上升的相乘模式周期波动。

求总体平均值直线方程 $f(t) = d_0 + bt$,可用直线回归方法求解,得到结果如下(过程略):

$$f(t) = 15.79 + 1.96t$$

以第 1 周为参照,可得 $f(1) = 17.75$,$f(2) = 19.71$,$f(3) = 21.67$,$f(4) = 23.63$,$f(5) = 25.59$,$f(6) = 27.55$,$f(7) = 29.51$,由此得到各天的周期系数为:$c_1 = 1.01$,$c_2 = 0.96$,$c_3 = 0.88$,$c_4 = 0.72$,$c_5 = 0.78$,$c_6 = 2.29$,$c_7 = 2.24$。

以第 2 周为参照,可得 $f(8) = 31.47$,$f(9) = 33.43$,$f(10) = 35.39$,$f(11) = 37.35$,$f(12) = 39.31$,$f(13) = 41.27$,$f(14) = 43.23$,由此得到各天的周期系数为:$c_1 = 0.64$,$c_2 = 0.60$,$c_3 = 0.54$,$c_4 = 0.56$,$c_5 = 0.56$,$c_6 = 1.82$,$c_7 = 1.83$。

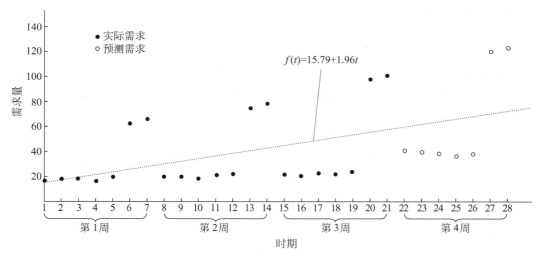

图 2.9　相乘模式的周期波动预测

以第 3 周为参照，可得 $f(15)=45.19, f(16)=47.15, f(17)=49.11, f(18)=51.07,$
$f(19)=53.03, f(20)=54.99, f(21)=56.95,$ 由此得到各天的周期系数为：$c_1=0.46, c_2=0.42, c_3=0.45, c_4=0.41, c_5=0.43, c_6=1.78, c_7=1.77$。

对于第 4 周，每天的周期系数取前 3 周对应周期系数的平均值，得到 $c_1=0.70, c_2=0.66, c_3=0.62, c_4=0.56, c_5=0.59, c_6=1.96, c_7=1.95,$ 故可得到第 4 周各天的需求预测如下：

星期一：$F_{22}=(15.79+1.96\times22)\times0.70=41.24=41$（取整，下同）

星期二：$F_{23}=(15.79+1.96\times23)\times0.66=40$

星期三：$F_{24}=(15.79+1.96\times24)\times0.62=39$

星期四：$F_{25}=(15.79+1.96\times25)\times0.56=36$

星期五：$F_{26}=(15.79+1.96\times26)\times0.59=39$

星期六：$F_{27}=(15.79+1.96\times27)\times1.96=135$

星期日：$F_{28}=(15.79+1.96\times28)\times1.95=138$

图 2.9 中的空心圆为预测结果。

2.6　回归分析法

前面几节介绍的方法是基于时间序列的原理，即通过过去的历史记录数据推测未来的市场需求。实际上，市场需求是受一系列因素影响的，比如产品的需求量受价格的影响、受广告的影响、受政策导向的影响、受通货膨胀的影响等。

回归分析法是一种基于因果分析原理的预测方法，通过分析各因素对需求结果的影响，利用历史记录数据，建立回归方程，再利用所得的方程进行预测。

在回归分析法中，若只考虑单因素对需求的影响，则为单因素回归；若考虑多因素对需求的影响，则为多因素回归。当因素对需求的影响呈线性关系时，可采用线性回归。

本节介绍单因素线性回归方法。

用 X 表示因素，Y 表示需求量，它们呈现如下的线性关系：

$$Y = a + bX \tag{2.14}$$

式中，要通过回归分析来确定待定常数 a 和 b。假设已有 N 组记录数据，要确定直线方程(2.14)，使其与这 N 组数据具有最好的吻合，统计学给出待定常数 a 和 b 的计算如下：

$$b = \frac{N \sum\limits_{i=1}^{N} X_i Y_i - \left(\sum\limits_{i=1}^{N} X_i \right)\left(\sum\limits_{i=1}^{N} Y_i \right)}{N \sum\limits_{i=1}^{N} X_i^2 - \left(\sum\limits_{i=1}^{N} X_i \right)^2} \tag{2.15}$$

$$a = \frac{\sum\limits_{i=1}^{N} Y_i - b \sum\limits_{i=1}^{N} X_i}{N} \tag{2.16}$$

有了以上直线方程，就可以进行需求预测了，将下一期自变量即因素的取值代入方程中，所得计算结果即为需求预测值。

例 2-8　在过去相当长的时间里，某型汽车的实际售价在 9 万～12 万元之间变动，每月重新审定价格，过去所记录到的不同价格与销售量的数据如表 2-8 所示。试预测当定价为 9.5 万元时的销售量。

表　2-8

价格/万元	销售量/千辆	价格/万元	销售量/千辆	价格/万元	销售量/千辆
9	12.23	10.2	7.7	11.28	5.5
9.23	11.7	10.58	7.1	11.38	5.23
9.41	10.21	10.68	6.61	11.56	4.65
9.68	9.6	10.88	6.1	11.88	4.2
9.98	8.72	10.98	5.82	12	3.5

解：将表 2-8 中数据绘制到坐标图中，如图 2.10 所示，可发现汽车的销售量与价格基本呈线性关系。

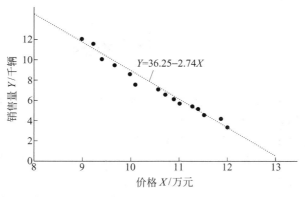

图 2.10　汽车销售量与价格的关系

应用线性回归分析方法，可得直线方程为

$$Y = 36.25 - 2.74X$$

现厂家想知道当定价为 9.5 万元时的销售量，则有

$$Y = 36.25 - 2.74 \times 9.5 = 10.22$$

即定价为 9.5 万元时的销售量为 10.22 千辆。

反过来，在对下一个月进行重新审定价格时，可利用上述价格与销售量的关系进行计算。例如，如果厂家希望销售 8 千辆，则

$$X = \frac{36.25 - Y}{2.74} = \frac{36.25 - 8}{2.74} = 10.31$$

即参考定价为 10.31 万元。

在前面几节的时间序列模型中，如果需求量随时间呈现线性关系，则可以将时间看成自变量，将需求量看成因变量，然后应用回归分析法求解直线方程来进行需求预测。

2.7　预测误差

需求预测是基于过去的历史数据来推测未来的需求，由于许多因素可导致需求的不确定，因此，很难做到预测结果与实际所产生的需求绝对一致，考察预测误差便成为一项重要工作。

现实中的许多随机波动比较符合正态分布规律。对于一个服从正态分布的随机变量，有两个关键参数，一个是期望值 μ，另一个是标准差 σ。当标准差 σ 较小时，样本值就比较集中分布在期望值 μ 的附近；而当 σ 越大时，样本值距 μ 就越分散。

在很多情况下，需求预测结果所产生的误差也比较符合正态分布。由于是考察误差的规律，理想情况下，误差的期望值 μ 应为零。因此，我们将重点考察标准差 σ 的估计与计算。

第 t 期预测值 F_t 与实际需求量 d_t 的偏差 e_t 为

$$e_t = F_t - d_t \tag{2.17}$$

对于已有 N 期历史记录的数据，定义绝对平均误差为

$$\text{MAD} = \frac{1}{N} \sum_{t=1}^{N} |F_t - d_t| \tag{2.18}$$

如果预测误差符合正态分布，则下列关系成立：

$$\sigma = \sqrt{\frac{\pi}{2}} \text{MAD} \approx 1.25\text{MAD} \tag{2.19}$$

式（2.19）的来源如下。本来误差可正可负，绝对平均误差 MAD 则是所有的误差取绝对值后的结果。考虑均值为 0、标准差为 σ 的正态分布，则绝对平均误差 MAD 相当于该正态分布随机变量取正值的期望值的 2 倍，即

$$\text{MAD} = 2 \int_0^\infty x \frac{1}{\sqrt{2\pi}\sigma} e^{-\frac{x^2}{2\sigma^2}} dx = \sqrt{\frac{2}{\pi}}\sigma$$

由此得到式（2.19）。

通过上述关系，每次只需要计算绝对平均误差 MAD 就可以推算出对应的标准差 σ 值。

例 2-9　过去 10 期的数据结果如表 2-9 所示，试计算绝对平均误差。假设预测误差服从正态分布，试计算标准差。

表　2-9

时期	预测值	实际需求	误差	时期	预测值	实际需求	误差
1	333	325	8	6	361	379	−18
2	405	412	−7	7	288	267	21
3	371	356	15	8	403	434	−31
4	302	298	4	9	269	262	7
5	318	331	−13	10	341	318	23

解：绝对平均误差为

$$\text{MAD} = \frac{1}{10}(8+7+15+4+13+18+21+31+7+23) = 14.7$$

假设预测误差服从正态分布，则可得标准差

$$\sigma \approx 1.25 \times 14.7 = 18.4$$

从绝对平均误差的计算式(2.18)可知，它是将 N 个误差的绝对值取等加权系数 $\frac{1}{N}$ 求和得到的。由于这 N 个误差的产生是有先后时间顺序的，因此在实际应用中，通常会对最近的误差赋予较大的权值，而对较远的历史误差则赋予较小的权值。类似于指数平滑法，当第 t 期结束后，可用下式估算绝对平均误差：

$$\text{MAD}_t = \alpha \left| F_t - d_t \right| + (1-\alpha)\text{MAD}_{t-1} \tag{2.20}$$

式中：α——平滑常数，通常取 $0.05\sim0.2$。

例 2-10　用指数平滑法计算表 2-9 的绝对平均误差，假设初始值 $\text{MAD}_0 = 0$，取 $\alpha = 0.1$。

解：计算结果列于表 2-10 中。

表　2-10

时期	预测值	实际需求	误差	绝对平均误差
1	333	325	8	0.8
2	405	412	−7	1.42
3	371	356	15	2.78
4	302	298	4	2.90
5	318	331	−13	3.91
6	361	379	−18	5.32
7	288	267	21	6.89
8	403	434	−31	9.30
9	269	262	7	9.07
10	341	318	23	10.46

对于该例,可进一步估算标准差为

$$\sigma \approx 1.25 \times 10.46 = 13.1$$

所得结果与例 2-9 的结果有一定的差别,这并不奇怪。因为在例 2-9 中并没有考虑误差出现的时间顺序,而在例 2-10 中,用指数平滑法的原理,赋以最近的误差较高的权重、远期的误差较低的权重。究竟采用哪种方法为好,要视企业的具体情况而定,式(2.18)可以反映长期的结果,而式(2.20)则可以反映近期的走向。

2.8　预　测　监　控

在 2.7 节预测误差分析的基础上,进一步讨论预测的监控,通过对预测结果进行适时的跟踪和分析,可以判断预测方法是否有效。

对于服从正态分布的随机变量,我们知道,样本落在区间 $\mu \pm \sigma$ 的概率约为 0.6826,落在区间 $\mu \pm 2\sigma$ 的概率约为 0.9544,落在区间 $\mu \pm 3\sigma$ 的概率约为 0.9974。在工程应用中,通常取 $\mu \pm 3\sigma$ 为上下控制限,此时,应有多于 99.7% 的样本量落在该区间内,而超出该区间的样本量应不多于 0.3%。基于这一原理,可判断所产生的误差是否正常。

在需求预测中,假设预测误差服从均值为 0、标准差为 σ 的正态分布。如果利用平均绝对误差 MAD 信息,则样本落在区间 $0 \pm \mathrm{MAD}$(相当于区间 $0 \pm 0.8\sigma$)的概率约为 0.5762,落在区间 $0 \pm 2\mathrm{MAD}$(相当于区间 $0 \pm 1.6\sigma$)的概率约为 0.8904,落在区间 $0 \pm 3\mathrm{MAD}$(相当于区间 $0 \pm 2.4\sigma$)的概率约为 0.9836,落在区间 $0 \pm 4\mathrm{MAD}$(相当于区间 $0 \pm 3.2\sigma$)的概率约为 0.9986。在实际应用中,可以照此确定恰当的上下控制限。

由式(2.17)可得累计预测误差的算术和如下:

$$\mathrm{RSFE} = \sum_{t=1}^{N} e_t = \sum_{t=1}^{N} (F_t - d_t) \tag{2.21}$$

如果 e_t 服从均值为 0、标准差为 σ 的正态分布,则上式的期望值等于 0。

为了有效地监控预测误差,定义如下的跟踪信号:

$$\mathrm{TS} = \frac{\mathrm{RSFE}}{\mathrm{MAD}} \tag{2.22}$$

不妨将 RSFE 看成是样本值,则跟踪信号实质上是判断误差落在哪个区间。例如,如果以 $\pm 4\mathrm{MAD}$ 为控制限,当 $\mathrm{TS}=3.5$ 时,可认为误差处在正常范围内;而当 $\mathrm{TS}=4.8$ 时,则误差偏大,应分析产生该误差的原因。

例 2-11　对于例 2-10,已得到 $\mathrm{MAD}=10.46$ 或 $\sigma=13.1$,在接下来的预测监控中,以 $[-4\mathrm{MAD}, +4\mathrm{MAD}] = [-41.84, 41.84]$ 为上下控制限的区间,并假设各期的预测结果按每期 15 递增。试进行预测监控分析。

解:计算结果如表 2-11 所示。

表　2-11

时期	预测值	实际需求	累计预测误差的算术和 RSFE	跟踪信号 TS
11	325	350	−25	−2.39
12	340	350	−35	−3.35
13	355	350	−30	−2.87
14	370	350	−10	−0.96
15	385	350	25	2.39
16	400	350	75	7.17
17	415	350	140	13.38
18	430	350	220	21.03
19	445	350	315	30.11
20	460	350	425	40.63
21	475	350	550	52.58

　　将控制区间和跟踪信号绘于图 2.11 中,从图中可以看出,虽然到第 20 期以前,跟踪信号处在控制限的范围之内,但跟踪信号的值是逐步上升的,到第 21 期时,其值已超出了控制限的范围。这时需要引起注意,要分析是什么原因导致了跟踪信号的超出,如果是偶然的随机因素,则不用作大调整,如果是预测原理上已不适合新时期实际需求的变化规律,则要检讨是否采用其他的预测方法。就本例来讲,市场需求从第 11 期开始呈现出不变的值 350,而每期的预测结果却为稳定的线性增长趋势,显然这一结果不符合实际的需求变化规律,说明所采用的预测方法不合适,应考虑采用其他方法进行需求预测,如线性回归法等。

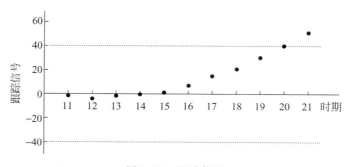

图 2.11　跟踪信号

　　应用跟踪信号的原理监控预测结果时,使用了累计预测误差的算术和式(2.21),它可以从总体上反映出误差变化的趋势。但由于是使用累计预测误差的算术和,某些本来误差很大的点却有可能被掩盖了,因此不能适时地反映误差的灵敏性。如果希望能及时地观察误差变化的情况,可采用单个预测误差与 MAD 的比值来进行监控,即通过观察 $\dfrac{e_t}{\text{MAD}}$ 是否落在控制限的范围内来判断预测误差的变化规律。

　　以上两种跟踪信号方式,可视企业的具体情况来选用。

小结与讨论

需求模式呈现出许多不同的变化规律,在进行市场需求预测之前,首先要对过去的历史数据进行收集、整理和分析,从中挖掘出它们的变化规律。

针对不同的变化规律,本章介绍了几种需求预测的方法。定性方法在较大程度上依赖于人的判断,经验占有一定的比重,具有较大的柔性和灵活性。定量方法更适合科学的管理,如果所选定的方法与市场的变化规律相吻合,则可获得较高的预测精度。

在有些情况下,市场的需求不一定具有明显的规律性,此时可考虑将定性方法与定量方法相结合来进行需求预测,或将本章中所介绍的方法作适当的改造,然后进行预测。例如,产品在市场上的寿命周期一般具有 4 个阶段:导入期、增长期、成熟期和衰退期,由于在各个阶段市场的需求可能会表现出不同的规律,因此在不同的阶段究竟选用什么样的方法是合适的,要视具体情况而定。比如说,需求虽不呈现直线变化规律,但却明显符合某种曲线变化规律,这时可以采用曲线拟合的方法来进行预测。还有,将定量预测的结果加入人工干预进行适当调整,这样会得到更好的效果。

除了本章所介绍的这些基本预测方法之外,还有一些特殊条件下的预测方法,如在过去的历史信息不全的情况下如何进行需求预测等,感兴趣的读者可参考有关的文献资料。

习题

2-1　试比较定性预测法与定量预测法的优劣。

2-2　简述影响预测精度的因素。

2-3　某产品近期销售量记录如表 2-12 所示。

表　2-12

时期	1	2	3	4	5	6	7	8	9	10
销售量	465	481	294	463	474	486	490	433	455	502

从第 4 期开始,采用 $N=3$ 的移动平均法计算需求预测值。

2-4　某超市近 12 个月的瓶装水销量为 $9.5,9.3,9.4,9.6,9.8,9.7,9.8,10.5,9.9,9.7,9.6,9.6$ 万瓶。

(1)采用 $N=3$ 和 $N=4$ 的移动平均法计算需求预测值,哪一个可获得更好的预测结果?请解释。

(2)从 $N=3$ 和 $N=4$ 中选一个你认为更好的 N 值,预测下一个月的需求量。

2-5　某产品近 3 年的月销售量如表 2-13 所示。

表　2-13　　　　　　　　　　　　　　　　　　　　　　　　　　　　　　　　　件

月份序号	销售量	月份序号	销售量	月份序号	销售量
1	487	13	528	25	517
2	602	14	622	26	595
3	551	15	608	27	619
4	587	16	592	28	602
5	509	17	536	29	545
6	457	18	504	30	486
7	349	19	461	31	431
8	386	20	391	32	416
9	490	21	437	33	444
10	507	22	503	34	492
11	516	23	562	35	538
12	573	24	570	36	575

（1）采用 $N=3$ 的移动平均法计算需求预测值，并观察是否表现出周期性变化规律。

（2）采用 $N=12$ 的移动平均法计算需求预测值，并观察是否仍表现出周期性变化规律。

（3）分别描绘原始数据和两组移动平均数据的曲线图，并进行比较。

2-6　当市场需求具有稳定的下降趋势时，采用移动平均法进行需求预测所得结果具有超前效应还是滞后效应？请举例说明。

2-7　某商场连续 15 个季度的酸奶销售量如表 2-14 所示。

表　2-14　　　　　　　　　　　　　　　　　　　　　　　　　　　　　　　　万瓶

季度序号	销售量	季度序号	销售量	季度序号	销售量
1	82.5	6	78.0	11	78.4
2	81.3	7	78.4	12	80.0
3	81.3	8	78.0	13	80.7
4	79.0	9	78.8	14	80.7
5	76.6	10	78.7	15	80.8

（1）采用 $N=3$ 和 $N=4$ 的移动平均法计算需求预测值，并比较哪一个可获得更好的预测结果。

（2）分别使用平滑系数 $\alpha=0.4$ 和 $\alpha=0.5$ 的指数平滑法计算需求预测值，并分析哪一个更好。

（3）根据（1）和（2）的分析，移动平均法和指数平滑法哪一种更好？为什么？

2-8　某制造商过去 4 年洗衣机的销售情况见表 2-15。

表 2-15 千台

时 期	第一季度	第二季度	第三季度	第四季度
第一年	4.5	4.0	6.1	6.6
第二年	5.6	5.2	6.9	7.3
第三年	5.9	5.5	7.4	8.0
第四年	6.4	5.8	8.0	8.5

试预测下一年度各季度的需求量。

2-9 某大学过去 10 年中的入学人数如表 2-16 所示。

表 2-16 千人

年份序号	1	2	3	4	5	6	7	8	9	10
人数	20.5	20.2	19.5	19.0	19.1	18.8	18.1	18.0	17.6	17.3

应用回归分析方法预测未来两年的入学人数。

2-10 某种手机的月销售如表 2-17 所示。

表 2-17 部

月份	1	2	3	4	5	6	7	8	9	10	11	12
销售量	107	107	103	95	108	98	98	107	107	110	113	112

（1）若 1 月最初预测值为 100 部，分别取 $\alpha=0.20, \beta=0.40$，利用二重指数平滑法进行需求预测。

（2）计算两次预测的 MAD。

第 3 章 库存成本及库存管理方法

库存系统的形式多种多样,不同产品、不同行业、不同领域,库存系统的构成会有所差别,但许多库存系统都呈现以下的结构形式:供应商-仓库-市场,对应的活动要件由进货-储存-出货所组成。这里,供应商可以是产品或零部件生产环节,也可以是批发环节、配送环节;市场是指下游客户,它既可以是生产环节,也可以是销售环节,还可以是终端市场。

在进行进货-储存-出货等各项活动时,将会发生相应的成本。库存管理的主要目标是,确定最优的补货时机和最优的补货批量,使库存系统的运行成本达到最小。因此,合理的成本计算是开展库存管理的基础,在成本分析的基础上,可进一步讨论有效的库存管理方法。

3.1 相 关 成 本

在进行货物补充活动时会发生启动费用及购买或生产货物的费用;货物在储存过程中,会发生持货费用;当市场产生需求时,若有货物能满足市场需求则会获得收益,若缺货而无法满足市场需求则会发生惩罚费用。

3.1.1 补货成本

当进行货物补充时,会发生两项费用。

一是补货启动费用(set-up cost),它是与进行补货工作有关的初期费用,不同的行业可表现出不同的形式。若供应商是一个生产环节,当它收到订单时,为了完成这一生产任务,需要进行一系列的准备工作,包括工装设备的安装与调试、生产资料的配备等。这些工作的特点是,它所产生的费用是一次性的、大小是固定的,与生产量的多少无关。还有很多其他情形都具有相似的表现形式,如供应商是一个配送环节,当它的载运工具是 5 吨的卡车时,则完成 10 千克的配送任务与完成 3 吨的配送任务所花费的启动费用是基本相同的;再如像电话机的座机费、汽车的养路费等,每次在指定的时间都会收取一笔固定的费用,与业务量的大小无关,这类费用都可以被看成是启动费用。用 K 表示补货启动费用(单位:元/次)。

另一项费用是补货可变费用(variable cost),它与货物补充的量成正比例。当供应商是一个生产环节时,在进行生产的过程中,一般对资源的消耗与所生产的量是呈正比的。当供应商是一个配送环节时,这部分费用与进货量呈正比。用 c 表示单位货物的生产费用或进货费用,可看成是单位货物的价值,称其为补货单价(单位:元/单位货物)。例如,某货物的进货单价 $c=145$ 元/箱,一次订购 100 箱,则补货可变费用为 14 500 元。

当货物补充批量为 x 时,以上费用之和就构成了一次补货的补货成本(ordering cost),

可用以下函数式表示：

$$O(x) = \begin{cases} 0, & x = 0 \\ K + cx, & x > 0 \end{cases} \tag{3.1}$$

图 3.1 描绘了补货成本与补货批量之间的关系。

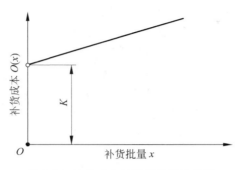

图 3.1　补货成本与补货批量的关系

在现实交易中，有时可能很难体会到补货启动费用的存在，当需要进行货物补充时，与供应商的交易主要集中在进货单价和进货量上，并不关心补货启动费用的情况，或者说并不直接发生补货启动费用。其实不然，我们常常会碰到这样的情况，当要进行货物补充时，如果进货量太少，上游厂家是不情愿为你生产补充的，也不情愿为你这点货物进行配送的。这里面的道理就是补货启动费用在起作用。一般地说，一项工作一旦启动，总是希望能多产出一些，这样可以通过规模效应来达到降低成本、提高效益的目的。

另一方面，有些情况下，对补货启动费用进行精确地量化是比较困难的，即便是相同的工作，在不同的企业所造成的补货启动费用也可能是不同的。因此，这笔费用应由供应方来承担还是由购买方来承担，并不是一件容易处理的事情。在现实交易中，有时虽然并不直接出现所谓的补货启动费用，但会通过进货单价隐性地反映出来，如生产厂家会根据购买的量来合理地报出单价，这实质上是将补货启动费用均摊到每件产品上了。再如，若补货启动费用主要是配送运输过程所产生的费用，则供应方会根据是否由本方承担送货任务而报出不同的单价来。

在库存系统的建模与分析中，是将补货启动费用和补货可变费用分别进行计算的，而且假定它们相互独立、互不影响。

3.1.2　持货成本

当货物储存在仓库里时，就会带来各种费用。

首先是资金占用成本。通常情况下，从供应商处进货时就要付款，然后将货物暂存在仓库里，并不会马上带来经济效益，只有当市场需求产生时才可收回资金，从进货付款到出货回收这段时间，资金是以货物且库存的方式被占用，如果这部分被占用的资金不是用于此项业务，而是投资到其他项目，则会产生一定的回报率，因此资金占用成本有时也被称为资金机会成本。该项成本按如下方式核算：假设单位货物的价值即补货单价为 c 元，可以是单位货物的生产费用或从供应商处的进货单价，如果资金的单位时间的回报

率为 I，则资金占用成本为 Ic，其量纲为元/（单位货物·单位时间），即单位货物储存单位时间所造成的费用。关于资金的年度回报率，一般比银行的年度资金利息要高许多，通常取值为 20%～40%。

其他成本包括货物储存过程中的资源消耗，如水、电、场地等；货物损失，如变质、贬值、过期、失窃等；货物保管，如搬运、包装、检查等；以及保险和税收等。这部分的费用可统称为货物管理费用，其核算方法是假设单位价值的货物储存单位时间所造成的管理费用为 I'，则价值为 c 的单位货物储存单位时间所造成的管理费用为 $I'c$。

持货成本（holding cost）是上述两类成本之和。对于许多实际的库存系统，资金占用成本远高于管理成本，另一方面，从计算方法上来看，完全可以将 I' 折算到 I 中。因此，在库存系统的成本计算中，一般可将单位货物储存单位时间所造成的成本表达为

$$h = Ic \tag{3.2}$$

式中，h 为持货成本系数。

如果库存系统的平均持货量为 y，则单位时间的持货成本为

$$H = hy \tag{3.3}$$

例 3-1   某洗衣机产品从供应商处的进货单价 $c=1247$ 元/台，假设资金的年度回报率 $I=30\%$，试计算持货成本系数。如果平均年度持货量为 153 台，则年度持货成本是多少？

解：由式（3.2）可得持货成本系数为

$$h = 1247 \text{ 元/台} \times 0.3/\text{年} = 374.1 \text{ 元/（台·年）}$$

由式（3.3）可得年度持货成本为

$$H = 374.1 \text{ 元/（台·年）} \times 153 \text{ 台} = 57\ 237.3 \text{ 元/年}$$

在进行持货成本计算时，因资金的年度回报率多以资金的年度利息率为参照，所以时间量纲常以年为标准。但这并不绝对，根据具体情况，如用其他时间单位（季、月、周、天）更方便，则只要将所有的参量进行归一化统一到相同的时间单位上来即可。

仍以例 3-1 为例，资金的年度回报率 $I=30\%$，则每周的资金回报率 $I=0.3\div(365\div7)=0.575\%$，如果平均每周的持货量为 11 台，则每周持货成本为 $H=1247$ 元/台 $\times 0.005\ 75/$周 $\times 11$ 台 $=78.87$ 元/周。

关于库存系统的一次性投入，如建库房、购买设备等，是否应折算到持货成本中，这要视具体情况而定。如果库存系统今后要运行非常长的时间，从理论上来讲，初期的一次性投入折算到无限长的时间上后单位时间的费用就等于零，因此这种情况下可以不用考虑。如果一开始就计划库存系统在今后一段较短的时间内运行，则应考虑将初期的一次性投入折算到单位时间上。

3.1.3   缺货惩罚成本

库存的目的之一就是为了及时满足顾客的需求，当需求出现但由于缺货而无法及时满足需求时就会产生成本。这主要表现在两个方面，一是现时损失，二是未来损失。现时损失是指失去了销售机会造成的损失，这部分损失是比较容易核算的，比如商家每卖一台电磁炉可以赚 70 元，当顾客来购买时由于缺货，则该顾客就会到其他的商店去购买，这样每失去一

次销售机会就会造成 70 元的损失。对于未来损失,是指由于缺货所造成的顾客对商家失去信任而带来的潜在的损失,如果频繁缺货,顾客就会越来越少。因此,这部分损失将会反映在未来的时间上,而且,对这部分损失进行精确地度量是非常困难的,这是因为信誉本身就难以准确地测量,它反映的是人的感受,即便是相同的事件,不同的人都可能会有不同的感受,至于将其折算到货币量上就更加困难了。

　　当出现缺货而无法及时满足顾客需求时,有两种处理方式。一是缺货不补(lost sale),顾客通过其他渠道来得到满足,这种方式适合于市场上有许多替代品的情形,如日用品、消耗品等。另一种方式是缺货回补(backorder),当顾客需求具有一定的特殊性和针对性时,他可能无法从其他渠道轻易地得到满足,如特殊类商品,或者顾客认准了某种品牌商标,非从该商家购买不可,这种情况下顾客可等待货物到货之后再取货,相当于缺货后延期交货。这里要指出的是,不要简单地将缺货的现时损失与缺货不补方式挂钩、未来损失与缺货回补方式挂钩,无论是哪种处理方式,都会造成现时损失和未来损失。对于缺货不补,这一点是很容易理解的,而对于缺货回补的情形,表面上看来似乎没有失去销售机会,但由于顾客的需求被保存下来,你必须对其进行维护和管理,这就会带来成本。进一步,如果频繁地缺货给顾客带来不便,他就会考虑是否还有必要继续消费该品牌的商品,甚至可能会转移到你的竞争对手处。

　　假设每次缺货所造成的惩罚成本为 p,称其为缺货惩罚成本系数。虽然精确地确定 p 值很困难,但国外有学者作过市场调查和统计分析,发现在许多情况下,p 的取值大致为持货成本系数 h 的 8～10 倍,这为我们确定 p 值提供了一定的参照。

　　若单位时间的缺货量为 z,则单位时间的缺货惩罚成本(penalty cost)为

$$P = pz \tag{3.4}$$

3.2　基　本　概　念

　　库存管理要解决的主要问题是补货时机和补货批量,为此,下面先介绍几个基本概念。

3.2.1　盘点方式

　　库存管理首先是监测库存状态,或者通常所说的盘点。有两种常用的盘点方式:连续性盘点(continuous review)和周期性盘点(periodical review)。

　　连续性盘点是时时跟踪库存状态的变化,并根据所查看到的状态作出是否需要进行货物补充的判断。

　　周期性盘点是在一些规则的时间点查看库存的状态,并根据所查看到的状态作出是否需要进行货物补充的判断,盘点的周期可根据不同的货物而有所不同,如年、季、月、周等。

　　连续性盘点由于是时时跟踪库存状态的变化,时时都要进行决策,其管理工作量和成本要高于周期性盘点方式,对于一些贵重的、特殊的高价值类货物,应考虑采用连续性盘点方式,以进行精细管理。而周期性盘点方式相对来说管理工作量和成本要低些,比较适合于一些常规货物、易耗品等低价值货物的管理。此外,在批发商、连锁经营的仓储配送中心处,大

多数货物可采用周期性盘点方式,而在它们的下游销售店处,由于商品在柜台通过条形码扫描后,系统能及时地更新货架上的货物量,随时都可以准确地掌握库存的状态,故可采用连续性盘点方式。

3.2.2　补货提前期

补货提前期(leadtime)是指发出补货请求后至货物补充到位所经历的时间长度。

当上游环节是一个生产企业时,从收到来自下游的订单到履行完订单为止的这段时间即为补货提前期。当收单后如果手头上无产品直接满足需求时,则补货提前期是准备时间、生产时间、交货时间的总和;如果手头上有足够的产品,则补货提前期是交货过程所花费的时间。

当上游环节是一个配送中心时,因事先组织好了货源,在收到从下游发来的订单后,补货提前期主要是运输配送过程所花费的时间。当然,偶尔也会碰到配送中心缺货的时候,此时必须等待到货之后才能开始配送工作,则下游所经历的补货提前期是等待时间与配送运输时间之和。

由上可知,补货提前期可能是一项不确定性的参量,在库存管理中,补货提前期的影响很重要,如果补货提前期越小、越稳定,则管理的效果和效率就越理想。因此,对于下游环节来说,总是希望上游环节的补货提前期要小、要稳定。

3.2.3　现有库存量和库存水平

现有库存量(inventory-on-hand)是指手头上所拥有的实际库存量。

库存水平(inventory level)是指现有库存量与缺货量之差。

这里要注意的是,一般现有库存量与缺货量不能同时存在。如果现有库存量大于零,则缺货量就应等于零;反过来,如果缺货量大于零,则现有库存量就应等于零。因此,库存水平可正可负,正值意味着所拥有的实际库存量,负值则意味着所缺货物量。如果是缺货不补的处理方式,则库存水平永远是大于等于零的;如果是缺货回补的处理方式,则库存水平可以成为负值。

如图 3.2 所示,补货提前期对库存水平有显著的影响,在发出补货请求后,由于补货提前期的存在,在货物到达之前,可能会产生缺货。当发生缺货时,两种不同的缺货处理方式在到货后所形成的新的库存水平是不一样的。

3.2.4　将有库存量

先定义在途库存的含义,在途库存是已发出补货请求但尚未到货的货物量。

将有库存量(inventory position)是指库存水平与在途库存之和。

因此,当无在途库存时,将有库存量与库存水平是相等的,而在有在途库存的时间区间里,将有库存量就等于库存水平与在途库存之和,如图 3.3 所示。此外,两种不同的缺货处理方式所形成的将有库存量是不一样的。

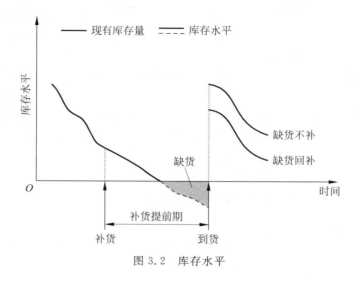

图 3.2 库存水平

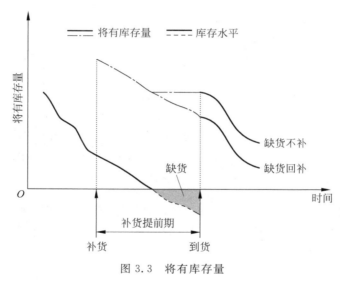

图 3.3 将有库存量

3.3 库存管理方法

当已确定补货时机和补货批量后,在运作过程中就可以按照所确定的补货时机和补货批量来管理库存系统了。

3.3.1 连续性盘点(r,Q)策略

连续性盘点(r,Q)策略是对库存系统进行连续跟踪,当将有库存量下降到r或以下时,就发出批量为Q的货物补充请求,在经历L长的补货提前期后货物补充到位。

在这一策略中,实质上监控的是将有库存量,由于它是库存水平与在途库存之和,当市场需求波动较大时,有可能先前的在途库存还未到货,将有库存量又降到 r 以下了,则马上又发出批量为 Q 的补货请求,也就是说,在某些时段,有可能有两个批次以上的在途库存。

图 3.4 所示为连续性盘点 (r, Q) 策略的示意图。从图中可知,系统采取的是缺货回补的处理方式,直到第三次补货之前要么无在途库存,要么最多只有一个批次的在途库存。当第三次补货后还未到货之前将有库存量在 t_1 时刻又下降到 r 以下了,在该时刻发出第四次补货请求。此后,在 t_2 时刻第三次补物到货,因此,在 $[t_1, t_2]$ 时间区间内,共有两个批次的在途库存。

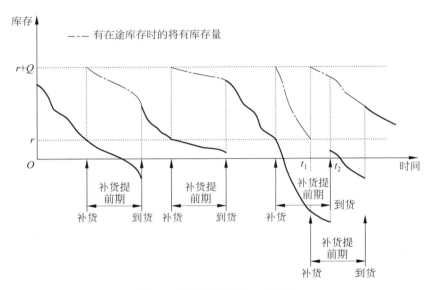

图 3.4　连续性盘点 (r, Q) 策略

对于连续性盘点 (r, Q) 策略,若采取缺货回补的处理方式,理论上,r 的取值既可以是正值,也可以是负值,而 Q 必须取正值。若采取缺货不补的处理方式,则 r 的取值应大于等于零,而 Q 必须取正值。

3.3.2　周期性盘点 (s, S) 策略

周期性盘点 (s, S) 策略是周期性地查看库存状态,在盘点时刻如果将有库存量处在 s 以上时,不作补充;在盘点时刻如果将有库存量处在 s 或以下时,就将将有库存量补充到 S。

图 3.5 所示为周期性盘点 (s, S) 策略的示意图,从图中可知,系统采取的是缺货不补的处理方式。在第一个盘点时刻,将有库存量大于 s,因此,在该时刻不作补充。在第二个盘点时刻,将有库存量处在 s 以下,在该时刻发出补货请求,补货批量是当前的将有库存量与 S 的差值,即将将有库存量补充到 S,在经历一个补货提前期后货物到货。在第三个盘点时刻,系统已处在缺货状态,因此,在该时刻补货批量应为 S。

对于周期性盘点 (s, S) 策略,若采取缺货回补的处理方式,理论上,s 和 S 的取值既可以是正值,也可以是负值,但应满足 $s \leqslant S$。若采取缺货不补的处理方式,则 s 应大于等于零,

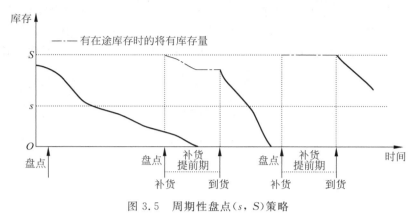

图 3.5　周期性盘点 (s, S) 策略

而 S 的取值应为正值,且满足 $s \leqslant S$。

3.3.3　其他管理策略

除了前面介绍的两种代表性的管理策略外,还有一些常被使用的管理策略。

连续性盘点基准库存策略:连续跟踪库存系统的状态,设置一个基准值,只要市场一产生需求使库存量下降,就将将有库存量补充到该基准值。这一策略适合于补货启动费用等于零或补货启动费用很低的库存系统。这点很容易直观地理解,因为补货并不带来启动费用,频繁补货并不会使系统的运行成本增加,所以可以做到只要库存量一下降就将其补回到最合适的量上。

周期性盘点基准库存策略:周期性地查看库存系统的状态,设置一个基准值,在盘点时刻如果将有库存量处在该基准值以下时,就将将有库存量补充到该基准值。同样,这一策略适合于补货启动费用等于零或补货启动费用很低的库存系统。可以将这一策略看成是周期性盘点 (s, S) 策略的特例,它相当于 s 与 S 相等的情形,此时图 3.5 中的 s 线与 S 线重合。

连续性盘点 (s, S) 策略:连续跟踪库存系统的状态,如果将有库存量处在 s 以上时,不作补充,只要将有库存量一降到 s 或以下,就将将有库存量补充到 S。如果在每次补货时刻将有库存量正好都等于 s,则每次补充的批量是 s 与 S 的差额,这与连续性盘点 (r, Q) 策略是相同的。但如果市场可产生批量需求时,在补货时刻将有库存量就有可能处在 s 以下,此时两种策略就不一样了,(r, Q) 策略是按照固定的批量 Q 来补货,而 (s, S) 策略就不是按照固定的批量来补货。另外,连续性盘点基准库存策略可看成是该策略的特例。

连续性盘点 $(S-1, S)$ 策略:对于离散类型的货物,只要市场需求消耗了一个单位的货物,就发出一个单位货物的补货请求。

双箱策略:系统有两箱货物,当前一箱货物被市场需求消耗完后就开始使用后一箱货物,同时对空箱进行货物补充。显然,这一策略实际上是 $(S-1, S)$ 策略当 $S=2$ 时的特例。

3.3.4　多品种货物 ABC 方法

一般来说,一个库存系统所管理的货物不止一个品种,通常多达成百上千个品种。如果对每个品种的货物都进行精细地管理,则工作量将非常庞大,管理成本会很高,显得不经济。

事实上,许多多品种库存系统呈现有如下的 20-80 规律,就是在所有的货物中,20% 的货物拥有的价值占总价值的 80% 以上,超过 50% 的货物所占有的价值不到总价值的 5%,如图 3.6 所示。

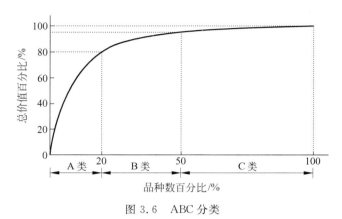

图 3.6　ABC 分类

在现实社会里,20-80 现象非常普遍,如不到 20% 的人群拥有的财富占社会总财富的 80% 以上,而超过 50% 的人群所拥有的财富却不到社会总财富的 5%。还有,一个企业的业务包含众多的事业部,但其中不到 20% 的事业部为公司创造了 80% 以上的效益,而多达 50% 的事业部为企业创造的效益不到 5%。诸如此类的例子,在我们日常生活中普遍存在。

这里所说的 20-80 是一种带有规律性的现象,并不一定必须是精确的二八开,也可以是三七开,甚至是四六开,对此,都可以将它们通称为 20-80 现象。

在库存系统中,如果不同品种的货物所具有的价值差别很大,就应对它们进行分类,并采用不同的方式来进行管理。ABC 方法将占总品种数约 20% 但具有总价值约 80% 的品种归为 A 类,占总品种数约 50% 但只具有总价值约 5% 的品种归为 C 类,其余的归为 B 类。

对于 A 类品种的库存,由于货物的价值较高,应进行精确的管理,可考虑采用连续性盘点 (r, Q) 策略。对于 C 类品种的库存,由于货物的价值较低,应进行简单的管理,可考虑采用周期性盘点 (s, S) 策略。而对于 B 类品种,可视具体情况选用合适的管理方式。

3.4　库存额的估算

通常一个仓储中心会储存许多不同品种的货物,通过系统的运行可以获得收益。如同 3.3.4 节的 ABC 原理,每种货物对系统的贡献是不一样的,管理者比较关心各品种货物的库存额以及仓储中心的总库存额的状况。进一步,如果一个公司要在不同的地点建立多个仓储中心时,掌握总库存额与仓储中心的数量之间的关系,对于规划物流网络系统是有参考价值的。

3.4.1　单仓储中心

通常,我们容易掌握和核算系统的总年度营业额,但有时我们会关心各种货物的年度平均库存额,即各种货物的年度平均库存资金,这和库存的周转率有关。例如,假设某货物的年度营业额为 100 万元,该货物的库存周转率是 1 次/年,则年度平均库存资金是 100 万元,如果能设法提高库存周转率到 2 次/年,则年度平均库存资金是 50 万元,这样,就可以用更少的投入达到同样的年度营业额 100 万元的目标。

对于一个多品种货物的库存系统,当已知系统的总年度营业额和各类货物的年度周转率时,如何分析各种货物的年度平均库存额呢?

可以采用 3.3.4 节中的 ABC 原理进行近似的估算。

首先,将货物按照年度营业额的大小进行排序,然后,用数学函数来表达图 3.6 中的 20-80 规律,即用数学函数来拟合图中的曲线,这可以选用不同的数学函数形式,通常可采用下列方程式:

$$y = \frac{(1+\beta)x}{\beta + x} \tag{3.5}$$

式中：y——累积营业额百分比;

x——累积货物种类百分比;

β——待定常数。

关于待定常数 β,由式(3.5),有

$$\beta = \frac{x(1-y)}{y-x} \tag{3.6}$$

因此,可根据已有数据来确定待定常数 β。例如,当已知前 20% 的货物贡献了 80% 的营业额时,将 $x=0.2, y=0.8$ 代入式(3.6)后,可得

$$\beta = \frac{0.2 \times (1-0.8)}{0.8-0.2} = 0.067$$

如果系统中共有 M 种货物,则排在最前面的货物所对应的 x 的取值为 $x_1 = 1/M$,排在第二位的货物所对应的 x 的取值为 $x_2 = 2/M$,排在第三位的货物所对应的 x 的取值为 $x_3 = 3/M$,依此类推,利用式(3.5)可分别算出累积的营业额百分比 $y_1, y_2, \cdots, y_M$。

假设系统的总年度营业额为 R,则前 m 种货物的累积营业额为 Ry_m。

记第 m 种货物的营业额为 r_m,显然,第 m 种货物的营业额是前 m 种货物的累积营业额与前 $m-1$ 种货物的累积营业额的差,故有

$$\begin{cases} r_1 = Ry_1 \\ r_2 = Ry_2 - Ry_1 \\ \quad \vdots \\ r_M = Ry_M - Ry_{M-1} \end{cases} \tag{3.7}$$

例 3-2 某库存系统经营 10 种货物,总年度营业额为 $R=100$ 万元,根据数据分析可知 20% 的货物种类的年度营业额占总年度营业额的 75%。试计算各种货物的营业额。

解：由式(3.6)可得

$$\beta = \frac{0.2 \times (1-0.75)}{0.75-0.2} = 0.091$$

再根据式(3.7)可计算各种货物的营业额,将数据汇总至表 3-1 中。

当第 m 种货物的年度周转率为 n_m 时,则该货物的年度平均库存额 v_m 就是 $\frac{r_m}{n_m}$,即有

$$v_m = \frac{r_m}{n_m}, \quad m = 1, 2, \cdots, M \tag{3.8}$$

表 3-1

货物种类 编号	累积货物种类百分比 $x_m/\%$	累积营业额 $Ry_m/$万元	各种货物的营业额 $r_m/$万元
1	10	57.12	57.12
2	20	74.98	17.86
3	30	83.71	8.73
4	40	88.88	5.17
5	50	92.30	3.42
6	60	94.73	2.43
7	70	96.55	1.82
8	80	97.96	1.41
9	90	99.08	1.12
10	100	100	0.92

例 3-3　继续例 3-2，将所有货物种类进行 ABC 分类，编号为 1 和 2 的货物为 A 类，其年度周转率为 5 次/年，编号为 3、4 和 5 的货物为 B 类，其年度周转率为 3 次/年，其余货物为 C 类，其年度周转率为 1 次/年。试计算年度平均库存额。

解：根据式(3.8)可计算各种货物的年度平均库存额，将数据汇总至表 3-2 中。

表 3-2

货物种类编号	年度周转率 $n_m/$（次/年）	年度平均库存额 $v_m/$万元
1	5	11.424
2	5	3.572
3	3	2.910
4	3	1.723
5	3	1.140
6	1	2.430
7	1	1.820
8	1	1.410
9	1	1.120
10	1	0.920

从上面的计算结果可知，该系统的总年度平均库存额仅是 28.469 万元，却达到了总年度营业额 100 万元的目标。或者说，管理者仅用 28.469 万元的总年度贷款额来经营该库存系统，就可获得总年度营业额 100 万元的销售收入。

3.4.2　多仓储中心

对于包含多个仓储中心的物流网络系统,已知当仓储中心的数量为 N_1 时,系统的总年度平均库存额为 $V(N_1)$。

如果重新规划现有的物流网络系统,仓储中心的数量从 N_1 变为 N_2,假设系统的总年度平均库存额为 $V(N_2)$。

一般可用下列关系近似估算 $V(N_2)$ 的值:

$$V(N_2) = V(N_1)\sqrt{\frac{N_2}{N_1}} \tag{3.9}$$

式(3.9)表明,系统总年度平均库存额与仓储中心的数量并不呈现等比例的变化。一般地,增加仓储中心的数量,可以提高规模效应,系统的边际成本得到下降。因此,系统总年度平均库存额的增加幅度小于比例增加幅度。

例 3-4　某公司拥有 10 个仓储中心,总年度平均库存额为 500 万元。现公司打算进一步扩展业务规模,将仓储中心的数量增加到 14 个。试估算增加仓储中心的数量后总年度平均库存额是多少。

解: 已知 $N_1=10$, $V(10)=500$ 万元, $N_2=14$,由式(3.9)可得

$$V(14) = 500\ \text{万元} \times \sqrt{\frac{14}{10}} = 591.61\ \text{万元}$$

小结与讨论

本章主要介绍库存系统中成本的核算方式、有关的专业术语和概念、库存管理的基本方法以及库存额的估算。

在成本计算中,有些项是比较容易核算的,但有的项是较难准确计算的,比如对缺货惩罚成本的量化计算。因此,有学者建议,不用直接计算缺货惩罚成本,可以考虑加入服务水平的约束,因为服务水平与缺货具有密切的关系,且服务水平在很多情况下是可以直接进行定量分析的。

关于补货提前期这一专业术语,它来源于英文的 leadtime 一词,也有中文资料定名为滞后期或拖后期,这是因为当发出补货请求后需要滞后一段时间才到货,所以从事件发生的时间先后顺序来看是滞后或拖后的关系。在本书中,将统一使用"补货提前期"这一说法。

到此,我们并未介绍各种库存管理方法中最佳参数的确定,如最优的 r 值、最优的 Q 值、最优的 s 值、最优的 S 值等,在本书的后续章节中,将通过库存系统的建模,重点讨论管理参数的优化。

习题

3-1 试述补货提前期变动对库存水平的影响。

3-2 某医疗中心 20 个品种的月消耗量及其单位成本如表 3-3 所示。

表 3-3

品种	单位成本/元	消耗量/件	品种	单位成本/元	消耗量/件
K34	10	200	F99	8	150
K35	25	800	D45	35	250
K36	36	500	D48	5	900
M10	16	100	D52	2	500
M20	80	100	D57	9	200
Z45	62	130	N08	40	2500
F14	50	2200	P05	20	100
F95	98	800	P09	10	200
F96	12	300	P10	15	350
F97	15	100	P11	95	100

试将这些品种用 ABC 方法进行分类。通过该 ABC 分类,说明如何进行货物的管理。

3-3 简述连续性盘点和周期性盘点两种盘点方式的特点,各适合于什么场合,并讨论不同的盘点方式对库存策略的影响。

3-4 某仓储中心经营 20 种货物,总年度营业额为 1000 万元。根据历史数据分析,20% 的货物种类的营业额占总年度营业额的 80%,试将产品进行 ABC 分类。假设 A 类产品的年度周转率为 4 次/年,B 类产品的年度周转率为 2 次/年,C 类产品的年度周转率为 1 次/年。试计算各种货物的年度平均库存额。

第4章　单级无限期确定性库存系统

一个单级库存系统并不只是自身的仓储系统，它的管理范围牵涉到上游的补货过程、自身的仓储、下游的市场。库存管理的最终目的是要决定补货时机及每次的补货批量，以使系统的运行成本最小化。补货过程是库存管理者在补货时机向上游发出补货请求，然后收到补充的货物的过程。市场产生需求将使库存量随时间而逐步下降，在合理的时机，管理者根据查看到的库存量，再向上游发出补货请求进行货物补充。我们假设系统运行无限长的时间，且所有参数都是确定性的，如补货提前期是常数、市场需求是恒定的等。

在许多情形下，假设系统的所有参数都是确定性的并不一定符合实际情况，但如果系统参数的随机变化并不太明显，而作为随机变量处理却会给系统的分析带来很大的复杂性时，或者系统的某些参数虽然呈现随机变动，但它们对系统并不产生显著的影响时，都可以将系统建模为确定性模型。这样，既可以使问题的分析过程得到简化，又可以使所得结果具有实用价值。

4.1　基本经济补货批量

经济补货批量(EOQ)模型产生于 1913 年，距今已有近百年的历史。早期的经济补货批量模型建立在比较理想化的条件之上，我们称其为基本经济补货批量模型，它的出现标志着运作管理领域开始步入定量化的科学管理阶段。以其为基础，涌现出了大量的定量化分析模型和方法。

4.1.1　基本经济补货批量模型

基本经济补货批量模型的假设条件如下：
(1) 市场需求率为恒定，即单位时间的需求量 λ 为定值。
(2) 补充能力为无限大，即无论补充多少货物都能立即实现。
(3) 无补货提前期，即发出补货请求后货物立即补充到位。
(4) 不允许缺货，即当库存量降到零时，就应进行货物补充。

库存管理要确定两个决策量，一是补货时机，二是补货批量。从上述条件可以很容易得出补货时机就是每当库存量降到零时就应进行货物补充。如果库存量还未降到零就进行补充，由于无补货提前期，这样只会造成成本的增加，又由于不允许缺货，所以只要库存量一降到零就必须进行货物补充。因此，基本经济补货批量只需要确定一个决策量，即每次进行货物补充时的补货批量。

假设系统运行无限长的时间，库存量随时间的变化呈现图 4.1 所示的形态，每次补货批量为 Q，然后库存量按照需求率为 λ，即斜率为 $-\lambda$ 的直线方式下降，当库存量降到零时，下一个批量 Q 马上补充到位，如此重复循环下去，每个循环周期实际上就是一个补货周期。

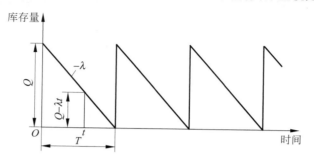

图 4.1　基本经济补货批量的库存量变化

记 $v(t, Q)$ 为系统运行到时刻 t 为止时的总成本，定义长期运行下单位时间的总成本为

$$C(Q) = \lim_{t \to \infty} \frac{v(t, Q)}{t} \qquad (4.1)$$

从理论上可以很容易证得上式即为

$$C(Q) = \frac{v(T, Q)}{T} \qquad (4.2)$$

式中：T —— 一个批量 Q 所维持的时间长度，即补货周期，如图 4.1 所示。

因此，系统长期运行下单位时间的总成本就可以从图 4.1 中一个三角形的范围内进行分析。

在 $[0, T)$ 时间区间内，系统所发生的费用如下。

补货启动费用：K。

补货可变费用：单位货物的进货价格或生产费用即补货单价为 c，当补货批量为 Q 时，补货可变费用为 cQ。

持货成本：单位货物持有单位时间的成本即持货成本系数为 h，由图 4.1 可知，在时刻 t 的库存量为 $Q - \lambda t$，则在 $[0, T)$ 时间区间内的持货成本为

$$\int_0^T h(Q - \lambda t) \mathrm{d}t = hQT - \frac{1}{2} h\lambda T^2$$

因为 $T = \dfrac{Q}{\lambda}$，代入上式可得持货成本等于 $\dfrac{hQ^2}{2\lambda}$。

由此，可建立 $[0, T)$ 时间区间内系统的总成本为

$$v(T, Q) = K + cQ + \frac{hQ^2}{2\lambda} \qquad (4.3)$$

系统长期运行下单位时间的总成本就是

$$C(Q) = \frac{1}{T}\left(K + cQ + \frac{hQ^2}{2\lambda}\right) = \frac{\lambda}{Q}K + \lambda c + \frac{Q}{2}h \qquad (4.4)$$

式（4.4）中，第 1 项相当于单位时间上分摊到的补货启动费用 K 的量，第 2 项相当于单位时间花费在补货可变费用上的量，第 3 项相当于单位时间上的持货成本（$\dfrac{Q}{2}$ 正好等于

图 4.1 中三角形区域的平均持货量或称单位时间的持货量）。

因此，补货批量的决策就变成式（4.4）所示的一元函数的极值问题，对其求一阶导数有

$$\frac{\mathrm{d}}{\mathrm{d}Q}C(Q) = -\frac{\lambda}{Q^2}K + \frac{1}{2}h$$

令上式等于零可得

$$Q^* = \sqrt{\frac{2\lambda K}{h}} \tag{4.5}$$

可容易验证式（4.4）的二阶导数 $\frac{\mathrm{d}^2}{\mathrm{d}Q^2}C(Q) > 0$，因此，$Q^*$ 即为式（4.4）的极小值点且为全局最小值点，并称式（4.5）为基本经济补货批量。

在基本经济补货批量 Q^* 的运作下，由式（4.4）可得系统长期运行下单位时间的总成本为

$$C(Q^*) = \sqrt{2\lambda Kh} + \lambda c \tag{4.6}$$

此外，在基本经济补货批量 Q^* 的运作下，我们称每次补货的时间间隔为基本经济补货周期，按下式计算：

$$T^* = \frac{Q^*}{\lambda} = \sqrt{\frac{2K}{\lambda h}} \tag{4.7}$$

例 4-1　某农副产品经销商，市场需求恒定且需求率 $\lambda = 100$ 吨/周，进货单价 $c = 750$ 元/吨，补货启动费用 $K = 500$ 元/次，假设资本的年度回报率 $I = 30\%$，试求该经销商的基本经济补货批量。

解：首先将所有参量的量纲换算到以年度为时间单位时的量，本例中要将每周的需求量换算为每年的需求量，假设 1 年 = 52.14 周，则年度需求量 $\lambda = 5214$ 吨/年，持货成本系数为 $h = 750 \times 0.3 = 225$（元/(吨·年)）。可得基本经济补货批量为

$$Q^* = \sqrt{\frac{2 \times 5214 \times 500}{225}} \text{ 吨} = 152.23 \text{ 吨}$$

基本经济补货周期为

$$T^* = \frac{Q^*}{\lambda} = \frac{152.23}{5214} \text{ 年} = 0.029 \text{ 年} = 1.52 \text{ 周}$$

经销商的年度总成本为

$$C(Q^*) = (\sqrt{2 \times 5214 \times 500 \times 225} + 5214 \times 750) \text{ 元/年} = 3\,944\,751.28 \text{ 元/年}$$

4.1.2　基本经济补货批量的性质

1. 补货单价 c 的影响

从式（4.5）可知，补货单价 c 并不直接出现在基本经济补货批量的计算公式中，这是由于在成本函数（4.4）中的第 2 项 λc 是常数的缘故，经求导后就消失了。但是，如同 3.1 节中的讨论，当持货成本系数 h 主要由资金占用成本 Ic 决定时，则式（4.5）中的 h 就与补货单价 c 有关了，即补货单价 c 对基本经济补货批量 Q^* 会产生间接的影响。

2. 补货启动费用 K 和持货成本系数 h 的影响

由于补货启动费用 K 与补货批量无关，随着补货批量 Q 的增大，补货的频率将下降，单位时间上分摊到的补货启动费用就会降低，并按下凸的方式下降，如图 4.2 中 $\dfrac{\lambda}{Q}K$ 所对应的曲线。另一方面，随着补货批量 Q 的增大，单位时间的持货成本呈线性增加，如图 4.2 中 $\dfrac{Q}{2}h$ 所对应的曲线。这两条曲线的交点为 $\sqrt{\dfrac{2\lambda K}{h}}$，正好是总成本曲线的极小值点 Q^*，这只是在基本经济补货批量中所具有的巧合，并不属于一般意义上的理论结果。

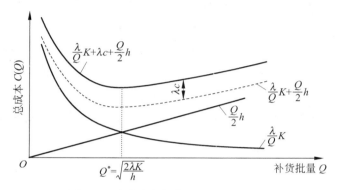

图 4.2   总成本与补货批量之间的关系

3. 总成本函数关于补货批量 Q 的灵敏性分析

在总成本函数 $C(Q)$ 中，因 λc 为常数，不影响基本经济补货批量 Q^* 的大小，我们忽略这一项，而考虑下面的成本函数

$$C'(Q) = \frac{\lambda}{Q}K + \frac{Q}{2}h$$

则有

$$C'(Q^*) = \sqrt{2\lambda K h}$$

进一步可得

$$\frac{C'(Q)}{C'(Q^*)} = \frac{1}{2}\left(\frac{Q^*}{Q} + \frac{Q}{Q^*}\right)$$

从上式可分析成本函数 $C'(Q)$ 的灵敏性。例如，考察当 $Q = \dfrac{Q^*}{2}$ 或 $Q = 2Q^*$ 时成本的增加幅度，有

$$\frac{C'\left(\dfrac{Q^*}{2}\right)}{C'(Q^*)} = \frac{C'(2Q^*)}{C'(Q^*)} = 1.25$$

上述结果反映出，当补货批量偏离最优的补货批量达到 100% 的误差时，所造成的成本增加仅为 25%，也就是说成本函数 $C'(Q)$ 对补货批量 Q 的敏感性较低，如图 4.3 所示。

4. 最优补货批量关于需求率 λ 的灵敏性分析

在基本经济补货批量模型中，我们假设市场需求率为恒定，即单位时间的需求量 λ 为定

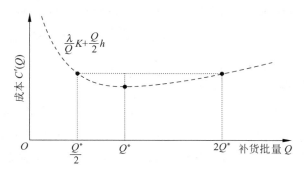

图 4.3 成本对补货批量的敏感性

值。在所有假设条件中,恐怕这一条是最难保证的,因为市场需求的不可控因素太多,很难维持其恒定。因此,考察需求的波动对系统所带来的影响是有意义的。

当市场需求率为 λ 时,基本经济补货批量为 $Q^* = \sqrt{\dfrac{2\lambda K}{h}}$,而当市场需求率变为 λ' 时,基本经济补货批量是 $Q'^* = \sqrt{\dfrac{2\lambda' K}{h}}$。则有

$$\frac{Q'^*}{Q^*} = \sqrt{\frac{\lambda'}{\lambda}}$$

从上式可分析,当 $\dfrac{\lambda'}{\lambda} = \dfrac{1}{2}$ 时,有 $\dfrac{Q'^*}{Q^*} = 0.707$,而当 $\dfrac{\lambda'}{\lambda} = 2$ 时,有 $\dfrac{Q'^*}{Q^*} = 1.414$。由此可知,当市场需求率 λ 发生较大的变化时,所导致的最优补货批量的变化相对来说是比较小的,即最优补货批量对于需求率 λ 的敏感性较低。

4.1.3 运作成本

从基本经济补货批量的性质可知,系统长期运行下单位时间的总成本中的 λc 为常数,它不影响对补货批量的决策。这一点是比较容易理解的,因为单位时间市场的需求量为 λ 且恒定,而系统长期运行下市场的需求都要得到满足,因此单位时间产生的补货可变费用就是 λc,它与补货批量的决策无关,也就是无论补货批量取多大,单位时间所产生的补货可变费用都是 λc。

事实上,补货批量的决策直接影响到的成本包括单位时间上分摊到的补货启动费用 $\dfrac{\lambda}{Q} K$ 和单位时间的持货成本 $\dfrac{Q}{2} h$,我们可以将下列成本函数定义为系统长期运行下单位时间的运作成本

$$C'(Q) = \frac{\lambda}{Q} K + \frac{Q}{2} h \tag{4.8}$$

之所以将式(4.8)称为运作成本,是因为补货批量的决策是运作的核心内容,而上述成本是与补货批量密切相关的。补货批量的决策的好坏,将直接影响到上述成本的大小,通过式(4.8)再反映到系统长期运行下单位时间的总成本中。

在基本经济补货批量 Q^* 的运作下，系统长期运行下单位时间的运作成本为

$$C'(Q^*) = \sqrt{2\lambda Kh} \tag{4.9}$$

例 4-2　继续例 4-1，试计算经销商的年度运作成本。

解：由式（4.9）可得经销商的年度运作成本为

$$C'(Q^*) = \sqrt{2\times5214\times500\times225}\text{元/年} = 34\,251.28\text{ 元/年}$$

在基本经济补货批量模型中，对市场需求、补充能力、补货提前期、缺货等方面作了一些假设。接下来的几节将分别讨论在放松补充能力、补货提前期、缺货等方面的假设条件下的经济补货批量。

4.2　有限补充能力经济补货批量

基本经济补货批量模型假设补充能力为无限大，即无论补货多少都能立即实现。当补充能力为有限时，则每个补货批量需要经历一段时间逐步完成。

假设补充能力为 μ，且 μ 为常数，量纲为每单位时间能完成的补充量。当补货批量为 Q 时，要经历 $\frac{Q}{\mu}$ 时间才最终完成补充过程，而在这段时间，市场需求照常，即单位时间的需求量为 λ。因此，要想系统能正常运行，下列条件必须得到满足

$$\lambda \leqslant \mu \tag{4.10}$$

否则，系统将发生缺货，并且最终缺货量将达到无穷大。

在进行货物补充过程中，库存量的增加速率是 $\mu - \lambda$，如图 4.4 所示。在补充时间 $\frac{Q}{\mu}$ 结束时，库存量达到最高，为 $\frac{Q}{\mu}(\mu - \lambda)$，然后库存量按照斜率为 $-\lambda$ 的直线下降，当达到零时，下一补充循环再开始。显然，一个补货周期是 $T = \frac{Q}{\lambda}$，同时，在一个补货周期内系统的累积库存量即为三角形的面积 $\frac{1}{2}\frac{Q}{\lambda}\frac{Q}{\mu}(\mu - \lambda)$。

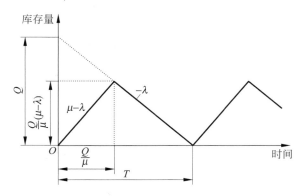

图 4.4　有限补充能力经济补货批量的库存量变化

通过上面的分析,可得系统长期运行下单位时间的总成本为

$$C(Q) = \frac{1}{T}\left(K + cQ + h\frac{1}{2}\frac{Q}{\lambda}\frac{Q}{\mu}(\mu - \lambda)\right) = \frac{\lambda}{Q}K + \lambda c + \frac{hQ}{2\mu}(\mu - \lambda) \quad (4.11)$$

使式(4.11)最小的极值点为

$$Q^* = \sqrt{\frac{2\lambda K}{h\left(1 - \dfrac{\lambda}{\mu}\right)}} \quad (4.12)$$

称式(4.12)为有限补充能力经济补货批量,对应的经济补货周期为

$$T^* = \sqrt{\frac{2K}{\lambda h\left(1 - \dfrac{\lambda}{\mu}\right)}} \quad (4.13)$$

将式(4.12)代入式(4.11),可得系统长期运行下单位时间的总成本为

$$C(Q^*) = \sqrt{2\lambda Kh\left(1 - \frac{\lambda}{\mu}\right)} + \lambda c \quad (4.14)$$

其中,系统长期运行下单位时间的运作成本为

$$C'(Q^*) = \sqrt{2\lambda Kh\left(1 - \frac{\lambda}{\mu}\right)} \quad (4.15)$$

同基本经济补货批量相比,由于是边补充边满足市场需求的逐步补充到位方式,适当增加补货批量也不一定会使库存量增加,所带来的效果是最优补货批量 Q^* 有所增大,这样可以使补货周期加长、补货频率下降,从而使单位时间上分摊到的补货启动费用降低。关于单位时间上的持货成本,当补货批量比基本经济补货批量增加不多时,此项成本是低于基本经济补货批量中的持货成本的,当补货批量增大到一定程度时,此项成本才超过基本经济补货批量中的持货成本。而单位时间上花费的补货可变费用没有变化。因此,综合起来,在有限补充能力经济补货批量下,单位时间的总成本 $C(Q^*)$ 就降低了。

容易验证,当补充能力 $\mu \to \infty$ 时,有限补充能力经济补货批量即变为基本经济补货批量。

例 4-3　继续例 4-1,假设补充能力 $\mu = 350$ 吨/周,试计算经济补货批量。

解:将有关参数代入式(4.12)中,得到

$$Q^* = \sqrt{\frac{2 \times 5214 \times 500}{225 \times \left(1 - \dfrac{100}{350}\right)}} \ 吨 = 180.12 \ 吨$$

对应的经济补货周期为

$$T^* = \frac{Q^*}{\lambda} = \frac{180}{100} \ 周 = 1.80 \ 周$$

由式(4.14)可得经销商的年度总成本为

$$C(Q^*) = \left(\sqrt{2 \times 5214 \times 500 \times 225 \times \left(1 - \frac{100}{350}\right)} + 5214 \times 750\right) 元 / 年$$
$$= 3\,939\,447.61 \ 元 / 年$$

其中,年度运作成本为

$$C(Q^*) = \sqrt{2 \times 5214 \times 500 \times 225 \times \left(1 - \frac{100}{350}\right)} \ 元 / 年 = 28\,947.61 \ 元 / 年$$

对比 4.1 节中的结果，可知补货批量有所加大，补货周期有所加长，补货频率有所下降，年度总成本和年度运作成本也有所降低。

4.3　缺货回补经济补货批量

在基本经济补货批量模型中，假设不允许缺货，即每当库存量降到零时，就应进行货物补充。

本节讨论系统允许缺货，并采取缺货回补的处理方式。

假设每单位缺货单位时间所造成的惩罚成本即缺货惩罚成本系数为 p。

如图 4.5 所示，在一个补货周期内，最大缺货量为 B，最高库存量为 $Q-B$，累积库存量对应于时间轴以上的三角形的面积，为 $\dfrac{(Q-B)^2}{2\lambda}$，累积缺货量对应于时间轴以下的三角形的面积，为 $\dfrac{B^2}{2\lambda}$。

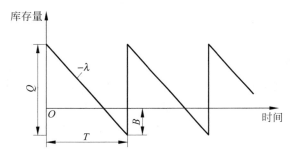

图 4.5　缺货回补经济补货批量的库存量变化

由上可知，在缺货回补的处理方式下，有两个变量需要进行优化，一是补货批量 Q，二是最大缺货量 B。这里，最大缺货量 B 相当于补货时机，即当缺货量达到 B 时立即进行货物补充，且补充的批量为 Q。

与基本经济补货批量中的总成本函数相比，要增加缺货惩罚成本，则系统长期运行下单位时间的总成本为

$$C(B,Q) = \frac{1}{T}\left(K + cQ + h\,\frac{(Q-B)^2}{2\lambda} + p\,\frac{B^2}{2\lambda}\right)$$

$$= \frac{\lambda}{Q}K + \lambda c + h\,\frac{(Q-B)^2}{2Q} + p\,\frac{B^2}{2Q} \tag{4.16}$$

式（4.16）为二元函数的极值问题，先对 B 求偏导数，有

$$\frac{\partial}{\partial B}C(B,Q) = -h\,\frac{Q-B}{Q} + p\,\frac{B}{Q}$$

令其等于零，可得

$$\frac{B}{Q} = \frac{h}{h+p} \tag{4.17}$$

式（4.17）说明，在缺货回补经济补货批量中，最大缺货量与补货批量的比值是一常数。

将上述结果代入式(4.16)中,则有

$$C(Q) = \frac{\lambda}{Q}K + \lambda c + \frac{Q}{2}\frac{hp}{h+p}$$

对比基本经济补货批量中的总成本函数,可知上式与式(4.4)在形式上是完全一样的。因此,我们不用进一步求解,只要参照式(4.5)就可以直接写出其经济补货批量为

$$Q^* = \sqrt{\frac{2\lambda K}{h}\frac{h+p}{p}} \tag{4.18}$$

对应的经济补货周期为

$$T^* = \sqrt{\frac{2K}{\lambda h}\frac{h+p}{p}} \tag{4.19}$$

进一步可得最优的最大缺货量为

$$B^* = \sqrt{\frac{2\lambda Kh}{(h+p)p}} \tag{4.20}$$

系统长期运行下单位时间的总成本为

$$C(Q^*) = \sqrt{2\lambda Kh\frac{p}{h+p}} + \lambda c \tag{4.21}$$

其中,系统长期运行下单位时间的运作成本为

$$C'(Q^*) = \sqrt{2\lambda Kh\frac{p}{h+p}} \tag{4.22}$$

如果令 $p\to\infty$,意味着不允许缺货,上述所有结果就变为与基本经济补货批量中的结果一致。

同基本经济补货批量相比,由于允许缺货,适当缺货是一定能带来好处的,只有当 $p\to\infty$ 时才不会缺货。因此,在可以缺货的情况下,适当增加补货批量也不一定会使库存量增加,与 4.2 节的分析一样,所带来的效果是最优补货批量 Q^* 有所增大,这样可以使补货周期加长、补货频率下降,从而使单位时间上分摊到的补货启动费用降低。关于单位时间上的持货成本,要看补货批量的大小与最大缺货量的折中,既不要产生太大的缺货惩罚成本,也不要产生过大的持货成本。因此,综合起来,在缺货回补经济补货批量下,单位时间的总成本 $C(Q^*)$ 就降低了。

例 4-4 继续例 4-1,假设缺货惩罚成本系数为 $p=1350$ 元/(吨·年),试计算经济补货批量。

解:将有关参数代入式(4.18)中,得到经济补货批量为

$$Q^* = \sqrt{\frac{2\times 5214\times 500}{225}\times\frac{225+1350}{1350}} \text{吨} = 164.42 \text{吨}$$

又由式(4.17)可得到最大缺货量为

$$B^* = \frac{225}{225+1350}\times 164 \text{吨} = 23.43 \text{吨}$$

对应的经济补货周期为

$$T^* = \frac{Q^*}{\lambda} = \frac{164.42}{100} \text{周} = 1.64 \text{周}$$

经销商的年度总成本,由式(4.21)可得

$$C(Q^*) = \left(\sqrt{2 \times 5214 \times 500 \times 225 \times \frac{1350}{225 + 1350}} + 5214 \times 750 \right) 元/年$$

$$= 3\,942\,210.52 元/年$$

其中，年度运作成本为

$$C'(Q^*) = \sqrt{2 \times 5214 \times 500 \times 225 \times \frac{1350}{225 + 1350}} 元/年 = 31\,710.52 元/年$$

4.4 缺货不补经济补货批量

本节继续讨论允许缺货的情形，并按照缺货不补的方式来处理所发生的缺货。

在缺货回补的情形下，要记录缺货期间所产生的需求在系统内滞留的时间。因为，缺货惩罚成本是与时间单位相关联的。而在缺货不补的情形下，缺货期间所产生的需求立即消失。因此，缺货惩罚成本只与缺货量有关，而不考虑缺货时的需求在系统内滞留的时间。

假设每单位缺货所造成的惩罚成本即缺货惩罚成本系数为 p。

如图 4.6 所示，在一个补货周期内，最高库存量为 Q，累积库存量对应于时间轴以上的三角形的面积，为 $\frac{1}{2} \frac{Q}{\lambda} Q$，最大缺货时间为 t，总缺货量为 $t\lambda$。

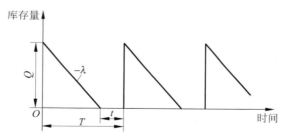

图 4.6　缺货不补经济补货批量的库存量变化

因此，在缺货不补的处理方式下，有两个变量需要进行优化，一是补货批量 Q，二是缺货时间 t。

因补货批量 Q 可以表达为 $Q = \lambda(T - t)$，我们将讨论 T 和 t 的决定方法。

系统长期运行下单位时间的总成本为

$$C(t, T) = \frac{1}{T} \left(K + cQ + h\frac{Q^2}{2\lambda} + p\lambda t \right)$$

$$= \frac{1}{T} \left(K + \lambda c(T - t) + h\frac{\lambda(T - t)^2}{2} + p\lambda t \right) \tag{4.23}$$

上式为二元函数的极值问题，先对 t 求偏导数并令其等于零，可得

$$T - t = \frac{p - c}{h} \tag{4.24}$$

从图 4.6 可容易得 $T > t$。因此，式(4.24)表明 $p > c$，否则，如果 $p \leqslant c$，则意味着每单位缺货所造成的惩罚成本比每单位货物的补货价格还要低，那么就用不着去运行这个库存系统了，对于市场需求，管理者宁愿花费缺货惩罚成本去打发顾客，也不愿意从供应商补货来

满足顾客。因此，$p>c$ 是分析缺货不补经济补货批量的必要条件。

将式(4.24)代入式(4.23)中，有

$$C(T) = \left(K - \frac{\lambda(p-c)^2}{2h}\right)\frac{1}{T} + \lambda p \tag{4.25}$$

上式在有限区间 $[0,\infty)$ 内无极小值点，从而无法通过求一阶导数来获得极小值，但可以通过以下分析得到结果。

(1) 如果 $K>\frac{\lambda(p-c)^2}{2h}$，则 T 越大，式(4.25)的值就越小，直到 $T=\infty$，故系统长期运行下单位时间的总成本 $C(\infty)=\lambda p$。当 $T\to\infty$ 时，由式(4.24)可知 $t\to\infty$，这种策略等于管理者不去补货，永远处在缺货状态，这是因为 $K>\frac{\lambda(p-c)^2}{2h}$ 反映出缺货惩罚成本相对较小，而库存系统的运行成本较高。如果 K,c,h 相对于 p 来说较大，就容易导致这一结果。称这种策略为永不补货策略。

(2) 如果 $K\leqslant\frac{\lambda(p-c)^2}{2h}$，则 T 越小，式(4.25)的值就越小，但由式(4.24)可知，当 T 减小时，t 也必须减小，直到 $t=0$，此时，T 取到最小值，为 $T=\frac{p-c}{h}$。又由式(4.23)可知，当 $t=0$ 时，系统长期运行下单位时间的总成本为

$$C(0,T) = \frac{1}{T}\left(K + \lambda cT + h\frac{\lambda T^2}{2}\right)$$

与基本经济补货批量模型完全一样，也就是说，系统按照基本经济补货批量策略进行运作，且永不缺货。

例 4-5　继续例 4-1，假设缺货惩罚成本系数为 $p=755$ 元/吨，试计算经济补货批量。

解：根据给定的参数，可知

$$K = 500 > \frac{\lambda(p-c)^2}{2h} = \frac{5214\times(755-750)^2}{2\times225}\ 元/次 = 289.7\ 元/次$$

因此，经济补货批量 $Q^*=0$。

如果假设缺货惩罚成本系数为 $p=960$ 元/吨，则有

$$K = 500 < \frac{\lambda(p-c)^2}{2h} = \frac{5214\times(960-750)^2}{2\times225}\ 元/次 = 510\,972\ 元/次$$

此时，经济补货批量即为基本经济补货批量 $Q^*=152.23$ 吨，对应的年度总成本 $C(Q^*)=3\,944\,751.28$ 元/年，其中年度运作成本 $C'(Q^*)=34\,251.28$ 元/年。

在缺货不补的处理方式下，只有当条件 $K\leqslant\frac{\lambda(p-c)^2}{2h}$ 被满足时，才可考察系统长期运行下单位时间的运作成本。

4.5　全量价格折扣经济补货批量

在前面几节的讨论中，假设补货单价 c 是固定不变的。而在现实中，有时会有这样的情况，就是补货价格与补货批量相关联，补货批量越多，价格就越优惠。接下来我们讨论在价

格具有按量折扣的情况下，如何确定经济补货批量。

根据不同的行业、不同的商品，价格的折扣形式可能会有所不同。比较常见的有两种形式：一是全量折扣，此方法对所补货物执行同一价格，该价格与补货批量有关；二是分量折扣，此方法是将所补货物分成多部分，每一部分会有不同的价格。

本节讨论全量价格折扣经济补货批量法。

假设价格与补货批量呈现如下关系：

当补货批量处在 $0 \leqslant Q < q_1$ 时，补货单价为 c_1；

当补货批量处在 $q_1 \leqslant Q < q_2$ 时，补货单价为 c_2；

$\vdots$

当补货批量处在 $q_{n-2} \leqslant Q < q_{n-1}$ 时，补货单价为 c_{n-1}；

当补货批量满足 $q_{n-1} \leqslant Q$ 时，补货单价为 c_n。

即根据补货批量的多少将补货价格定为 n 个，且满足 $c_1 > c_2 > \cdots > c_n$。

值得注意的是，上述折扣方式存在不合理的地方，如果将补货可变费用与补货批量的关系用图形来描述，如图 4.7 所示。考察 q_1 点，当补货批量 $Q = q_1$ 时，补货可变费用为 $c_2 q_1$，而当补货批量接近 q_1 但比 q_1 小时，补货可变费用就大于 $c_2 q_1$。举例来说，纯净水的价格当补货批量在 $0 \leqslant Q \leqslant 99$ 桶时单价为 10 元/桶，当补货批量在 $100 \leqslant Q \leqslant 199$ 桶时单价为 9 元/桶，当补货批量在 $200 \leqslant Q \leqslant 299$ 桶时单价为 8.5 元/桶，则购买 99 桶的补货可变费用是 990 元，而购买 100 桶的补货可变费用是 900 元，购买 199 桶的补货可变费用是 1791 元，而购买 200 桶的补货可变费用是 1700 元。也就是说，在每个价格转折点附近，补货批量少所花费的补货可变费用反而要比补货批量多所花费的补货可变费用高。因此，对于决策者来说，补货批量的选择应考虑这种变化。以纯净水为例，正常情况下，管理者宁愿选择 100 桶，而不应选择 99 桶；宁愿选择 200 桶，而不应选择 199 桶。

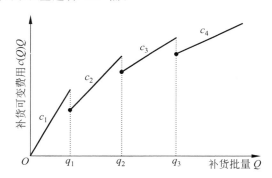

图 4.7 全量折扣的补货可变费用与补货批量的关系

假设持货成本系数 h 主要由资金占用成本 Ic 决定，在全量折扣条件下，当补货单价为 c_i 时持货成本系数 $h_i = Ic_i$，显然，$h_1 > h_2 > \cdots > h_n$。

用 $c(Q)$ 表示补货批量为 Q 时的补货单价。

在全量折扣条件下，系统长期运行下单位时间的总成本为

$$C(Q) = \frac{\lambda}{Q}K + \lambda c(Q) + \frac{Q}{2}Ic(Q) \tag{4.26}$$

与基本经济补货批量的区别只在于将单价 c 由常数改为随补货批量 Q 而变的量。

虽然补货单价 c 是随补货批量 Q 而变的量,但其为分段常数的形式,对应于每个价格,式(4.26)为标准的基本经济补货批量模型。因此,我们可写出以下系列成本方程:

$$C_1(Q) = \frac{\lambda}{Q}K + \lambda c_1 + \frac{Q}{2}Ic_1$$

$$C_2(Q) = \frac{\lambda}{Q}K + \lambda c_2 + \frac{Q}{2}Ic_2$$

$$\vdots$$

$$C_n(Q) = \frac{\lambda}{Q}K + \lambda c_n + \frac{Q}{2}Ic_n$$

将以上方程画在坐标图上,如图 4.8 所示。他们具有以下特点。

(1) 由于 c_i 是关于 i 有序的,即 $c_1 > c_2 > \cdots > c_n$,因此,对于同一 Q 点,$C_i(Q)$ 亦是关于 i 有序的,即 $C_1(Q) > C_2(Q) > \cdots > C_n(Q)$。

(2) 对应于第 i 个补货单价 c_i,其经济补货批量为

$$Q_i^* = \sqrt{\frac{2\lambda K}{Ic_i}}$$

因此,Q_i^* 亦是关于 i 有序的,即 $Q_1^* < Q_2^* < \cdots < Q_n^*$。

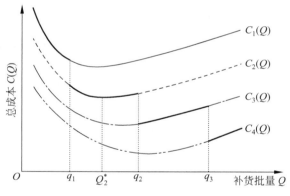

图 4.8　全量折扣的费用函数

以上信息对于我们分析全量折扣条件下的经济补货批量很有帮助,以下是求解步骤。

第一步:计算所有的经济补货批量 $Q_1^*, Q_2^*, \cdots, Q_n^*$。

第二步:找出最大的有效的经济补货批量。所谓有效的经济补货批量,是指在所有的 $Q_1^*, Q_2^*, \cdots, Q_n^*$ 点中,满足 $q_{i-1} \leqslant Q_i^* < q_i$ 的点,记其中最大的点为 Q_j^*。简单地说,有效的经济补货批量就是起作用的经济补货批量,就图 4.8 中所示的情形,第一个经济补货批量没有处在有效的区段 $[0, q_1)$ 内,第二个经济补货批量处在有效的区段 $[q_1, q_2)$ 内,后面的经济补货批量也没有处在有效的区段内。因此,最大的有效的经济补货批量是 Q_2^*。

第三步:计算所有的 $C_{j+1}(q_j), C_{j+2}(q_{j+1}), \cdots, C_n(q_{n-1})$ 值。在前一步中,虽然找出了最大的有效的经济补货批量 Q_j^*,但它还不一定是本问题的最优解。如图 4.8 所示,除了 Q_2^* 外,q_2, q_3 亦为潜在的最优点,因为它们的成本值 $C_3(q_2), C_4(q_3)$ 有可能比 $C_j(Q_j^*)$ 小。至于比 Q_j^* 小的点可以不用再考虑了,因为比 Q_j^* 小的所有左边的有效区段上,其成本值一定比 $C_j(Q_j^*)$ 大。

第四步：比较 $C_j(Q_j^*)$，$C_{j+1}(q_j)$，$\cdots$，$C_n(q_{n-1})$ 的大小，其中最小的即为最优经济补货批量的单位时间的总成本。

例 4-6　继续例 4-1，假定进货单价与补货批量的关系如下：

当补货批量处在 $0 \leqslant Q < 100$ 吨时，进货单价 $c_1 = 780$ 元；

当补货批量处在 100 吨 $\leqslant Q < 300$ 吨时，进货单价 $c_2 = 750$ 元；

当补货批量处在 300 吨 $\leqslant Q < 600$ 吨时，进货单价 $c_3 = 730$ 元；

当补货批量满足 600 吨 $\leqslant Q$ 时，进货单价 $c_4 = 720$ 元。

试计算经济补货批量。

解：先计算各自价格区段的经济补货批量，结果如下：

$$Q_1^* = \sqrt{\frac{2\lambda K}{Ic_1}} = \sqrt{\frac{2 \times 5214 \times 500}{0.3 \times 780}} \text{ 吨} = 149.27 \text{ 吨}$$

$$Q_2^* = \sqrt{\frac{2\lambda K}{Ic_2}} = \sqrt{\frac{2 \times 5214 \times 500}{0.3 \times 750}} \text{ 吨} = 152.23 \text{ 吨}$$

$$Q_3^* = \sqrt{\frac{2\lambda K}{Ic_3}} = \sqrt{\frac{2 \times 5214 \times 500}{0.3 \times 730}} \text{ 吨} = 154.30 \text{ 吨}$$

$$Q_4^* = \sqrt{\frac{2\lambda K}{Ic_4}} = \sqrt{\frac{2 \times 5214 \times 500}{0.3 \times 720}} \text{ 吨} = 155.37 \text{ 吨}$$

因此，最大的有效的经济补货批量是 $Q_2^* = 152.23$ 吨，接下来要计算 $C_2(Q_2^*)$，$C_3(q_2)$ 和 $C_4(q_3)$ 的值，结果如下：

$$C_2(Q_2^*) = C_2(152.23) = \left(\frac{5214}{152.23} \times 500 + 5214 \times 750 + \right.$$
$$\left. \frac{152.23}{2} \times 0.3 \times 750 \right) \text{元} = 3\,944\,751.28 \text{ 元}$$

$$C_3(q_2) = C_3(300) = \left(\frac{5214}{300} \times 500 + 5214 \times 730 + \right.$$
$$\left. \frac{300}{2} \times 0.3 \times 730 \right) \text{元} = 3\,847\,760.00 \text{ 元}$$

$$C_4(q_3) = C_4(600) = \left(\frac{5214}{600} \times 500 + 5214 \times 720 + \right.$$
$$\left. \frac{600}{2} \times 0.3 \times 720 \right) \text{元} = 3\,823\,225.00 \text{ 元}$$

从上面的结果可知，$C_4(q_3)$ 是最小的，所以，经济补货批量应取 $Q^* = q_3 = 600$ 吨。

在全量价格折扣的情形下，单位时间的补货可变费用 $\lambda c(Q)$ 不再是与补货批量的决策无关的量，因此可将单位时间的总成本（式（4.26））也当作是单位时间的运作成本。

4.6　增量价格折扣经济补货批量

除了全量折扣形式外，另一常见的折扣形式是增量折扣，此方法是将所补货物分成多部分，每一部分会有不同的价格。

举例来说,补货价格与补货批量呈现如下关系:

当补货批量处在 $0 \leqslant Q < q_1$ 时,补货单价为 c_1;

当补货批量处在 $q_1 \leqslant Q < q_2$ 时,则 $0 \sim q_1$ 部分的补货单价为 c_1,剩下部分的补货单价为 c_2;

当补货批量处在 $q_2 \leqslant Q < q_3$ 时,则 $0 \sim q_1$ 部分的补货单价为 c_1,$q_1 \sim q_2$ 部分的补货单价为 c_2,剩下部分的补货单价为 c_3;

依此类推。

假设有 n 个价格区间,且满足 $c_1 > c_2 > \cdots > c_n$。

图 4.9 所示描述了补货可变费用与补货批量之间的关系,在各个转折点处它们都是连续的。因此,增量折扣形式可以避免全量折扣形式中的不合理之处。

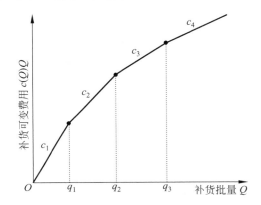

图 4.9　增量折扣的补货可变费用与补货批量的关系

令 $r_1 = q_1, r_2 = q_2 - q_1, \cdots, r_{n-1} = q_{n-1} - q_{n-2}$。

在进行最优补货批量分析时,需要确定补货单价。在增量折扣的形式下,不同部分货物的补货单价不一样,补货批量与"等价"的补货单价之间的关系如下:

当补货批量处在 $0 \leqslant Q < q_1$ 时,补货可变费用为 $c_1 Q$,等价的补货单价为 $\dfrac{c_1 Q}{Q} = c_1$;

当补货批量处在 $q_1 \leqslant Q < q_2$ 时,补货可变费用为 $c_1 r_1 + c_2 (Q - r_1)$,则等价的补货单价为 $\dfrac{c_1 r_1 + c_2 (Q - r_1)}{Q}$;

当补货批量处在 $q_2 \leqslant Q < q_3$ 时,补货可变费用为 $c_1 r_1 + c_2 r_2 + c_3 (Q - r_1 - r_2)$,则等价的补货单价为 $\dfrac{c_1 r_1 + c_2 r_2 + c_3 (Q - r_1 - r_2)}{Q}$。

用 $c(Q)$ 表示补货批量为 Q 时的等价补货单价。一般可将上述关系表达为以下的形式:

$$c(Q) = \begin{cases} c_1, & 0 \leqslant Q < q_1 \\ \dfrac{c_1 r_1 + c_2 (Q - r_1)}{Q}, & q_1 \leqslant Q < q_2 \\ \vdots \\ \dfrac{\sum\limits_{i=1}^{n-1} c_i r_i + c_n \left(Q - \sum\limits_{i=1}^{n-1} r_i\right)}{Q}, & q_n \leqslant Q \end{cases} \qquad (4.27)$$

在增量折扣条件下,系统长期运行下单位时间的总成本为

$$C(Q) = \frac{\lambda}{Q}K + \lambda c(Q) + \frac{Q}{2}Ic(Q) \tag{4.28}$$

对应于第 j 个价格区段,上式为

$$C_j(Q) = \frac{\lambda}{Q}K + \lambda c_j(Q) + \frac{Q}{2}Ic_j(Q)$$

将补货单价 $c_j(Q) = \dfrac{\sum\limits_{i=1}^{j-1} c_i r_i + c_j \left(Q - \sum\limits_{i=1}^{j-1} r_i\right)}{Q}$ 代入上式中,经整理后可得

$$C_j(Q) = \frac{\lambda\left(K + \sum\limits_{i=1}^{j-1}(c_i - c_j)r_i\right)}{Q} + \lambda\left[c_j + \frac{I\left(\sum\limits_{i=1}^{j-1}(c_i - c_j)r_i\right)}{2\lambda}\right] + \frac{Q}{2}Ic_j \tag{4.29}$$

式(4.28)与基本经济补货批量模型(式(4.4))具有相同的形式。因此,最小化的极值点为

$$Q_j^* = \sqrt{\frac{2\lambda\left(K + \sum\limits_{i=1}^{j-1}(c_i - c_j)r_i\right)}{Ic_j}} \tag{4.30}$$

由于 c_j 是关于 j 有序的,即 $c_1 > c_2 > \cdots > c_n$,因此式(4.30)表明 Q_j^* 亦是关于 j 有序的,即 $Q_1^* < Q_2^* < \cdots < Q_n^*$。但从式(4.29)来看,对于同一 Q 点,虽然第一项和第二项是关于 j 增加的,由于第三项是关于 j 减少的,因此, $C_j(Q)$ 不一定是关于 j 有序的。

图 4.10 描绘了在增量折扣形式下成本与补货批量之间的一般关系,除了上述性质外,还有一个重要性质,就是在每个价格分段点处,成本函数 $C(Q)$ 是连续的,即下述关系成立:

$$C_j(q_j) = C_{j+1}(q_j)$$

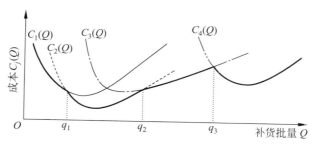

图 4.10   增量折扣的费用函数

以上性质表明,在 n 个极小值点 $Q_1^*, Q_2^*, \cdots, Q_n^*$ 中,至少有一个是落入有效区段内的,而不包含极小值点的有效区段内,肯定不存在全局最小点。如图 4.10 所示,曲线 $C_1(Q)$ 和 $C_3(Q)$ 的有效区段未包含它们各自的极小值点 Q_1^* 和 Q_3^*,全局最小点就肯定不在这两个区段内,而曲线 $C_2(Q)$ 和 $C_4(Q)$ 的有效区段包含了它们各自的极小值点 Q_2^* 和 Q_4^*,则全局最小点就一定是它们中的一个或多个。

由上面的分析,增量折扣条件下的经济补货批量可通过以下步骤求得。

第一步:根据式(4.30),计算所有的极小值点 $Q_1^*, Q_2^*, \cdots, Q_n^*$。

第二步:根据价格所对应的区段 $[0, q_1), [q_1, q_2), \cdots, [q_{n-1}, \infty)$,判断有效的极小值点。

第三步:在所有有效的极小值点中,成本最小的点为全局最小点,该点即为增量折扣条

件下的经济补货批量。

例 4-7 继续例 4-1,假定进货单价与补货批量的关系如下:

补货批量中的 $0 \leqslant Q < 100$ 吨部分,进货单价 $c_1 = 780$ 元;

补货批量中的 100 吨 $\leqslant Q < 600$ 吨部分,进货单价 $c_2 = 750$ 元;

补货批量中的 600 吨 $\leqslant Q < 1600$ 吨部分,进货单价 $c_3 = 730$ 元;

补货批量中的 1600 吨 $\leqslant Q$ 吨部分,进货单价 $c_4 = 720$ 元。

试计算经济补货批量。

解: 依题意,有 $r_1 = 100$ 吨,$r_2 = (600-100)$ 吨 $= 500$ 吨,$r_3 = (1600-600)$ 吨 $= 1000$ 吨。由式(4.30),可得到

$$Q_1^* = \sqrt{\frac{2 \times 5214 \times (500+0)}{0.3 \times 780}} \text{ 吨} = 149.27 \text{ 吨}$$

$$Q_2^* = \sqrt{\frac{2 \times 5214 \times (500+(780-750) \times 100)}{0.3 \times 750}} \text{ 吨} = 402.76 \text{ 吨}$$

$$Q_3^* = \sqrt{\frac{2 \times 5214 \times (500+(780-730) \times 100+(750-730) \times 500)}{0.3 \times 730}} \text{ 吨} = 859.10 \text{ 吨}$$

$$Q_4^* = \sqrt{\frac{2 \times 5214 \times (500+(780-720) \times 100+(750-720) \times 500+(730-720) \times 1000)}{0.3 \times 720}} \text{ 吨}$$
$$= 1233.19 \text{ 吨}$$

在所求出的上述 4 值中,Q_2^* 和 Q_3^* 落在有效区段内,根据式(4.29)计算它们的成本值,有

$$C_2(Q_2^*) = C_2(402.76) = 4\,001\,570.36 \text{ 元}$$

$$C_3(Q_3^*) = C_3(859.10) = 3\,996\,613.15 \text{ 元}$$

可知,$C_3(Q_3^*)$ 为最小,所以经济补货批量应取 $Q^* = Q_3^* = 859.10$ 吨。

4.7 补货提前期的处理

在前面的所有分析中,均未考虑补货提前期的存在,即发出补货请求后货物立即补充到位。如果库存系统存在有补货提前期,则向供应商发出补货请求后,需要滞后一段时间货物才补充到位。

在补货提前期为固定的常数(L)的条件下,补货提前期的存在并不影响经济补货批量的大小。如图 4.11 所示,库存的状态并未发生本质的变化。如果是要求不允许缺货,则当

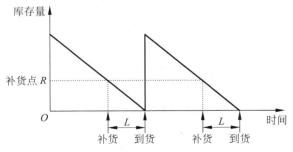

图 4.11 根据补货提前期确定补货点

库存量降到零时必须有新的货物补充到位。若无补货提前期,则补货时机就是每当库存量降到零时就补货,在同时刻库存量被补充到新的位置。若存在补货提前期 L,则补货时机就对应于库存降到零的时刻往前推移 L 时间单位。

在实际操作上,监视补货的时间点也许不太方便,更多的是监视库存量。如图 4.11 所示,确定每次补货的时间点所对应的库存量,即补货点 R。每当库存量下降到该补货点时,立即发出补货请求,经历 L 时间长度后,库存量上升到新的位置。

补货点按下面的公式计算

$$R = \lambda L \tag{4.31}$$

例 4-8　某加油站的市场需求率 $\lambda = 56$ 吨/周,假设补货提前期为 1 天,试计算补货点 R。

解：补货点为

$$R = 56 \text{ 吨} / \text{周} \times 1 \text{ 天} = 8 \text{ 吨} / \text{天} \times 1 \text{ 天} = 8 \text{ 吨}$$

如果补货提前期较长,可能大于经济补货周期,如图 4.12 所示。此时,要注意接下来的到货并不对应于最近的补货,而应是更早的补货。因此,补货点的计算不能直接按式(4.31)计算,要进行修正。

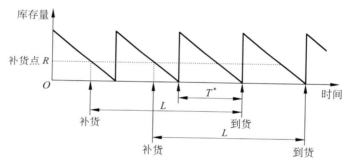

图 4.12　补货提前期大于经济补货周期

记经济补货周期为 T^*,假设补货提前期的长度 L 跨了 n 个经济补货周期 T^*,则补货点为

$$R = \lambda(L - nT^*) = \lambda \left(L - \left\lfloor \frac{L}{T^*} \right\rfloor T^* \right) \tag{4.32}$$

式中,$\lfloor \rfloor$ 表示向下取整。

例 4-9　某印刷原料的消耗速率 $\lambda = 72$ 千克/天,补货启动费用 $K = 431$ 元/次,持货成本系数 $h = 1.06$ 元/(千克·天),假设补货提前期为 12 天,试计算补货点 R。

解：首先计算经济补货批量,由式(4.5)有

$$Q^* = \sqrt{\frac{2 \times 72 \times 431}{1.06}} \text{ 千克} = 241.97 \text{ 千克}$$

则对应的经济补货周期为

$$T^* = \frac{Q^*}{\lambda} = \frac{241.97}{72} \text{ 天} = 3.36 \text{ 天}$$

按式(4.32)可得补货点

$$R = 72 \times \left(12 - \left\lfloor \frac{12}{3.36} \right\rfloor \times 3.36\right) \text{千克} = 138.24 \text{千克}$$

4.8 离散型需求经济补货批量

至此的所有分析中,将需求处理为连续且均匀的形式。

当产品本身是离散的,如一件、一套、一台等,需求不可能出现 4.82 台,补货批量也不可能出现 263.17 套,它们只能是取整数值。即便产品是连续类型的,如液体类、化工类等,在许多情况下也是包装成一盒、一瓶、一箱来销售,因此需求和补货也取整数值。

对于这种离散类型的货物,如何确定经济补货批量?一个自然的想法是先按基本经济补货批量计算最优的补货批量,如果得出的是整数值,则正好可直接作为离散型需求经济补货批量;如果不是整数值,可以将其圆整而得到一个整数结果,再将此整数值作为经济补货批量使用。

圆整方法是一个简单可行的方法,在 4.1 节中,已经对基本经济补货批量的结果进行了灵敏性分析,当补货批量偏离最优的补货批量时,所造成的系统运作成本的变化并不太明显。这说明,在很多情况下,用圆整方法是可以获得一个足够满意的结果的。

当然,如果将一个包装看成是一个单位的货物量,当一个包装单位含有的绝对货物量较大时,就要考虑简单的圆整方法是否会带来一定的误差。例如,当以千克为单位时,圆整后所产生的误差最多是 1 千克,所造成的系统运作成本的变化也许足够小。但如果货物是以包装的形式进行销售,每箱含 100 千克的货物量,这样如果以箱为单位,将计算结果圆整后所带来的最大误差就有可能是 100 千克,所造成的系统运作成本的误差就有可能是不能忽略的量级。

下面讨论离散型需求下经济补货批量的确定。

假设市场每间隔 t 时间就产生一件需求,如果不考虑补货提前期,则库存状态的变化如图 4.13 所示。显然,补货时机并不是库存量一降到零就立即补充货物,而是在库存量降到零以后再延迟 t 时间才进行货物补充。如果补货批量为 Q(整数),则补货后库存水平变为 $Q-1$,这是因为就在此时正好市场产生一件需求。库存状态的变化不再是三角形的周期重复,而是呈现出阶梯状的周期循环,且周期循环的时间长度是 $T = Qt$,即补货周期。

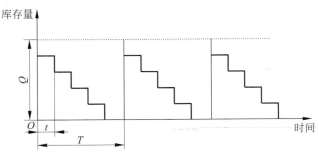

图 4.13 离散型需求下库存量的变化

一个补货周期内持货成本的分析如下。

当持货量为 $Q-1$ 时，维持的时间是 t，然后持货量变为 $Q-2$，维持的时间也是 t，一直到持货量变为零。因此，一个补货周期内的持货成本为

$$h(Q-1)t + h(Q-2)t + \cdots + h \times 1 \times t = \frac{Q(Q-1)}{2}ht$$

其他费用，如补货启动费用和补货可变费用，与基本经济补货批量模型是一样的。

由此可得，当补货批量为 Q 时，系统长期运行下单位时间的总成本就为

$$C(Q) = \frac{1}{T}\left(K + cQ + \frac{Q(Q-1)}{2}ht\right) = \frac{K}{Qt} + \frac{c}{t} + \frac{Q-1}{2}h \qquad (4.33)$$

图 4.14 描述了上述总成本与补货批量之间的关系，显然 $C(Q)$ 是关于 Q 的下凸函数，因 Q 取整数，我们可以通过下述增量分析的方法来求出极小值点。

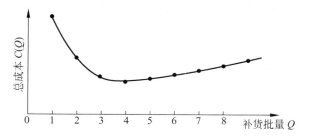

图 4.14　离散型需求下成本与补货批量之间的关系

考虑 $C(Q)$ 的增量

$$\Delta C(Q) = C(Q+1) - C(Q) = -\frac{K}{t}\frac{1}{Q(Q+1)} + \frac{h}{2}$$

假设 $C(Q)$ 的极小值点为 Q^*，由于 $C(Q)$ 是关于 Q 下凸的，对于 $Q < Q^*$，有 $\Delta C(Q) < 0$；而当 $Q \geqslant Q^*$ 时，则有 $\Delta C(Q) \geqslant 0$。因此，Q^* 是满足 $\Delta C(Q) \geqslant 0$ 的最小的 Q，即 Q^* 是满足下式的最小的 Q：

$$Q(Q+1) \geqslant \frac{2K}{ht} \qquad (4.34)$$

通过式(4.34)可以很容易地求出最优补货批量 Q^*，相应的经济补货周期 $T^* = Q^* t$。

在最优补货批量 Q^* 的运作下，由式(4.33)可得系统长期运行下单位时间的总成本为

$$C(Q^*) = \frac{K}{Q^* t} + \frac{c}{t} + \frac{Q^* - 1}{2}h \qquad (4.35)$$

其中，系统长期运行下单位时间的运作成本为

$$C'(Q^*) = \frac{K}{Q^* t} + \frac{Q^* - 1}{2}h \qquad (4.36)$$

例 4-10　某面包烤制坊，市场需求均匀恒定且每天需求量为 1 箱，补货启动费用 $K = 13$ 元/次，持货成本系数 $h = 12$ 元/(箱·天)，试计算经济补货批量。

解：由于每天需求量为 1 箱，相当于每天产生 1 箱需求，即 $t = 1$ 天，因此式(4.34)的右端项的值为

$$\frac{2 \times 13}{12 \times 1} \text{箱} / \text{次} = 2.17 \text{箱} / \text{次}$$

当 $Q = 1$ 时，有

$$1 \times (1 + 1) = 2 < 2.17$$

而当 $Q = 2$ 时，有

$$2 \times (2 + 1) = 6 > 2.17$$

所以，经济补货批量为 $Q^* = 2$ 箱，经济补货周期 $T^* = 2 \times 1$ 天 $= 2$ 天。由式(4.36)可算得每天的运作成本为

$$C'(Q^*) = C'(2) = \left(\frac{13}{2 \times 1} + \frac{2 - 1}{2} \times 12 \right) \text{元} / \text{天} = 12.5 \text{元} / \text{天}$$

关于上例，如果按照圆整的方法来计算，首先单位时间的需求量 $\lambda = 1$ 箱/天，然后由式(4.5)可得到

$$Q^* = \sqrt{\frac{2 \times 1 \times 13}{12}} \text{箱} / \text{次} = 1.47 \text{箱} / \text{次}$$

如果简单地按照四舍五入的方法进行圆整，则得到的经济补货批量为 $Q^* = 1$ 箱，与前面所求得的最优补货批量具有一定的误差。由式(4.36)可算得对应的每天的运作成本为

$$C'(Q^*) = C'(1) = \left(\frac{13}{1 \times 1} + \frac{1 - 1}{2} \times 12 \right) \text{元} / \text{天} = 13 \text{元} / \text{天}$$

小结与讨论

本章主要介绍单级无限期确定性库存系统的分析方法，对于运行无限长时间的系统，性能评价准则采用单位时间的总成本。由于是考虑无限长的时间范围，且系统的所有参数都是不变的，库存量呈现出周期性的三角形变化规律，每个周期实际上就是补货周期。因此，系统长期运行下单位时间的总成本就可以针对一个补货周期内单位时间的总成本来进行分析。以此为基础，建立一个补货周期内单位时间的总成本函数，然后通过求极值的方式获得最优的补货批量。

由上述原理得到的最优的补货批量被称为经济补货批量，虽然根据不同的条件，经济补货批量的模型会有所不同，但它们的分析原理和方法基本是相似的，关键是要将系统运行过程中所发生的各项成本掌握清楚。这里要特别强调的是持货成本的计算方法，在本章所介绍的前面几个模型中，因假设市场的需求恒定，从而库存量是沿着直线的方式均匀下降，呈现出周期性的三角形变化，因此平均库存量就与三角形的面积有关，持货成本也就要参照三角形的面积来核算。假如某库存系统在运行过程中库存量并不按照周期性的三角形变化，而是其他形状，如本章的最后一个模型中按照梯形重复，此时持货成本就不能套用三角形的计算公式了，但可以通过相同的原理推导出对应的计算公式来。

除了本章所介绍的几个主要的经济补货批量方法外，还有一些比较特殊的经济补货批量模型，感兴趣的读者可以参考有关的文献资料。

习题

4-1 某种产品的需求率是 48 000 件/年，补货启动费用为 125 元/次，补货单价为 45 元/件，持货成本系数为 12 元/(件·年)，试用基本经济补货批量模型确定补货批量。假设真正的补货启动费用是 200 元/次，而不是 125 元/次，则会产生多少额外费用？

4-2 我们考虑一家使用基本经济补货批量模型的公司，如果模型中的持货成本系数是实际持货成本系数的 60%，那么实际的成本将增加多少？

4-3 在式(4.16)中，令 $\dfrac{\partial C(B,Q)}{\partial B}=\dfrac{\partial C(B,Q)}{\partial Q}=0$，推导式(4.18)。

4-4 某牙膏厂拥有年产量为 60 000 箱的生产线，假设市场需求恒定且年度的需求量为 26 000 箱，每次生产时的启动费用为 1350 元，每箱的生产费用为 45 元。假设资本的年度回报率为 30%，并且不允许缺货，试求经济生产批量。

4-5 某生产线补充能力为 8000 单位货物/年，市场需求率为 2000 单位货物/年，生产启动费用为 300 元/次，持货成本系数为 1.60 元/(单位货物·年)，并且不允许缺货。现行的生产批量为 500 单位货物/季，试评价该生产批量决策，如何改进？应为多少？

4-6 在习题 4-1 中，

(1) 假设系统允许缺货且采取缺货回补的处理方式，单位货物缺货单位时间的缺货惩罚成本为 80 元，试计算经济订货批量。

(2) 假设系统采用缺货不补的处理方式，单位货物的缺货惩罚成本为 50 元，试计算经济订货批量。

4-7 某产品的需求率为 500 单位货物/年，补货启动费用为 40 元/次，资本年度回报率为 20%，并且不允许缺货。假设补货批量 Q 为 $0 \leqslant Q < 100$ 单位货物时，补货单价为 10 元/单位货物；当 $Q \geqslant 100$ 单位货物时，补货单价可享受 3% 的全量折扣。试计算经济补货批量。

4-8 在习题 4-7 中，假设补货单价与补货批量有如下关系：当 $0 \leqslant Q < 100$ 单位货物时，补货单价为 10 元/单位货物；当 $Q \geqslant 100$ 单位货物时，补货单价可享受 3% 的增量折扣。试计算经济补货批量。

4-9 假设某产品市场需求恒定且年度需求量为 λ 单位货物，补货单价与补货批量的关系如下：

当 $Q \leqslant q_1$ 时，补货单价为 $\dfrac{q_0}{Q}$；

当 $Q > q_1$ 时，补货单价为 $\dfrac{q_0}{q_1}$。

补货启动费用为 K，资本年度回报率为 I，在不允许缺货的条件下，分析经济补货批量。

4-10 某产品的需求率为 500 单位货物/周，补货启动费用为 200 元/次，持货成本系数为 2 元/(单位货物·周)，假设补货提前期为 2 天，试计算订货点 R。如果补货提前期为

1 周,补货点 R 是否相同?

4-11　在基本经济订货批量模型中,最优补货批量满足 $n<Q^*<n+1$。假设补货批量 Q 必须是整数,试证明如果 $\dfrac{Q^*}{n}\leqslant\dfrac{n+1}{Q^*}$,则补货批量 $Q=n$。

4-12　假设在基本经济补货批量模型中某种产品最优补货批量 $Q^*=55$,但由于一些实际因素的影响补货批量必须是 10 的倍数,那么最佳补货批量是多少? 并说明原因。

第5章 单级有限期
确定性库存系统

在单级无限期系统中,所有参数都是平稳的,它们不随时间而变,在系统长期运行过程中,库存管理的最优策略即经济补货批量也是平稳的。这样,库存状态的变化呈现出三角形周期性重复变化。因此,当以系统长期运行下单位时间的总成本为评价指标时,就可以单个补货周期为对象进行分析,同时也可以容易地求解出最优的补货批量。

无限期的库存系统在理论上当然是不存在的,但是如果一个系统运行时间非常长,那么就不妨将其处理为一个无限期的系统。不过,许多系统的运行时间并不是很长,我们在管理一个库存系统时的决策期间可能只关联到未来有限的时间范围,例如以周为时间单位,建立从当前时间到未来4周为止的决策,这种情形更符合大多数的实际情况。

当系统的运行时间有限,或系统的决策期间有限时,对于恒定的市场需求,如何确定最优的补货批量?此外,系统的参数也不一定是平稳的,尤其是市场需求,不大可能是随时间而恒定不变的,通常在不同的时间会产生不同的需求。在无限期系统中,如果考虑需求的非平稳性,则理论上的分析极其困难,但在有限期系统中,就有可能处理非平稳的需求。

5.1 连续需求最优补货批量

系统的运行条件及有关参数如下:

决策期间:T 个时间单位;

市场需求:不随时间而变化的恒定需求,需求率为 λ;

补货启动费用:K;

补货单价:c;

持货成本系数:h;

是否存在补货提前期:无补货提前期;

是否允许缺货:不允许缺货。

在上述条件下,库存状态的变化呈现出三角形的模式,如图 5.1 所示。

假设系统总共进行了 n 次补货,第 i 次补货所维持的时间为 t_i,这意味着第 i 次补货的批量是 $Q_i = \lambda t_i$。

显然,在第 i 次补货后所持续的时间内的成本为

$$C_i(Q_i) = K + cQ_i + \frac{1}{2}Q_i t_i h = K + cQ_i + \frac{\lambda h}{2} t_i^2 \tag{5.1}$$

如果是 n 次补货,且补货批量分别为 $Q_1, Q_2, \cdots, Q_n$,则总成本为

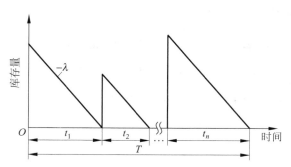

图 5.1　有限期间补货批量的库存状态变化情况

$$\sum_{i=1}^{n} C_i(Q_i) = \sum_{i=1}^{n} \left(K + cQ_i + \frac{\lambda h}{2} t_i^2 \right) = nK + c\sum_{i=1}^{n} Q_i + \frac{\lambda h}{2} \sum_{i=1}^{n} t_i^2$$

对于固定的时间长度 T，系统的评价指标，即单位时间的总成本就是

$$C(Q_1, Q_2, \cdots, Q_n) = \frac{1}{T} \sum_{i=1}^{n} C_i(Q_i) = \frac{1}{T} \left(nK + c\sum_{i=1}^{n} Q_i + \frac{\lambda h}{2} \sum_{i=1}^{n} t_i^2 \right) \tag{5.2}$$

在式（5.2）中，$\sum_{i=1}^{n} Q_i$ 是 n 次补货的总量。本系统中，在零时刻是第一次补货，在结束的时刻点 T 处库存量为零，也就是说所有的货物都被市场的需求消耗完了。所以，总补货量应与 T 期间的总需求量相等，即

$$\sum_{i=1}^{n} Q_i = \lambda T$$

将上述结果代入式（5.2）中，可得

$$C(Q_1, Q_2, \cdots, Q_n) = \frac{nK}{T} + c\lambda + \frac{\lambda h}{2T} \sum_{i=1}^{n} t_i^2 \tag{5.3}$$

显然，在式（5.3）中，最小化 $C(Q_1, Q_2, \cdots, Q_n)$ 等价于最小化 $\sum_{i=1}^{n} t_i^2$。

考虑以下优化问题：

最小化
$$F(t_1, t_2, \cdots, t_n) = \sum_{i=1}^{n} t_i^2 \tag{5.4}$$

约束条件
$$\sum_{i=1}^{n} t_i = T \tag{5.5}$$

该优化问题实质上是一个具有约束条件的多元函数的极值问题，可采用拉格朗日乘数法求解，即先构造下述函数：

$$G(t_1, t_2, \cdots, t_n) = \sum_{i=1}^{n} t_i^2 + \beta \left(\sum_{i=1}^{n} t_i - T \right)$$

通过求偏导数，有

$$\frac{\partial}{\partial t_1} G(t_1, t_2, \cdots, t_n) = 2t_1 + \beta$$

$$\vdots$$

$$\frac{\partial}{\partial t_n} G(t_1, t_2, \cdots, t_n) = 2t_n + \beta$$

令以上式子等于零，并联立求解方程组，可得

$$t_1 = t_2 = \cdots = t_n = \frac{T}{n} \tag{5.6}$$

上述结果实际上是有限期连续需求最优批量的一个重要性质，它表明如果进行 n 次补货，则每次补货的批量应相等，如图 5.2 所示，即 $Q_1 = Q_2 = \cdots = Q_n = Q = \frac{\lambda T}{n}$。利用这一性质，最小化目标函数(5.3)实质上就变成确定最优的 n 值。

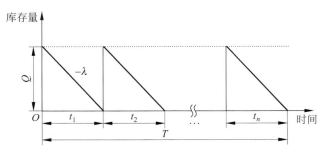

图 5.2　有限期间最优补货批量的性质

将式(5.3)改写为

$$C(n) = \frac{nK}{T} + c\lambda + \frac{\lambda h T}{2n} \tag{5.7}$$

显然，$C(n)$ 是关于 n 下凹的函数，由于 n 必须取整数值，因此可采用与 4.8 节中相同的方法来求解，即考虑增量函数

$$\Delta C(n) = C(n+1) - C(n) = \frac{K}{T} - \frac{\lambda h T}{2}\frac{1}{n(n+1)}$$

最优补货次数 n^* 是满足 $\Delta C(n) \geqslant 0$ 的最小的 n，即 n^* 是满足下式的最小的 n：

$$n(n+1) \geqslant \frac{\lambda h T^2}{2K} \tag{5.8}$$

当最优补货次数为 n^* 时，最优补货批量就为

$$Q^* = \frac{\lambda T}{n^*} \tag{5.9}$$

对应的最优补货周期为

$$t^* = \frac{T}{n^*} \tag{5.10}$$

在最优补货批量下，单位时间的总成本为

$$C(n^*) = \frac{n^* K}{T} + c\lambda + \frac{\lambda h T}{2n^*} \tag{5.11}$$

其中，单位时间的运作成本是

$$C'(n^*) = \frac{n^* K}{T} + \frac{\lambda h T}{2n^*} \tag{5.12}$$

例 5-1　已知市场需求率 $\lambda = 10$ 单位货物/单位时间，补货启动费用 $K = 30$ 元/次，进货单价 $c = 1$ 元/单位货物，持货成本系数 $h = 2$ 元/(单位货物·单位时间)，假设决策期间为 $T = 5$ 个时间单位，试求最优的补货批量。

解：式(5.8)的右端项的值为

$$\frac{10 \times 2 \times 5^2}{2 \times 30} = 8.33$$

当 $n = 2$ 时，有

$$2 \times (2 + 1) = 6 < 8.33$$

而当 $n = 3$ 时，有

$$3 \times (3 + 1) = 12 > 8.33$$

所以，最优补货次数 $n^* = 3$，最优补货批量 $Q^* = 16.67$ 单位货物，最优补货周期 $t^* = 1.67$ 单位时间，以及单位时间的总成本

$$C(n^*) = C(3) = \left(\frac{3 \times 30}{5} + 1 \times 10 + \frac{10 \times 2 \times 5}{2 \times 3}\right) 元 / 单位时间 = 44.67 元 / 单位时间$$

其中，单位时间的运作成本是

$$C'(n^*) = C'(2) = \left(\frac{3 \times 30}{5} + \frac{10 \times 2 \times 5}{2 \times 3}\right) 元 / 单位时间 = 34.67 元 / 单位时间$$

对于上例，如果是无限期问题，可计算得到

基本经济补货批量 $Q^* = 17.32$ 单位货物

基本经济补货周期 $T^* = 1.73$ 单位时间

单位时间的总成本 $C(Q^*) = 44.64$ 元/单位时间

可以证明，有限期的成本 $C(n^*)$ 一定大于等于无限期的成本 $C(Q^*)$。对于有限期问题，当决策期间 T 正好等于无限期问题的经济补货周期 T^* 的整数倍时，两者的成本是相等的，否则，$C(n^*) > C(Q^*)$。

下面以例 5-1 为基础，来考察 $C(n^*)$ 与 $C(Q^*)$ 之间的差别随 T 的变化规律。

如果决策期间为 $T = 1$，可计算得到

最优补货次数 $n^* = 1$

最优补货批量 $Q^* = 10$ 单位货物

最优补货周期 $t^* = 1$ 单位时间

单位时间的总成本 $C(n^*) = 50$ 元/单位时间

如果决策期间为 $T = 2$，可计算得到

最优补货次数 $n^* = 1$

最优补货批量 $Q^* = 20$ 单位货物

最优补货周期 $t^* = 2$ 单位时间

单位时间的总成本 $C(n^*) = 45$ 元/单位时间

如果决策期间为 $T = 10$，可计算得到

最优补货次数 $n^* = 6$

最优补货批量 $Q^* = 16.67$ 单位货物

最优补货周期 $t^* = 1.67$ 单位时间

单位时间的总成本 $C(n^*) = 44.67$ 元/单位时间

图 5.3 所示是有限期结果与无限期结果的比较，随着决策期间 T 的增长，补货次数增加，系统成本与无限期系统的成本也越接近。

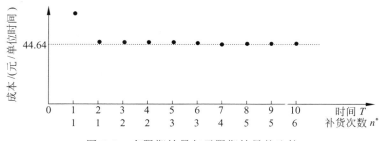

图 5.3　有限期结果与无限期结果的比较

上述结果具有一般性。从理论上可以证明，当最优补货次数 $n^*\geqslant 5$ 时，单位时间的总成本与无限期基本经济补货批量的单位时间的总成本比较，相对误差不超过 1.01%。这个结论告诉我们，在许多情况下，即便决策期间 T 并不是太长，但采用无限期基本经济补货批量来管理库存系统，也可以得到足够满意的结果。

5.2　离散时间动态补货批量

有些库存系统，其计划或决策是在一些特定的时间点进行的，如每周的开始时间、每月的开始时间等，两两决策的时间间隔称为一期。市场需求是以期为时间单位，即给出每期的市场需求量。每期开始时确定库存的补货批量，然后满足本期或未来多期的市场需求。

关于持货成本，是在每期结束的时间点进行核算，也就是在本期结束时对剩下的货物要追加一期的持货成本，而在本期内被消耗的货物，不管是在本期内哪个时间点被消耗的，都不计算其持货成本。这只是一般的处理方式，如果在一期内的需求具有一定的规律性，如一期的需求集中在中间时间点，或一期的需求随时间呈现均匀分布等，则可对每期的持货成本进行精确的计算。

系统的运行条件及有关参数如下：

决策期间：T 期；

市场需求：第 t 期的需求量为 d_t；

补货启动费用：K；

持货成本系数：h；

是否存在补货提前期：无补货提前期；

是否允许缺货：不允许缺货。

各期的市场需求量是已知的，评价指标一般为系统运行结束后的总成本，需要决策的是确定每期开始时刻的最优补货批量，以使系统运行结束后的总成本最小。由于各期的市场需求量已给定，在不允许缺货的条件下，总的补货可变费用就为常数，它不随决策而变化，因此在评价指标中可以不考虑此项费用，这样评价指标实质上就是系统运行结束后的运作成本。

上述库存系统可以被建模为离散时间动态批量问题，且存在满足以下性质的最优策略：

（1）只有当本期期初库存量为零时才考虑是否进行货物补充。

（2）如果在本期期初要进行货物补充，则补充的批量正好是本期的需求量，或本期及未来若干期需求量之和。

上述性质还是比较容易直观理解的。例如，如果补充的批量并不正好是本期的需求量或本期及未来若干期需求量之和，则在下一个批量补充之前一定会留下零头库存量，这个零头库存量不够满足接下来一期的需求，就需要立即启动货物的补充，所以，它既在前面的期中产生了持货成本，又不能带来补货启动费用的节省。因此，这种策略是可以被改进的，也就是说它一定不是最优策略。而如果能做到每次货物补充都是在期初库存为零，且补货批量正好是本期的需求量或本期及未来若干期需求量之和，则系统的运作成本一定可以得到节省。

利用上述性质，在进行最优策略的求解过程中，可以大幅度地减少计算量，因为它已将包含最优解的解空间限定在较小的范围内了。

用 $C(t)$ 表示在最优策略下从第 t 期期初至第 T 期结束时系统的运作成本，并假定在第 t 期期初库存量为零。如果最优的补货批量是正好满足接下来的 i 期需求量之和，则下一次补货的时刻点是在第 $t+i$ 期期初。由于在第 t 期期初补充的批量是接下来的 i 期需求量之和，除了补货启动费用 K 外，还产生若干持货成本，这部分成本为

$$hd_{t+1} + 2hd_{t+2} + \cdots + (i-1)hd_{t+i-1} = \sum_{j=1}^{i-1} jhd_{t+j}$$

式中，hd_{t+1} 表示由于在第 t 期期初已补充为满足第 $t+1$ 期的需求的货物量 d_{t+1} 而产生的一期持货成本；$2hd_{t+2}$ 表示由于在第 t 期期初已补充为满足第 $t+2$ 期的需求的货物量 d_{t+2} 而产生的两期持货成本；依此类推，直到 $(i-1)hd_{t+i-1}$ 表示由于在第 t 期期初已补充为满足第 $t+i-1$ 期的需求的货物量 d_{t+i-1} 而产生的 $i-1$ 期持货成本。

如果在第 t 期期初最优的补货批量正好满足接下来的 i 期需求量之和，则在第 $t+i$ 期期初重新开始最优补货批量的决策，在最优策略下从第 $t+i$ 期期初至第 T 期结束时系统的运作成本为 $C(t+i)$。

定义下述指标函数：

$$\delta(x) = \begin{cases} 0, & x = 0 \\ 1, & x > 0 \end{cases}$$

通过上面的分析，可以将有限期离散时间动态批量问题建模为动态规划模型，其最优性方程如下：

$$\begin{cases} C(t) = \min_{1 \leqslant i \leqslant T-t+1} \left\{ K\delta\left(\sum_{j=0}^{i-1} d_{t+j}\right) + \sum_{j=1}^{i-1} jhd_{t+j} + C(t+i) \right\}, & t = 1, 2, \cdots, T \\ C(T+1) = 0 \end{cases} \tag{5.13}$$

上述方程中，$C(T+1) = 0$ 相当于一个边界条件，因为决策期间是 T 期，所以在 $T+1$ 期期初如果不考虑货物补充，则既无补货启动费用，也不产生持货成本。

动态规划式（5.13）是后向递归方程形式，求解步骤是先利用 $C(T+1) = 0$ 计算 $C(T)$，有了 $C(T)$ 后，就可以计算 $C(T-1)$。依此类推，直到计算出 $C(1)$，计算完 $C(1)$ 后，也就获得了最优动态批量策略。

例 5-2   某库存系统,决策期间为 $T=6$ 期,各期需求量如表 5-1 所示。

表 5-1

时期 t	1	2	3	4	5	6
需求量 d_t	235	147	208	191	156	94

假设补货启动费用 $K=800$ 元/次,持货成本系数 $h=3$ 元/(单位货物·单位时间),试求各期的最优补货批量。

解：设定 $C(T+1)=C(7)=0$,依此进行下列计算:

对于 $t=6$,

$$C(6) = \min_{1 \leqslant i \leqslant 1} \left\{ K\delta \left(\sum_{j=0}^{i-1} d_{6+j} \right) + C(7) \right\}$$
$$= k\delta(d_6) + C(7)$$
$$= (800 \times 1 + 0) \ \text{元}$$
$$= 800 \ \text{元}$$

即如果在第 6 期期初进行货物补充,则补充的批量为第 6 期的需求量,系统所产生的费用只有一次补货启动费用。

对于 $t=5$,

$$C(5) = \min_{1 \leqslant i \leqslant 2} \left\{ K\delta \left(\sum_{j=0}^{i-1} d_{5+j} \right) + \sum_{j=1}^{i-1} jhd_{5+j} + C(5+i) \right\}$$
$$= \min \left\{ \begin{array}{l} K\delta(d_5) + C(6) \\ K\delta(d_5 + d_6) + hd_6 + C(7) \end{array} \right\}$$
$$= \min \left\{ \begin{array}{l} (800 \times 1 + 800) \ \text{元} \\ (800 \times 1 + 3 \times 94 + 0) \ \text{元} \end{array} \right\}$$
$$= 1082 \ \text{元} \quad (\text{对应于} \ i = 2)$$

上述结果表明,$C(5)$ 的取值对应于 $i=2$,说明如果在第 5 期期初进行货物补充,则补充的批量就应为第 5 期和第 6 期需求量之和,系统所产生的费用是一次补货启动费用及第 6 期货物在第 5 期所产生的一期持货成本。

对于 $t=4$,

$$C(4) = \min_{1 \leqslant i \leqslant 3} \left\{ K\delta \left(\sum_{j=0}^{i-1} d_{4+j} \right) + \sum_{j=1}^{i-1} jhd_{4+j} + C(4+i) \right\}$$
$$= \min \left\{ \begin{array}{l} K\delta(d_4) + C(5) \\ K\delta(d_4 + d_5) + hd_5 + C(6) \\ K\delta(d_4 + d_5 + d_6) + hd_5 + 2hd_6 + C(7) \end{array} \right\}$$
$$= \min \left\{ \begin{array}{l} (800 \times 1 + 1082) \ \text{元} \\ (800 \times 1 + 3 \times 156 + 800) \ \text{元} \\ (800 \times 1 + 3 \times 156 + 2 \times 3 \times 94 + 0) \ \text{元} \end{array} \right\}$$
$$= 1832 \ \text{元} \quad (\text{对应于} \ i = 3)$$

即 $C(4)$ 的取值对应于 $i=3$,说明如果在第 4 期期初进行货物补充,则补充的批量就应为第 4 期、第 5 期和第 6 期需求量之和。

对于 $t=3$,

$$C(3) = \min_{1 \leqslant i \leqslant 4} \left\{ K\delta \left(\sum_{j=0}^{i-1} d_{3+j} \right) + \sum_{j=1}^{i-1} jhd_{3+j} + C(3+i) \right\}$$

$$= \min \left\{ \begin{array}{l} K\delta(d_3) + C(4) \\ K\delta(d_3 + d_4) + hd_4 + C(5) \\ K\delta(d_3 + d_4 + d_5) + hd_4 + 2hd_5 + C(6) \\ K\delta(d_3 + d_4 + d_5 + d_6) + hd_4 + 2hd_5 + 3hd_6 + C(7) \end{array} \right\}$$

$$= \min \left\{ \begin{array}{l} (800 \times 1 + 1832) \text{元} \\ (800 \times 1 + 3 \times 191 + 1082) \text{元} \\ (800 \times 1 + 3 \times 191 + 2 \times 3 \times 156 + 800) \text{元} \\ (800 \times 1 + 3 \times 191 + 2 \times 3 \times 156 + 3 \times 3 \times 94 + 0) \text{元} \end{array} \right\}$$

$= 2455$ 元 （对应于 $i=2$)

即 $C(3)$ 的取值对应于 $i=2$,说明如果在第 3 期期初进行货物补充,则补充的批量就应为第 3 期和第 4 期需求量之和,然后,在第 5 期期初进行货物补充,由于 $C(5)$ 的取值对应于 $i=2$,故在第 5 期期初补充的批量为第 5 期和第 6 期需求量之和。

对于 $t=2$,

$$C(2) = \min_{1 \leqslant i \leqslant 5} \left\{ K\delta \left(\sum_{j=0}^{i-1} d_{2+j} \right) + \sum_{j=1}^{i-1} jhd_{2+j} + C(2+i) \right\}$$

$$= \min \left\{ \begin{array}{l} K\delta(d_2) + C(3) \\ K\delta(d_2 + d_3) + hd_3 + C(4) \\ K\delta(d_2 + d_3 + d_4) + hd_3 + 2hd_4 + C(5) \\ K\delta(d_2 + d_3 + d_4 + d_5) + hd_3 + 2hd_4 + 3hd_5 + C(6) \\ K\delta(d_2 + d_3 + d_4 + d_5 + d_6) + hd_3 + 2hd_4 + 3hd_5 + 4hd_6 + C(7) \end{array} \right\}$$

$$= \min \left\{ \begin{array}{l} (800 \times 1 + 2455) \text{元} \\ (800 \times 1 + 3 \times 208 + 1832) \text{元} \\ (800 \times 1 + 3 \times 208 + 2 \times 3 \times 191 + 1082) \text{元} \\ (800 \times 1 + 3 \times 208 + 2 \times 3 \times 191 + 3 \times 3 \times 156 + 800) \text{元} \\ (800 \times 1 + 3 \times 208 + 2 \times 3 \times 191 + 3 \times 3 \times 156 + 4 \times 3 \times 94 + 0) \text{元} \end{array} \right\}$$

$= 3255$ 元 （对应于 $i=1$)

即 $C(2)$ 的取值对应于 $i=1$,说明如果在第 2 期期初进行货物补充,则补充的批量为第 2 期的需求量,然后,在第 3 期期初进行货物补充,补充的批量为第 3 期和第 4 期需求量之和,再在第 5 期期初进行货物补充,补充的批量为第 5 期和第 6 期需求量之和。

对于 $t=1$,

$$C(1) = \min_{1 \leqslant i \leqslant 6} \left\{ K\delta \left(\sum_{j=0}^{i-1} d_{1+j} \right) + \sum_{j=1}^{i-1} jhd_{1+j} + C(1+i) \right\}$$

$$
=\min\left\{\begin{array}{l}
K\delta(d_1)+C(2)\\
K\delta(d_1+d_2)+hd_2+C(3)\\
K\delta(d_1+d_2+d_3)+hd_2+2hd_3+C(4)\\
K\delta(d_1+d_2+d_3+d_4)+hd_2+2hd_3+3hd_4+C(5)\\
K\delta(d_1+d_2+d_3+d_4+d_5)+hd_2+2hd_3+3hd_4+4hd_5+C(6)\\
K\delta(d_1+d_2+d_3+d_4+d_5+d_6)+hd_2+2hd_3+3hd_4+4hd_5+5hd_6+C(7)
\end{array}\right\}
$$

$$
=\min\left\{\begin{array}{l}
(800\times1+3255)\text{元}\\
(800\times1+3\times147+2455)\text{元}\\
(800\times1+3\times147+2\times3\times208+1832)\text{元}\\
(800\times1+3\times147+2\times3\times208+3\times3\times191+1082)\text{元}\\
(800\times1+3\times147+2\times3\times208+3\times3\times191+4\times3\times156+800)\text{元}\\
(800\times1+3\times147+2\times3\times208+3\times3\times191+4\times3\times156+5\times3\times94+0)\text{元}
\end{array}\right\}
$$

$=3696$ 元　（对应于 $i=2$）

即 $C(1)$ 的取值对应于 $i=2$。因此本例的最优补货策略如下：在第 1 期期初进行货物补充，补充的批量为第 1 期和第 2 期需求量之和，然后，在第 3 期期初进行货物补充，补充的批量为第 3 期和第 4 期需求量之和，再在第 5 期期初进行货物补充，补充的批量为第 5 期和第 6 期需求量之和。

在上述补货策略下，系统的运作成本为 3696 元。

5.3　基本经济补货批量参照法

对于离散时间动态批量问题，虽然用动态规划模型可以求得最优动态批量策略，但其过程及计算方法略显繁复，在一定程度上影响了该方法的广泛应用，许多管理者更钟情于简洁易操作的方法。为此，出现了一些近似计算方法，其中之一是参照基本经济补货批量来确定有限期离散时间的动态批量。

在基本经济补货批量模型中，假设需求是恒定的，每次补货批量为

$$
Q^*=\sqrt{\frac{2\lambda K}{h}} \tag{5.14}
$$

对于有限期离散时间动态批量问题，作为一般情况，需求不一定是恒定的，在给定各期的需求量 $d_1,d_2,\cdots,d_T$ 后，可以估算单位时间的需求量即需求率

$$
\lambda=\frac{\sum_{t=1}^{T}d_t}{T} \tag{5.15}
$$

有了 λ 后，就可以按式(5.14)计算出经济补货批量的参照量 Q^*，称其为理想经济补货批量，通过比较该参照量与实际需求量 $d_1,d_2,\cdots,d_T$ 来确定各期的补货批量。

具体做法如下：从第 1 期开始将需求量逐期进行累加，一旦出现累加值超过参照量 Q^* 后，比较 Q^* 与最后的两个累加值，与谁更接近就选择谁作为第 1 期的批量。接下来从未被第 1 期批量涵盖的期开始，重复相同的做法，直到所有期的批量确定完为止。

例 5-3　继续例 5-2,应用基本经济补货批量参照法求各期的补货批量。

解:先计算单位时间的需求量:

$$\lambda = \frac{235 + 147 + 208 + 191 + 156 + 94}{6} = 171.83$$

则基本经济补货批量为

$$Q^* = \sqrt{\frac{2 \times 171.83 \times 800}{3}} = 302.73$$

从第 1 期开始,第 1 期的需求量为 $d_1 = 235 < Q^*$,第 1 期和第 2 期的累计需求量为 $d_1 + d_2 = 382 > Q^*$,由于 235 比 382 更接近 Q^*,所以第 1 期的补货批量取为 235,该批量满足第 1 期的需求。

接下来从第 2 期开始,第 2 期的需求量为 $d_2 = 147 < Q^*$,第 2 期和第 3 期的累计需求量为 $d_2 + d_3 = 355 > Q^*$,由于 355 比 147 更接近 Q^*,所以第 2 期的补货批量取为 355,该批量正好满足第 2 期和第 3 期的需求。

接下来从第 4 期开始,第 4 期的需求量为 $d_4 = 191 < Q^*$,第 4 期和第 5 期的累计需求量为 $d_4 + d_5 = 347 > Q^*$,由于 347 比 191 更接近 Q^*,所以第 4 期的补货批量取为 347,该批量正好满足第 4 期和第 5 期的需求。

最后,第 6 期的补货批量即为第 6 期的需求量 94。

在上述补货策略下,共进行了 4 次补货启动,第 3 期需求的货物在第 2 期产生了一期的持货成本,第 5 期需求的货物在第 4 期产生了一期的持货成本,因此系统的运作成本为 $4 \times 800 + 3 \times 208 + 3 \times 156 = 4292$(元),比最优策略下的系统运作成本增加了近 16.1%。

还有一种普遍采用的方法,就是通过理想经济补货批量 Q^* 得到理想经济补货周期

$$T^* = \frac{Q^*}{\lambda}$$

然后参照 T^* 来确定各期的补货批量。以例 5-2 为例,有 $T^* = 1.76$,按 4 舍 5 入圆整取 $T^* = 2$,即每两期补货 1 次,故第 1 期期初的补货批量为第 1 期和第 2 期需求量之和,第 3 期期初的补货批量为第 3 期和第 4 期需求量之和,第 5 期期初的补货批量为第 5 期和第 6 期需求量之和。

5.4　运作成本对时间的平衡法

除了 5.3 节的基本经济补货批量参照法外,对于有限期离散时间动态批量问题,还出现了一些启发式计算方法,其中之一是由 Silver 和 Meal 在 1973 年提出的计算方法,称为 S-L 算法。

该算法的原理是尽量使单位时间上的运作成本达到最小。其做法是一期一期地试算,当在本期只补充满足本期需求的批量时所造成的单位时间上的运作成本是多少,当在本期补充满足本期和下一期需求之和的批量时所造成的单位时间上的运作成本是多少,当在本期补充满足本期和接下来的两期需求之和的批量时的情况又如何,每次只要运作成本能下降就再往后考虑一期,直到运作成本出现上升为止。批量是出现运作成本上升之前的需求

量的总和。

如果当前期的补货批量只满足本期的需求，则单位时间的运作成本只有一次补货启动费用，即

$$A(1) = \frac{K}{1} = K$$

如果当前期的补货批量为本期和下一期的需求之和，则两期的运作成本包括一次补货启动费用和为满足第二期需求的货物在第一期所产生的持货成本之和，单位时间的运作成本为

$$A(2) = \frac{K + hd_2}{2}$$

比较 $A(1)$ 和 $A(2)$，若运作成本上升了，即 $A(1) < A(2)$，则当前期的补货批量就为本期的需求量；若运作成本下降了，即 $A(1) \geqslant A(2)$，则考虑当前期的补货批量为本期和接下来的两期需求量之和，单位时间的运作成本为

$$A(3) = \frac{K + hd_2 + 2hd_3}{3}$$

若运作成本上升了，即 $A(2) < A(3)$，则当前期的补货批量就为本期和下一期的需求量之和；否则，如果运作成本还在下降，则继续考虑将更下一期的需求也包含进来。

一般地，用 $A(i,j)$ 表示当前期（第 i 期）的补货批量为本期及未来 $j-1$ 期需求量之和时的单位时间的运作成本，即

$$A(i,j) = \frac{K + \sum_{k=1}^{j-1} khd_{i+k}}{j} \tag{5.16}$$

从 $j=1$ 开始计算上式的值，只要一出现 $A(i,j-1) < A(i,j)$，则第 i 期的补货批量为本期及未来 $j-1$ 期需求量之和，然后从第 $i+j$ 期开始重复相同的运算。

例 5-4　继续例 5-2，应用 S-L 算法求各期的补货批量。

解：从第 1 期开始，有

$$A(1,1) = 800 \, 元 / 期$$

$$A(1,2) = \frac{800 + 3 \times 147}{2} \, 元 / 期 = 620.5 \, 元 / 期$$

由于 $A(1,1) > A(1,2)$，即运作成本在下降，因此，继续计算：

$$A(1,3) = \frac{800 + 3 \times 147 + 2 \times 3 \times 208}{3} \, 元 / 期 = 829.67 \, 元 / 期$$

因 $A(1,2) < A(1,3)$，所以第 1 期期初的补货批量为第 1 期和第 2 期需求量之和。从第 3 期开始进行相同的计算，有

$$A(3,1) = 800 \, 元 / 期$$

$$A(3,2) = \frac{800 + 3 \times 191}{2} \, 元 / 期 = 686.5 \, 元 / 期$$

$$A(3,3) = \frac{800 + 3 \times 191 + 2 \times 3 \times 156}{3} \, 元 / 期 = 769.67 \, 元 / 期$$

因此，第 3 期期初的补货批量应为第 3 期和第 4 期需求量之和。从第 5 期开始进行相同的计算，有

$$A(5,1) = 800 \ 元 \ / \ 期$$

$$A(5,2) = \frac{800 + 3 \times 94}{2} \ 元 \ / \ 期 = 541 \ 元 \ / \ 期$$

因此,第 5 期期初的补货批量应为第 5 期和第 6 期需求量之和。

上述计算结果正好与用动态规划所得的最优补货策略是一样的。但作为一般情形,S-L 算法并不能保证对其他库存问题都能获得最优补货策略。

如果将时间延长,使有限期问题变成无限期问题,而且系统的所有参数都是平稳的,则 S-L 算法将获得最优补货策略。

5.5 运作成本对货物的平衡法

在 5.4 节的运作成本对时间的平衡法中,是以每一期为时间单位,只要单期的平均运作成本在下降,就增大当前期的补货批量来满足更多一期的需求。这种方法是以运作成本在时间上的分摊作为评价指标的。

另一种方法是以运作成本在单位货物上的分摊作为评价指标来确定每期的补货批量,原理上与运作成本对时间的平衡法相类似,也是一期一期地试算,在本期只补充满足本期需求的批量时所造成的单位货物上的运作成本是多少,在本期补充满足本期和下一期需求之和的批量时所造成的单位货物上的运作成本是多少,在本期补充满足本期和接下来的两期需求之和的批量时的情况又如何,每次只要运作成本能下降就再往后考虑一期,直到运作成本出现上升为止。批量是出现运作成本上升之前的需求量的总和。

用 $B(i,j)$ 表示当前期(第 i 期)的补货批量为本期及未来 $j-1$ 期需求量之和时的单位货物的运作成本,即

$$B(i,j) = \frac{K + \sum_{k=1}^{j-1} khd_{i+k}}{\sum_{k=0}^{j-1} d_{i+k}} \tag{5.17}$$

从 $j=1$ 开始计算上式的值,只要一出现 $B(i,j-1) < B(i,j)$,则第 i 期的补货批量为本期及未来 $j-1$ 期需求量之和,然后从第 $i+j$ 期开始重复相同的运算。

例 5-5 继续例 5-2,应用运作成本对货物的平衡算法求各期的补货批量。

解:从第 1 期开始,有

$$B(1,1) = \frac{800}{235} \ 元 \ / \ 单位货物 = 3.40 \ 元 \ / \ 单位货物$$

$$B(1,2) = \frac{800 + 3 \times 147}{235 + 147} \ 元 \ / \ 单位货物 = 3.25 \ 元 \ / \ 单位货物$$

$$B(1,3) = \frac{800 + 3 \times 147 + 2 \times 3 \times 208}{235 + 147 + 208} \ 元 \ / \ 单位货物 = 4.22 \ 元 \ / \ 单位货物$$

因此,在第 1 期期初,补货批量为第 1 期和第 2 期需求量之和。从第 3 期开始进行相同的计算,有

$$B(3,1) = \frac{800}{208} \text{元} / \text{单位货物} = 3.85 \text{元} / \text{单位货物}$$

$$B(3,2) = \frac{800 + 3 \times 191}{208 + 191} \text{元} / \text{单位货物} = 3.44 \text{元} / \text{单位货物}$$

$$B(3,3) = \frac{800 + 3 \times 191 + 2 \times 3 \times 156}{208 + 191 + 156} \text{元} / \text{单位货物} = 4.16 \text{元} / \text{单位货物}$$

因此,在第 3 期期初,补货批量为第 3 期和第 4 期需求量之和。从第 5 期开始进行相同的计算,有

$$B(5,1) = \frac{800}{156} \text{元} / \text{单位货物} = 5.13 \text{元} / \text{单位货物}$$

$$B(5,2) = \frac{800 + 3 \times 94}{156 + 94} \text{元} / \text{单位货物} = 4.33 \text{元} / \text{单位货物}$$

因此,第 5 期期初的补货批量应为第 5 期和第 6 期需求量之和。

上述计算结果正好与前面用动态规划所得的最优补货策略是一样的。但作为一般情形,该算法并不能保证对其他库存问题都能获得最优补货策略。

如果将时间延长,使有限期问题变成无限期问题,而且系统的所有参数都是平稳的,则该算法将获得最优补货策略。

5.6   持货成本与补货启动费用的平衡法

我们知道,在基本经济补货批量模型中,系统长期运行下单位时间的总成本最小所对应的极小值点正好是单位时间的补货启动费用与单位时间持货成本相等的点,可以考虑将这一性质应用到离散时间有限期动态批量问题中。

基本原则是,在确定当前期的补货批量时,使一次补货启动费用与接下来的持货成本尽量相等,重复这一过程直至决策期结束。

例 5-6   继续例 5-2,应用持货成本与补货启动费用的平衡算法求各期的补货批量。

解:在第 1 期期初进行货物补充,补货启动费用 $K = 800$ 元/次。

当补货批量只满足第 1 期的需求时,持货成本为 0;

当补货批量满足第 1 期和第 2 期的需求之和时,持货成本为

$$3 \times 147 \text{元} = 441 \text{元}$$

当补货批量满足第 1 期、第 2 期和第 3 期的需求之和时,持货成本为

$$(3 \times 147 + 2 \times 3 \times 208) \text{元} = 1689 \text{元}$$

相比 1689,一次补货启动费用 800 更接近于 441,故第 1 期期初的补货批量为第 1 期和第 2 期的需求量之和。

在第 3 期期初进行货物补充,补货启动费用 $K = 800$ 元/次。

当补货批量只满足第 3 期的需求时,持货成本为 0;

当补货批量满足第 3 期和第 4 期的需求之和时,持货成本为

$$3 \times 191 \text{元} = 573 \text{元}$$

当补货批量满足第 3 期、第 4 期和第 5 期的需求之和时,持货成本为

$$(3 \times 191 + 2 \times 3 \times 156) \text{元} = 1509 \text{元}$$

相比 1509,一次补货启动费用 800 更接近于 573,故第 3 期期初的补货批量为第 3 期和第 4 期的需求量之和。

在第 5 期期初进行货物补充,补货启动费用 $K = 800$ 元/次。

当补货批量只满足第 5 期的需求时,持货成本为 0;

当补货批量满足第 5 期和第 6 期的需求之和时,持货成本为

$$3 \times 94 \text{元} = 282 \text{元}$$

相比 0,一次补货启动费用 800 更接近于 282,故第 5 期期初的补货批量为第 5 期和第 6 期的需求量之和。

上述计算结果正好与前面用动态规划所得的最优补货策略是一样的。但作为一般情形,该算法并不能保证对其他库存问题都能获得最优补货策略。

如果将时间延长,使有限期问题变成无限期问题,而且系统的所有参数都是平稳的,则该算法将获得最优补货策略。

5.7　有限能力动态补货批量

前面几节对于离散时间有限期间动态批量问题的分析中,未考虑补充能力的限制,也就是说,在确定当前期的补货批量时,不管是满足未来多少期的需求都可以实现。

但对于许多实际系统,生产能力可能是有限的,货源可能是有限的,库存系统的运行资源也可能是有限的,因此在确定当前期的补货批量时,应考虑能力的约束。举一个最简单的例子,如果仓库的空间有限,则当前期的补货批量就不可能超过仓库容量所能容纳的货物量。还有,如果用于库存系统运行的资金有限,则每次补货批量也不可能任意地多。

对于有限期间 T 期库存问题,假设各期的能力为 $R_1, R_2, \cdots, R_T$,如果各期的补货批量为 $Q_1, Q_2, \cdots, Q_T$,则应满足下列约束条件:

$$Q_t \leqslant R_t, \quad t = 1, 2, \cdots, T \tag{5.18}$$

给定各期市场需求量 $d_1, d_2, \cdots, d_T$,如果不允许缺货,则在具有能力约束的条件下,不一定存在可行解。例如,当 $d_1 > R_1$,即第 1 期的需求量大于第 1 期的补充能力时,就无可行解,因此必须满足 $d_1 \leqslant R_1$,在此前提下,再来看第 2 期的情况。如果 $d_2 \leqslant R_2$,则没有问题,如果 $d_2 > R_2$,是否存在可行解还要看 d_1 和 R_1。由于在第 1 期满足 $d_1 \leqslant R_1$,也就是说在第 1 期能力可能有富裕,这些富裕能力可以在第 1 期被利用,这样在第 1 期剩余的货物就可以被补偿到第 2 期中,但要满足两期的需求之和小于等于两期的能力之和,即

$$d_1 + d_2 \leqslant R_1 + R_2$$

同样的道理,对于前 3 期,要想存在可行解,必须满足

$$d_1 + d_2 + d_3 \leqslant R_1 + R_2 + R_3$$

因此,对于具有能力约束的有限期间 T 期库存问题,可行解存在的条件是

$$\sum_{i=1}^{t} d_i \leqslant \sum_{i=1}^{t} R_i, \quad t = 1, 2, \cdots, T \tag{5.19}$$

在满足可行解存在的条件后,就可确定各期的补货批量。

首先,可利用以下操作方法确定一个初始可行解。

假设补货批量 $Q_1,Q_2,\cdots,Q_T$ 是需求量 $d_1,d_2,\cdots,d_T$ 与能力 $R_1,R_2,\cdots,R_T$ 中的小者,即

$$Q_t = \min\{d_t,R_t\}, \quad t=1,2,\cdots,T \tag{5.20}$$

从 $t=1$ 开始,逐一比较 d_t 和 R_t 的大小,当第一次出现 $d_t>R_t$ 时,则说明第 t 期的能力不足以满足第 t 期的需求,因此要将第 t 期以前的富裕能力提前使用,也就是增大第 $t-1$ 期的补货批量 Q_{t-1},增加的幅度等于第 t 期能力不足的差额。如果第 $t-1$ 期的富裕能力还不足以弥补第 t 期的能力差额,则将第 $t-1$ 期的补货批量 Q_{t-1} 增加至 R_{t-1},余下的差额从第 $t-2$ 期的富裕能力中进行补充。如果第 $t-2$ 期的富裕能力还不足以弥补这一差额,则继续考虑第 $t-3$ 期的富裕能力,直到补平第 t 期的能力差额为止。重复上面的过程直至最后一期结束。

例 5-7 继续例 5-2,假设各期的能力为 $R_1=400,R_2=160,R_3=200,R_4=300,R_5=150,R_6=90$,试确定一个初始可行解。

解：根据所给数据,容易验证条件(5.19)是被满足的,因此一定存在可行解,按照式(5.20),先初步确定各期补货批量如下:

$$Q_1=235, \quad Q_2=147, \quad Q_3=200, \quad Q_4=191, \quad Q_5=150, \quad Q_6=90$$

从第 1 期开始,比较能力与需求量的大小,在第 3 期需求量 208 超过能力 200,能力欠缺为 8,因此将 $Q_2=147$ 增加到 $Q_2=155$。

继续往后检查,发现在第 5 期需求量 156 超过能力 150,能力欠缺为 6,因此将 $Q_4=191$ 增加到 $Q_4=197$。

最后,在第 6 期需求量 94 超过能力 90,能力欠缺为 4,查看第 6 期以前的情况,第 5 期无富裕能力,第 4 期富裕能力为 103,因此将 $Q_4=197$ 增加到 $Q_4=201$。

综合以上结果,可得初始可行解为

$$Q_1=235, \quad Q_2=155, \quad Q_3=200, \quad Q_4=201, \quad Q_5=150, \quad Q_6=90$$

对应的系统运作成本为 6 次补货启动费用 6×800 元 $=4800$ 元,第 2 期 8 个单位货物一期的持货成本 8×3 元 $=24$ 元,第 4 期 10 个单位货物一期的持货成本 10×3 元 $=30$ 元,第 5 期 4 个单位货物一期的持货成本 $4\times3=12$(元),最终系统的运作成本为$(4800+24+30+12)$元 $=4866$ 元。

有了初始可行解后,接下来可对其进行改进。在确定初始可行解时,并没有考虑如何有效合理地利用富裕能力以达到成本的节约。比如在例 5-7 中,所确定的初始可行解将在每一期都要进行货物补充,因此会频繁地产生补货启动费用。事实上,可以合理地利用某些期的富裕能力,使未来的若干期货物能提前补充到位,这样做虽然会带来持货成本的增加,但可以节省补货启动费用,只要制定得合理,就有可能使运作成本下降。

在具体做法上,是从最后一期开始往前查看,在出现能力有富余的那一期,比较如果将最后一期的补货批量提前到该期补货所带来的持货成本的增加是否低于补货启动费用,若是,则将最后一期的补货批量提前到该期补货,否则,不进行调整。然后,从倒数第 2 期开始往前查看,重复相同的工作,直到第 1 期为止。

例 5-8　分析例 5-7 的初始可行解是否可以被改进。

解：从最后一期开始往前查看，可知第 6 期和第 5 期都无能力富裕，第 4 期有能力富裕，如果将第 6 期的补货批量 $Q_6 = 90$ 提前到第 4 期补货，则持货成本为 $2 \times 3 \times 90$ 元 $=540$ 元，小于一次补货启动费用 $K = 800$ 元/次，因此，可将初始解修正为

$$Q_1 = 235, \quad Q_2 = 155, \quad Q_3 = 200, \quad Q_4 = 291, \quad Q_5 = 150, \quad Q_6 = 0$$

接下来，从第 5 期开始往前查看，第 4 期虽然还有 9 个单位的富裕能力，但它不足以被用来将第 5 期的补货批量提前至该期补货，否则，既要产生持货成本，又不节省补货启动费用，因此不对第 5 期进行调整。继续往前查看，可知在第 2 期有富裕能力，但同样由于富裕的能力太小，起不到将后续期的补货批量提前到该期补货的作用。再继续往前查看，可知在第 1 期有 165 个单位的富裕能力，如果将第 2 期的补货批量 $Q_2 = 155$ 提前至该期补货，则持货成本为 3×155 元 $=465$ 元，小于一次补货启动费用 $K = 800$ 元/次，因此可将初始解修正为

$$Q_1 = 390, \quad Q_2 = 0, \quad Q_3 = 200, \quad Q_4 = 291, \quad Q_5 = 150, \quad Q_6 = 0$$

对应的系统运作成本为 4 次补货启动费用 $4 \times 800 = 3200$（元），第 1 期 155 个单位货物一期的持货成本 155×3 元 $=465$ 元，第 2 期 8 个单位货物一期的持货成本 8×3 元 $=24$ 元，第 4 期 100 个单位货物一期的持货成本 100×3 元 $=300$ 元，第 5 期 94 个单位货物一期的持货成本 94×3 元 $=282$ 元，最终系统的运作成本为 $(3200 + 465 + 24 + 300 + 282)$ 元 $=4271$ 元，与改进前的初始解相比，改进的幅度将近 14%。

小结与讨论

本章主要介绍单级有限期确定性库存系统的分析方法。对于随时间呈现连续需求的系统，在假设单位时间的需求量恒定的前提下，最优补货策略的计算并不复杂，而且在许多情况下，它与无限期的基本经济补货批量很接近，随着时间的增长，两者逐渐趋于一致。因此，对于有限期恒定需求的确定性库存系统，在决策期较短的情况下，可考虑应用 5.1 节的方法求解。

对于有限期离散时间动态批量问题，作为一般情形，考虑每期都有各自的需求，它们可以不相等，分析方法稍显繁琐，但可以建立动态规划模型，用标准的动态规划求解方法就可以计算最优补货策略。这一方法首先是由 Wagner 和 Whitin 提出的，常称为 W-W 算法。事实证明，这一方法的计算效率是比较理想的。

在 W-W 算法以后，提出了许多启发式算法来求近似的最优补货策略，本章介绍了几种常用的方法，有文献表明，这些近似方法的效果还是不错的。这里会产生这样的疑问，既然 W-W 算法的有效性已经很高，那为什么还要开发一些近似的算法呢？关于这点，也许可以从以下两方面来进行解释。首先，对于现场的管理者，他们希望一些决策方法越简单越好，越容易理解越好，而动态规划方法对他们来说是运筹学的范畴，可能会觉得不是太好理解和掌握。其次，虽然 W-W 算法的有效性很高，但相比其他启发式算法，计算量还是要大些。上述这些原因主要是从历史的角度来分析的，现今计算机技术已得到了飞速的发展，对于在历史上曾经是难点的计算量问题现在已经可以得到有效解决。

习题

5-1　证明在连续需求最优批量模型中，有限期的成本 $C(n^*)$ 一定大于等于无限期的成本 $C(Q^*)$。

5-2　某产品在决策期间（$T=6$）的需求量如表 5-2 所示。

表　5-2

时期 t	1	2	3	4	5	6
需求量 d_t	500	120	200	200	100	400

补货启动费用为 2000 元/次，持货成本系数为 8 元/（单位产品·单位时间）。在不允许缺货和无补货提前期的条件下，分别用以下方法决定各期的补货批量：

（1）动态规划方法；

（2）基本经济补货批量参照法；

（3）S-L 算法；

（4）成本货物平衡法；

（5）持货与启动成本平衡法。

5-3　某产品在 7 个周期内的需求量如表 5-3 所示。

表　5-3

时期 t	1	2	3	4	5	6	7
需求量 d_t	15	5	20	3	5	7	2

补货启动费用是 800 元/次，持货成本系数是 6 元/（单位产品·单位时间）。在不允许缺货和无补货提前期的条件下，分别用以下方法决定各期的补货批量：

（1）动态规划方法；

（2）基本经济补货批量参照法；

（3）S-L 算法；

（4）成本货物平衡法；

（5）持货与启动成本平衡法。

5-4　在习题 5-3 中，假设各期的能力为 15 件/期，试确定一个可行的补货策略，并分析该初始可行解是否可以改进。

第6章 多级确定性分散独立决策库存系统

许多库存系统，上、下游的关联非常紧密。如对于一个制造企业，从原材料到在制品再到成品，要经历一系列的加工工序，中间的每个环节可能就是一个库存节点。还有对于一个组装企业，一组零部件供应商向组装企业供应零部件，组装线的排产安排对零部件企业向组装线的供货策略也是有影响的。再如一个连锁经营的公司，货源是集中采购并储存，分时段向销售店配送货物，仓储中心的补货决策是针对整个连锁系统而进行的。此外，在供应商管理库存（vendor managed inventory，VMI）系统中，销售商的补货决策全部交给供应商来管理，并通过合同来约定利润的分成方式。

上述系统可以建模为多级库存系统。对于多级库存系统的管理，假设系统的所有参数都是确定性的，如市场需求、成本系数、补货提前期等，决策的内容是确定各级节点的补货时机及补货批量。分析的方法要视具体的情况而定。本章所讨论的多级库存系统中，企业与企业之间不存在协作，各自都为独立的主体，上下游的关系仅仅只是为了满足顾客需求的业务关系，各个企业以分散的形式独立进行决策。

6.1 多级库存系统的概念

在单级库存系统中，只考虑货物经停一个储存点，而在多级库存系统中，货物要流经一系列的储存点。因此，多级库存系统中的"级"指的是货物所流经的节点。根据货物的流向特点，多级库存系统可以呈现不同的结构形式。

6.1.1 串型结构

许多货物在流经一系列的节点时，在有些节点处，货物可能会产生诸如形状、性能、属性等的变化，在另一些节点处货物也许不产生任何变化。不管如何，一般货物每流经一处都会带来产品价值的变化。

以服装生产为例，有的服装产品供应链的最前端是棉花种植基地，这一环节的产品是棉花，从棉田里收集起来的棉花作为原材料被供应给纺织企业，纺织企业的产品是布匹，这些布匹又作为原材料被供应给服装加工厂，从服装厂产出的服装进入批发商，批发商再将产品配送给销售店，最后销售店将服装卖给顾客。在上述供应链中，货物从棉花种植基地到纺织企业再到服装加工厂，无论是性能还是形状都发生了本质的变化，实现了增值，而产品从批发商到销售店再到顾客，产品本身的性质并未发生变化，也实现了增值，这就是我们常说的通过物流使产品在时间上和空间上得到增值。

图 6.1 所示为串型结构的多级库存系统中需求与供应的流程关系。终端市场需求发生在最后一个节点 m 处,在该处需求得到满足。当节点 m 需要进行货物补充时,它就向前面的节点 $m-1$ 发出补货请求,这也构成了节点 m 对节点 $m-1$ 的需求,如此形成从节点 m 至节点 1 的需求流向及从节点 1 至节点 m 的货物流向。

图 6.1　多级库存系统——串型结构

节点 m 处的需求由终端市场所产生,与整个库存系统的结构及管理方式无关。但节点 $m-1$ 处的需求状况与节点 m 处的管理方法有关,或者说节点 $m-1$ 处的需求是由节点 m 处的补货策略所决定的,如每间隔多长的时间节点 m 向节点 $m-1$ 发出补货请求,每次补货批量是多少,不同的策略就形成了对节点 $m-1$ 的不同的需求形式。依此可知,节点 1 至节点 $m-1$ 的需求及供货过程是由系统的管理策略所决定的,当然它们与终端市场需求也是间接相关的。

6.1.2　合流型结构

产品的生产过程包括一系列的加工工序,例如从原材料的加工到零部件的加工再到组装,最终成为成品。一般地,一件成品由多个不同的零部件组装而成,一个零部件又由多个零件或原材料构成。因此,货物的流向形成合流的形式,如图 6.2 所示,零件 i 和零件 j 合流成部件 2,部件 2 与其他零部件一起合流成最终产品。

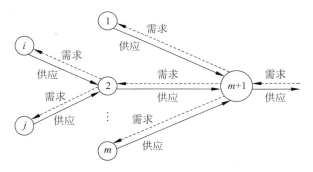

图 6.2　多级库存系统——合流型结构

在这类系统中,所有节点可以是属于一个企业,如节点 $1, 2, i, j, \cdots, m$ 是同一工厂的零部件加工车间,节点 $m+1$ 是该工厂的组装车间。另一种情形是所有节点都属于不同的企业,如节点 $1, 2, i, j, \cdots, m$ 是不同的专业化零部件生产厂家,他们将自己的零部件产品提供给组装厂家,通过组装成为最终产品。还有一类情形是 $1, 2, i, j, \cdots, m$ 中的部分节点与节点 $m+1$ 属于同一企业,而其他节点则属于不同的企业,例如在汽车的生产中,总装厂也同时加工部分零部件,而大多数的专业化零部件,如轮胎、挡风玻璃、车灯、座椅等,则由专门的零部件企业提供。

节点 $m+1$ 处的需求由终端市场所产生,与整个库存系统的结构及管理方式无关,但节点 $1,2,\cdots,m$ 处的需求状况与节点 $m+1$ 处的管理方法有关,即它们的需求是由节点 $m+1$ 处的补货策略所决定的,不同的策略就形成了对它们的不同的需求形式。因此,节点 1 至节点 m 的需求及供货过程是由系统的管理策略所决定的,当然它们与终端市场需求也是间接相关的。

6.1.3　分支型结构

产品进入流通领域后一般要经过相关环节最终到达终端顾客的手上。产品离开工厂后先到达批发商处,然后从批发商处供应到销售店,顾客从销售店获得货物。也可以是货物先从工厂到批发商处,再从批发商处供应到连锁企业的仓储中心,然后从仓储中心配送到各经销店。因此,货物的流向形成分支的形式,如图 6.3 所示,货物从节点 0 分支到节点 1, $2,\cdots,m$,从节点 2 分支到节点 i 和 j。

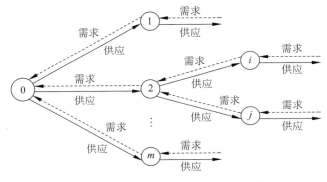

图 6.3　多级库存系统——分支型结构

在这类系统中,所有节点可以是属于一个企业,如连锁企业,节点 0 是仓储配送中心,节点 $1,2,i,j,\cdots,m$ 是经销店。另一种情形是所有节点都属于不同的企业,如节点 0 是一个批发企业,节点 $1,2,i,j,\cdots,m$ 是相互独立的销售企业。还有一类情形是节点 0 与节点 $1,2,i$, $j,\cdots,m$ 中的一部分属于同一连锁企业,但仓储配送中心也可以向其他不属于自己连锁的经销企业提供货物。

分支型结构并不只存在于流通领域,在生产领域亦存在相同的结构。例如,一个汽车轮胎生产企业并不是只为一个汽车总装厂供应轮胎,它可以为多个不同的汽车总装厂供应轮胎,因此在结构上也属于分支型结构。

节点 $1,i,j,3,\cdots,m$ 处的需求由终端市场所产生,与整个库存系统的结构及管理方式无关,但节点 2 和节点 0 处的需求状况与节点 $1,i,j,3,\cdots,m$ 处的管理方法有关,即它们的需求是由节点 $1,i,j,3,\cdots,m$ 处的补货策略所决定的,不同的策略就形成了对它们的不同的需求形式。因此,节点 2 和节点 0 的需求及供货过程是由系统的管理策略所决定的,当然它们与终端市场需求也是间接相关的。

6.1.4　其他类型结构

除了前面介绍的几种常见的结构外，还有一些较为复杂的结构。

以物料需求计划（material requirements planning，MRP）中的物料清单（bill of material，BOM）为例，考虑某产品的物料清单具有如图 6.4 所示的结构，产品 1 由部件 2 和部件 3 组成，部件 2 由零件 4 和零件 5 组成，部件 3 由零件 5 和零件 6 组成，零件 5 由原材料 7 和原材料 8 组成。

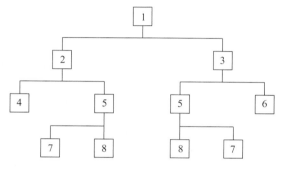

图 6.4　产品的物料清单结构

基于上述物料清单结构，可绘制出相应的多级库存系统结构图，如图 6.5 所示。系统中既有合流形式，也有分支形式，我们称这种结构为混合结构。

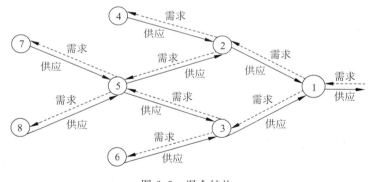

图 6.5　混合结构

更为复杂的结构形式是一般网络结构，货物离开某节点，在流经一些其他节点后可能又回到先前的节点，如图 6.6 所示。货物从节点 1 流向节点 3，在离开节点 3 后，一部分进入节点 5，另一部分又返回到节点 1，此外货物离开节点 5 后，一部分进入节点 6，而另一部分又返回到节点 4。

现实系统中，有一些是符合一般网络结构形式的。例如，在许多机械制造中，零件在机械加工工序经过粗加工后，进入热处理工序，然后又回到机械加工工序进行精加工。再者，当在某工序发现零件或部件存在质量问题时，将其返回到前面的工序进行返修。还有，近年越来越受到广泛关注的逆向物流，当在某环节发现次品时，就要将次品往前面的环节回退，如果这一运作过程是利用正向物流系统，由于前向和逆向共用同一个物流系统，故在形式上

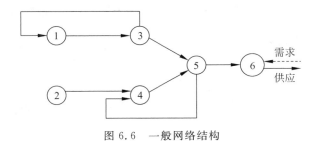

图 6.6　一般网络结构

也属于一般网络结构。

　　本章的后续各节将重点针对串型结构、合流型结构和分支型结构的多级库存系统讨论库存管理方法。

6.2　无限期串型结构系统

　　在串型结构系统中,最简单的情形是两级系统,即系统只由两个节点组成,本节将讨论两级串型结构系统。对于多于两节点的串型结构系统,分析原理和方法是一样的,但分析过程比两节点的串型结构系统要复杂。

　　如图 6.7 所示为两节点的串型结构系统,考虑运行时间为无限期,两节点各自独立决策来管理自己的库存,系统的运作方式及有关参数如下:

　　节点 2:终端市场的需求发生在该节点,需求形式为不随时间而变化的恒定需求,需求率为 λ,每次进行货物补充时的启动费用为 K_2,补货单价为 c_2,持货成本系数为 h_2,从节点 1 向节点 2 补货时无提前期,节点 2 对终端市场不允许缺货,因此节点 1 对节点 2 也不允许缺货。

　　节点 1:需求是来自节点 2 的补货请求,需求的形式与节点 2 的库存管理策略有关,如每间隔多长的时间从节点 2 发出补货请求、每次补货批量是多少等。节点 1 的货物补充既可以是来自外部货源,也可以是自己的生产,节点 1 每次进行货物补充时的启动费用为 K_1,补货单价为 c_1,持货成本系数为 h_1,货物补充时无提前期,该节点不允许缺货。

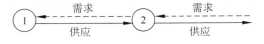

图 6.7　两级串型结构系统

　　由于货物从前面的节点流向后面的节点是一个增值的过程,故一般有

$$c_1 \leqslant c_2 \tag{6.1}$$

6.2.1　节点 2 的决策

　　节点 2 的决策包括确定向节点 1 的最优的补货时机和最优的补货批量。根据系统的运作情况,节点 2 实际上与单级库存系统中的基本经济订货批量是完全一样的,图 6.8 所示为

该节点的库存量随时间的变化模式。因此，节点 2 的决策是确定最优的补货批量 Q_2^*。

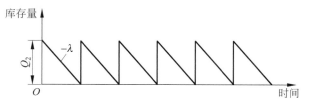

图 6.8   节点 2 的库存量随时间的变化

根据基本经济补货批量模型可知，节点 2 长期运行下单位时间的总成本为

$$C_2(Q_2) = \frac{\lambda}{Q_2}K_2 + \lambda c_2 + \frac{Q_2}{2}h_2 \tag{6.2}$$

最优补货批量为

$$Q_2^* = \sqrt{\frac{2\lambda K_2}{h_2}} \tag{6.3}$$

最优补货周期为

$$T_2^* = \frac{Q_2^*}{\lambda} = \sqrt{\frac{2K_2}{\lambda h_2}} \tag{6.4}$$

在最优补货批量 Q_2^* 的管理策略下，该节点长期运行下单位时间的总成本为

$$C_2(Q_2^*) = \sqrt{2\lambda K_2 h_2} + \lambda c_2 \tag{6.5}$$

其中，单位时间的运作成本为

$$C_2'(Q_2^*) = \sqrt{2\lambda K_2 h_2} \tag{6.6}$$

例 6-1   某化工产品，经销商所面对的终端市场需求恒定且需求率 $\lambda = 189$ 千克/天，从供应商处进货，进货单价 $c_2 = 73$ 元/千克，经销商向供应商补货时的启动费用 $K_2 = 120$ 元/次，假设资本的年度回报率 $I = 30\%$，试求经销商的最优补货批量。

解：首先计算持货成本系数，由题意，每千克货物持有一天的持货成本为

$h_2 = Ic_2 = 73$ 元 / 千克 $\times 0.30/$ 年 $= 21.90$ 元 /（千克·年）$= 0.06$ 元 /（千克·天）

最优的补货批量为

$$Q_2^* = \sqrt{\frac{2 \times 189 \times 120}{0.06}} \text{ 千克} = 869.5 \text{ 千克}$$

最优的补货周期为

$$T_2^* = \sqrt{\frac{2 \times 120}{189 \times 0.06}} \text{ 天} = 4.6 \text{ 天}$$

经销商长期运行下每天的总成本

$$C_2(Q_2^*) = C_2(869.5) = (\sqrt{2 \times 189 \times 120 \times 0.06} + 189 \times 73) \text{ 元 / 天}$$
$$= 13\,849.17 \text{ 元 / 天}$$

其中，每天的运作成本

$$C_2'(Q_2^*) = C_2'(869.5) = \sqrt{2 \times 189 \times 120 \times 0.06} \text{ 元 / 天} = 52.17 \text{ 元 / 天}$$

6.2.2　节点 1 的决策

节点 2 的补货决策构成了对节点 1 的需求,如图 6.9 所示,节点 2 每间隔 T_2^* 时间单位就要求节点 1 向其补充 Q_2^* 货物量。假设节点 1 每次向外部资源发出补货请求时的补货批量为 Q_1,在零时刻,节点 1 的补货批量是 Q_1,由于该时刻也是节点 2 向节点 1 的补货请求时刻,因此在无补货提前期的情况下,零时刻节点 1 的实际库存量是 $Q_1-Q_2^*$,此库存量将维持到 T_2^* 时刻,在该时刻节点 2 又向节点 1 发出补货请求,因此节点 1 的库存量下降至 $Q_1-2Q_2^*$,此库存量将维持到 $2T_2^*$ 时刻,在该时刻节点 2 再一次向节点 1 发出补货请求,因此节点 1 的库存量下降至 $Q_1-3Q_2^*$。如此重复直至节点 1 处的库存量变为零。

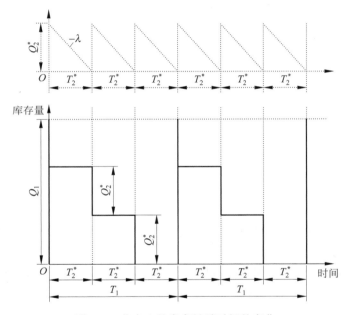

图 6.9　节点 1 的库存量随时间的变化

注意当节点 1 处的库存量变为零时并不是立即补充 Q_1 的货物量,如图 6.9 所示,在节点 1 处的库存量变为零之后要延续 T_2^* 时间才发生来自节点 2 的补货请求,由于各节点均无补货提前期,在节点 1 处,库存量为零的状态完全可以持续 T_2^* 时间后再补货。到此,节点 1 的库存量的变化就完成了一个补货周期,从节点 1 的第二次补货开始,库存量的变化呈现出与前面相同的过程。

设节点 1 处的补货周期为 T_1。

节点 1 处的决策是确定最优的补货批量 Q_1^*,使该节点长期运行下单位时间的总成本达到最小。

参照图 6.9,节点 1 处的最优库存管理策略一定满足以下两条性质。

第一,由于各节点均无补货提前期且不允许缺货,故在节点 1 的货物补充时刻应正好有来自节点 2 的补货请求,如果节点 1 在节点 2 产生补货请求之前就进行货物补充,则只会造成持货成本的增加,最理想的情况是节点 1 的库存量已经为零,而且就在节点 2 发出补货请求的时刻节点 1 同时也进行货物补充。

第二，节点 1 的补货批量 Q_1 一定是节点 2 的补货批量 Q_2^* 的整数倍，以图 6.9 为例，节点 1 的补货批量是节点 2 的补货批量的 3 倍，即 $Q_1 = 3Q_2^*$，如果不是整数倍，如 3.3 倍，那么节点 1 处的库存量在下降到 $0.3Q_2^*$ 时，该库存量既不够节点 2 的一个批量，还要花费节点 1 的持货成本。只有当它们存在整数倍关系时，则既可以满足节点 2 每次的补货批量要求，又不会造成不必要的持货成本。

由上面的性质，有下列关系：

$$Q_1 = nQ_2^* \tag{6.7}$$

$$T_1 = nT_2^* \tag{6.8}$$

节点 1 在一个补货周期 T_1 内，阶梯形状的面积为

$$(n-1)Q_2^* T_2^* + (n-2)Q_2^* T_2^* + \cdots + Q_2^* T_2^* = \frac{(n-1)n}{2}Q_2^* T_2^*$$

故节点 1 在一个补货周期 T_1 内的持货成本为

$$\frac{(n-1)n}{2}Q_2^* T_2^* h_1$$

长期运行下，节点 1 处单位时间的总成本为

$$C_1(Q_1) = \frac{1}{T_1}\left(K_1 + c_1 Q_1 + \frac{(n-1)n}{2}Q_2^* T_2^* h_1\right) = \frac{K_1}{nT_2^*} + c_1\lambda + \frac{n-1}{2}Q_2^* h_1$$

确定最优的 Q_1，使上式达到最小，实质上是求出使上式最小的整数 n。因此，可将上述函数表达为

$$C_1(n) = \frac{K_1}{nT_2^*} + c_1\lambda + \frac{n-1}{2}Q_2^* h_1 \tag{6.9}$$

欲求式（6.9）的最小值点，可采用 4.8 节中对离散变量优化的增量方法来求最优解，这里介绍另外一种求解方法。

将式（6.9）看成连续函数，即将 n 看成连续变量，可容易知道 $C_1(n)$ 是关于 n 为下凸的函数，且存在唯一的最小点。先对 $C_1(n)$ 求关于 n 的一阶导数，有

$$\frac{\mathrm{d}}{\mathrm{d}n}C_1(n) = -\frac{K_1}{n^2 T_2^*} + \frac{1}{2}Q_2^* h_1$$

令上式等于零，可得最优的 n 为

$$n = \sqrt{\frac{2K_1}{T_2^* Q_2^* h_1}}$$

将式（6.3）和式（6.4）代入上式中，有

$$n = \sqrt{\frac{K_1 h_2}{K_2 h_1}} \tag{6.10}$$

如果从上式计算出的 n 值是整数，则正好是所要求的结果 n^*。如果不是整数值，可以找出与 n 相邻的两个整数，它们是按 n 向上取整 $\lceil n \rceil$ 和向下取整 $\lfloor n \rfloor$，然后比较 $C_1(n)$ 在 $\lceil n \rceil$ 和 $\lfloor n \rfloor$ 处值的大小，取其中小者所对应的 n 为我们所要求的结果 n^*，即

如果 $C_1(\lfloor n \rfloor) \leqslant C_1(\lceil n \rceil)$，   则 $n^* = \lfloor n \rfloor$，   否则 $n^* = \lceil n \rceil$

有了 n^* 后，节点 1 的最优补货批量为

$$Q_1^* = n^* Q_2^* \tag{6.11}$$

最优补货周期为

$$T_1^* = n^* T_2^* \tag{6.12}$$

在最优补货批量 Q_1^* 的管理策略下,该节点长期运行下单位时间的总成本为

$$C_1(n^*) = \frac{K_1}{n^* T_2^*} + c_1 \lambda + \frac{n^* - 1}{2} Q_2^* h_1 \tag{6.13}$$

其中,单位时间的运作成本为

$$C_1'(n^*) = \frac{K_1}{n^* T_2^*} + \frac{n^* - 1}{2} Q_2^* h_1 \tag{6.14}$$

例 6-2　继续例 6-1,供应商生产产品,单位货物的生产成本 $c_1 = 30$ 元/千克,生产启动费用 $K_1 = 700$ 元/次,试求供应商的最优生产批量。

解:先计算式(6.10)的值,有

$$n = \sqrt{\frac{700 \times 0.30 \times 73}{120 \times 0.30 \times 30}} = 3.77$$

考虑 $n = 3$ 和 $n = 4$,由式(6.9),有

$$C_1(3) = \left(\frac{700}{3 \times 4.6} + 30 \times 189 + \frac{3-1}{2} \times 869.5 \times \frac{0.30 \times 30}{365} \right) 元/天 = 5742.16 \ 元/天$$

$$C_1(4) = \left(\frac{700}{4 \times 4.6} + 30 \times 189 + \frac{4-1}{2} \times 869.5 \times \frac{0.30 \times 30}{365} \right) 元/天 = 5740.20 \ 元/天$$

从上面的结果,取 $n^* = 4$,由此,该供应商的最优生产批量为

$$Q_1^* = 4 \times 869.5 \ 千克 = 3478 \ 千克$$

最优生产周期为

$$T_1^* = 4 \times 4.6 \ 天 = 18.4 \ 天$$

该供应商长期运行下每天的总成本为

$$C_1(n^*) = C_1(4) = 5740.20 \ 元/天$$

其中,每天的运作成本为

$$C_1'(n^*) = C_1'(4) = \left(\frac{700}{4 \times 4.6} + \frac{4-1}{2} \times 869.5 \times \frac{0.30 \times 30}{365} \right) 元/天 = 70.20 \ 元/天$$

如果将例子中的两级库存系统综合考虑,则在策略 Q_1^* 和 Q_2^* 的管理下,系统长期运行下每天的总成本为

$$C_1(Q_1^*) + C_2(Q_2^*) = (5740.20 + 13\,849.17) 元/天 = 19\,589.37 \ 元/天$$

其中,每天的运作成本为

$$C_1'(Q_1^*) + C_2'(Q_2^*) = (70.20 + 52.17) 元/天 = 122.37 \ 元/天$$

6.3　无限期合流型结构系统

合流型结构系统比串型结构系统要复杂,我们介绍最简单的两级合流系统,如图 6.10 所示。系统由三个节点组成,节点 1 和节点 2 向节点 3 供货,节点 3 将货物提供给终端市场。对于多于三节点的合流型结构系统,分析原理和方法是一样的,但分析过程比三节点的合流型结构系统要复杂。

各节点独立决策来管理自己的库存，考虑运行时间为无限期，系统的运作方式及有关参数如下：

节点 3：终端市场的需求发生在该节点，需求形式为不随时间而变化的恒定需求，需求率为 λ，每次进行货物补充时的启动费用为 K_3，补货单价为 c_3，持货成本系数为 h_3，无补货提前期，不允许缺货。

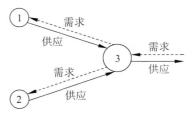

图 6.10 两级合流型结构系统

节点 1 和节点 2：需求是来自节点 3 的补货请求，需求的形式由节点 3 的库存管理策略所决定。两节点每次进行货物补充时的启动费用分别为 K_1 和 K_2，补货单价分别为 c_1 和 c_2，持货成本系数分别为 h_1 和 h_2，货物补充时无提前期，不允许缺货。

根据货物流通过程中的增值性，可假设下列关系成立

$$c_1 + c_2 \leqslant c_3 \tag{6.15}$$

合流型结构比较符合生产领域的库存系统，将零部件提供给组装线经过组装成为成品。一般地，部件价值高于零件的价值，成品价值高于部件的价值，所以条件(6.15)可以得到自然满足。

6.3.1 节点 3 的决策

节点 3 的决策包括确定向节点 1 和节点 2 的最优的补货时机和最优的补货批量，根据系统的运作情况，节点 3 实际上与单级系统中的基本经济补货批量是完全一样的，因此节点 3 的决策是确定最优的补货批量 Q_3^*。

由基本经济补货批量模型，节点 3 长期运行下单位时间的总成本为

$$C_3(Q_3) = \frac{\lambda}{Q_3}K_3 + \lambda c_3 + \frac{Q_3}{2}h_3 \tag{6.16}$$

最优补货批量为

$$Q_3^* = \sqrt{\frac{2\lambda K_3}{h_3}} \tag{6.17}$$

最优补货周期为

$$T_3^* = \frac{Q_3^*}{\lambda} = \sqrt{\frac{2K_3}{\lambda h_3}} \tag{6.18}$$

在最优补货批量 Q_2^* 的管理策略下，该节点长期运行下单位时间的总成本为

$$C_3(Q_3^*) = \sqrt{2\lambda K_3 h_3} + \lambda c_3 \tag{6.19}$$

其中，单位时间的运作成本为

$$C_3'(Q_3^*) = \sqrt{2\lambda K_3 h_3} \tag{6.20}$$

例 6-3 某电子产品组装厂，由两个元器件厂商供应元器件。终端市场对成品的需求恒定且需求率 $\lambda = 200\,000$ 套/年，组装生产的单件生产成本 $c_3 = 440$ 元/套，生产启动费用 $K_3 = 1200$ 元/次，假设资本的年度回报率 $I = 25\%$，试求组装生产的最优批量。

解：组装厂的持货成本系数

$$h_3 = 0.25/\text{年} \times 440 \text{元}/\text{套} = 110 \text{元}/(\text{套}\cdot\text{年})$$

最优组装生产批量为

$$Q_3^* = \sqrt{\frac{2 \times 200\,000 \times 1200}{110}} \text{套} = 2089 \text{套}$$

最优生产周期为

$$T_3^* = \frac{2089}{200\,000} \text{年} = 0.01 \text{年}$$

该厂家长期运行下年度总成本为

$$C_3(Q_3^*) = C_3(2089) = \left(\frac{200\,000}{2089} \times 1200 + 200\,000 \times 440 + \frac{2089}{2} \times 110\right)\text{元}/\text{年}$$
$$= 88\,229\,782.51 \text{元}/\text{年}$$

其中,年度运作成本为

$$C_3'(Q_3^*) = C_3'(2089) = \left(\frac{200\,000}{2089} \times 1200 + \frac{2089}{2} \times 110\right)\text{元}/\text{年}$$
$$= 229\,782.51 \text{元}/\text{年}$$

6.3.2　节点 1 和节点 2 的决策

节点 1 和节点 2 的需求是由节点 3 的补货决策所构成的,该两节点的运作情况与串型结构中的情形是相同的,分析的方法也是完全一样的。因此,这里不再讨论详细的分析过程。

节点 $i(i=1,2)$ 的管理策略：假设节点 i 的最优补货批量是节点 3 的最优补货批量的 n_i^* 倍,则该节点的最优补货批量为

$$Q_i^* = n_i^* Q_3^* \tag{6.21}$$

最优补货周期为

$$T_i^* = n_i^* T_3^* \tag{6.22}$$

长期运行下单位时间的总成本为

$$C_i(n_i^*) = \frac{K_i}{n_i^* T_3^*} + c_i\lambda + \frac{n_i^*-1}{2}Q_3^* h_i \tag{6.23}$$

其中,单位时间的运作成本为

$$C_i'(n_i^*) = \frac{K_i}{n_i^* T_3^*} + \frac{n_i^*-1}{2}Q_3^* h_i \tag{6.24}$$

例 6-4　继续例 6-3,元器件厂 1 的单件生产成本 $c_1=90$ 元/件,生产启动费用 $K_1=1000$ 元/次,元器件厂 2 的单件生产成本 $c_2=30$ 元/件,生产启动费用 $K_2=800$ 元/次,试求两个元器件厂的最优生产批量。

解：(1) 元器件厂 1

根据式(6.10),有

$$n_1 = \sqrt{\frac{K_1 h_3}{K_3 h_1}} = \sqrt{\frac{1000 \times 110}{1200 \times 0.25 \times 90}} = 2.02$$

考虑 $n_1=2$ 和 $n_1=3$,根据式(6.9),有

$$C_1(2) = \frac{K_1}{nT_3^*} + c_1\lambda + \frac{n-1}{2}Q_3^* h_1$$

$$= \left(\frac{1000}{2 \times 0.01} + 90 \times 200\,000 + \frac{2-1}{2} \times 2089 \times 0.25 \times 90\right) 元/年$$

$$= 18\,073\,501.25\ 元/年$$

$$C_1(3) = \left(\frac{1000}{3 \times 0.01} + 90 \times 200\,000 + \frac{3-1}{2} \times 2089 \times 0.25 \times 90\right) 元/年$$

$$= 18\,080\,335.83\ 元/年$$

故取 $n_1^* = 2$，由此该厂家的最优生产批量为

$$Q_1^* = 2 \times 2089\ 件 = 4178\ 件$$

最优生产周期为

$$T_1^* = 2 \times 0.01\ 年 = 0.02\ 年$$

该厂家长期运行下的年度总成本为

$$C_1(n_1^*) = C_1(2) = 18\,073\,501.25\ 元/年$$

其中，年度运作成本为

$$C_1'(n_1^*) = C_1'(2) = \left(\frac{1000}{2 \times 0.01} + \frac{2-1}{2} \times 2089 \times 0.25 \times 90\right) 元/年$$

$$= 73\,501.25\ 元/年$$

（2）元器件厂 2

根据式（6.10），有

$$n_2 = \sqrt{\frac{K_2 h_3}{K_3 h_2}} = \sqrt{\frac{800 \times 110}{1200 \times 0.25 \times 30}} = 3.13$$

考虑 $n_2 = 3$ 和 $n_2 = 4$，根据式（6.9），有

$$C_2(3) = \frac{K_2}{nT_3^*} + c_2\lambda + \frac{n-1}{2}Q_3^* h_2$$

$$= \left(\frac{800}{3 \times 0.01} + 30 \times 200\,000 + \frac{3-1}{2} \times 2089 \times 0.25 \times 30\right) 元/年$$

$$= 6\,042\,334.17\ 元/年$$

$$C_2(4) = \left(\frac{800}{4 \times 0.01} + 30 \times 200\,000 + \frac{4-1}{2} \times 2089 \times 0.25 \times 30\right) 元/年$$

$$= 6\,043\,501.25\ 元/年$$

故取 $n_2^* = 3$，由此该厂家的最优生产批量为

$$Q_2^* = 3 \times 2089\ 件 = 6267\ 件$$

最优生产周期为

$$T_2^* = 3 \times 0.01\ 年 = 0.03\ 年$$

该厂家长期运行下的年度总成本为

$$C_2(n_2^*) = C_2(3) = 6\,042\,334.17\ 元/年$$

其中，年度运作成本为

$$C_2'(n_2^*) = C_2'(3) = \left(\frac{800}{3 \times 0.01} + \frac{3-1}{2} \times 2089 \times 0.25 \times 30\right) 元/年$$

$$= 42\,334.17\ 元/年$$

如果将例子中的两级库存系统综合考虑,则在策略 Q_1^* 、Q_2^* 和 Q_3^* 的管理下,系统长期运行下的年度总成本为

$$C_1(Q_1^*) + C_2(Q_2^*) + C_3(Q_3^*) = (18\,073\,501.25 + 6\,042\,334.17 + 88\,229\,782.51) 元 / 年$$
$$= 112\,345\,617.93 元 / 年$$

其中,年度运作成本为

$$C_1'(Q_1^*) + C_2'(Q_2^*) + C_3'(Q_3^*) = (73\,501.25 + 42\,334.17 + 229\,782.51) 元 / 年$$
$$= 345\,617.93 元 / 年$$

6.4　无限期分支型结构系统

分支型结构系统比串型结构系统和合流型结构系统还要复杂,我们介绍最简单的两级分支系统,如图 6.11 所示。系统由 3 个节点组成,节点 0 向节点 1 和节点 2 供货,节点 1 和节点 2 将货物提供给终端市场。对于多于三节点的分支型结构系统,分析原理和方法是一样的,但分析过程比三节点的分支型结构系统要复杂。

各节点独立决策来管理自己的库存,考虑运行时间为无限期,系统的运作方式及有关参数如下:

节点 1 和节点 2:终端市场的需求发生在该两节点处,需求形式为不随时间而变化的恒定需求,需求率分别为 λ_1 和 λ_2,每次进行货物补充时的启动费用分别为 K_1 和 K_2,因两节点都从节点 0 补货,

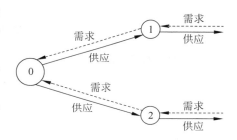

图 6.11　两级分支型结构系统

可假设补货单价相等且为 c,持货成本系数分别为 h_1 和 h_2,无补货提前期,不允许缺货。

节点 0:需求是来自节点 1 和节点 2 的补货请求,需求的形式由节点 1 和节点 2 的库存管理策略所决定。该节点每次进行货物补充时的启动费用为 K_0,补货单价为 c_0,持货成本系数为 h_0,货物补充时无提前期,不允许缺货。

分支型结构比较符合分销及配送过程,如节点 0 可以是一个批发商或仓储中心,节点 1 和节点 2 可以是销售店。一般地,根据货物流通过程中的增值性,可假设下列关系成立

$$c_0 \leqslant c \tag{6.25}$$

6.4.1　节点 1 和节点 2 的决策

节点 1 和节点 2 与单级系统中的基本经济补货批量是完全一样的,因此该两节点的最优补货批量为

$$Q_i^* = \sqrt{\frac{2\lambda_i K_i}{h_i}}, \quad i = 1, 2 \tag{6.26}$$

最优补货周期为

$$T_i^* = \frac{Q_i^*}{\lambda_i} = \sqrt{\frac{2K_i}{\lambda_i h_i}}, \quad i = 1, 2 \tag{6.27}$$

在最优补货批量的管理策略下,该两节点长期运行下单位时间的总成本为

$$C_i(Q_i^*) = \sqrt{2\lambda_i K_i h_i} + \lambda_i c, \quad i = 1, 2 \tag{6.28}$$

其中,单位时间的运作成本为

$$C_i'(Q_i^*) = \sqrt{2\lambda_i K_i h_i}, \quad i = 1, 2 \tag{6.29}$$

例 6-5 某连锁店的仓储配送中心负责向两个经销店供货,两经销店处的终端市场需求恒定且需求率分别为 $\lambda_1 = 10$ 千克/天和 $\lambda_2 = 24$ 千克/天,两经销店从仓储配送中心的进货单价 $c = 100$ 元/千克,补货启动费用分别为 $K_1 = 5$ 元/次和 $K_2 = 3$ 元/次,假设资本的天回报率 $I = 0.25\%$,试求两经销店的最优补货批量。

解:首先计算持货成本系数,由题意,在两经销店处每千克货物持有一天的持货成本为

$$h_1 = h_2 = Ic = 0.0025/天 \times 100 元/千克 = 0.25 元/(千克 \cdot 天)$$

则最优补货批量分别为

$$Q_1^* = \sqrt{\frac{2 \times 10 \times 5}{0.25}} 千克 = 20 千克$$

$$Q_2^* = \sqrt{\frac{2 \times 24 \times 3}{0.25}} 千克 = 24 千克$$

最优补货周期分别为

$$T_1^* = \frac{Q_1^*}{\lambda_1} = 2 天$$

$$T_2^* = \frac{Q_2^*}{\lambda_2} = 1 天$$

两经销店长期运行下每天的总成本分别为

$$C_1(Q_1^*) = C_1(20) = (\sqrt{2 \times 10 \times 5 \times 0.25} + 10 \times 100) 元/天 = 1005 元/天$$

$$C_2(Q_2^*) = C_2(24) = (\sqrt{2 \times 24 \times 3 \times 0.25} + 24 \times 100) 元/天 = 2406 元/天$$

其中,每天的运作成本分别为

$$C_1'(Q_1^*) = C_1'(20) = \sqrt{2 \times 10 \times 5 \times 0.25} 元/天 = 5 元/天$$

$$C_2'(Q_2^*) = C_2'(24) = \sqrt{2 \times 24 \times 3 \times 0.25} 元/天 = 6 元/天$$

6.4.2 节点 0 的决策

节点 1 和节点 2 的补货决策构成了对节点 0 的需求。由于节点 1 和节点 2 的补货不一定是同步的,因此,由它们所构成的对节点 0 的需求随时间不一定呈现出规律性的变化,如图 6.12 所示,这也导致节点 0 的库存量随时间的变化无规律性。

当节点 0 的库存量随时间呈现无规律性的变化时,理论上很难求出该节点的最优补货策略,使该节点长期运行下单位时间的总成本达到最小,但有一些近似的方法可被用来求出比较理想的近似策略。下面分别介绍两种近似方法。

1. 分解方法

所谓分解方法,就是将整个分支型结构系统看成是多个独立的两级串行结构子系统,每个子系统由节点 0 和一个分支节点组成,各子系统中的参数与原始系统相同。

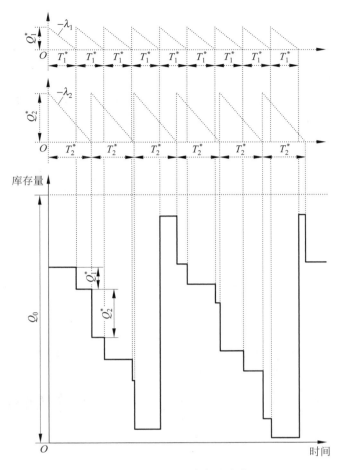

图 6.12　节点 0 的库存量变化

对于各子系统,可以利用 6.2 节中的方法求节点 0 的补货策略。对于子系统 i,所求得的节点 0 的补货批量为节点 i 的补货批量的 n_i^* 倍,则节点 0 的补货批量为

$$Q_0^{(i)} = n_i^* Q_i^* \tag{6.30}$$

对应的补货周期为

$$T_0^{(i)} = n_i^* T_i^* \tag{6.31}$$

在补货批量 $Q_0^{(i)}$ 的管理策略下,该节点长期运行下单位时间的总成本为

$$C_0^{(i)}(n_i^*) = \frac{K_0}{n_i^* T_i^*} + c_0 \lambda + \frac{n_i^* - 1}{2} Q_i^* h_0 \tag{6.32}$$

其中,单位时间的运作成本为

$$C'^{(i)}_0(n_i^*) = \frac{K_0}{n_i^* T_i^*} + \frac{n_i^* - 1}{2} Q_i^* h_0 \tag{6.33}$$

在实际运行中,节点 0 长期运行下单位时间的总成本为所有子系统的总成本之和,即

$$C_0 = C_0^{(1)}(n_1^*) + C_0^{(2)}(n_2^*) \tag{6.34}$$

其中,单位时间的运作成本为

$$C'_0 = C'^{(1)}_0(n_1^*) + C'^{(2)}_0(n_2^*) \tag{6.35}$$

例 6-6   继续例 6-5，仓储配送中心从外部货源的进货单价 $c_0 = 60$ 元/千克，补货启动费用 $K_0 = 400$ 元/次，假设资本的天回报率 $I = 0.25\%$，试用分解方法求仓储配送中心的补货批量。

解：首先计算持货成本系数，由题意，有

$$h_0 = 0.0025/\text{天} \times 60 \text{元}/\text{千克} = 0.1 \text{元}/(\text{千克} \cdot \text{天})$$

对于由仓储配送中心和经销店 1 组成的子系统，应用 6.2 节中的方法可求得

$$n_1^* = 12$$

则仓储配送中心的补货批量为

$$Q_0^{(1)} = 12 \times 20 \text{千克} = 240 \text{千克}$$

对应的补货周期为

$$T_0^{(1)} = 12 \times 2 \text{天} = 24 \text{天}$$

长期运行下每天的总成本为

$$C_0^{(1)}(n_1^*) = C_0^{(1)}(12) = \left(\frac{400}{12 \times 2} + 60 \times 10 + \frac{12-1}{2} \times 20 \times 0.15 \right) \text{元}/\text{天}$$
$$= 633.17 \text{元}/\text{天}$$

其中，每天的运作成本为

$$C'^{(1)}_0(n_1^*) = C'^{(1)}_0(12) = \left(\frac{400}{12 \times 2} + \frac{12-1}{2} \times 20 \times 0.15 \right) \text{元}/\text{天}$$
$$= 33.17 \text{元}/\text{天}$$

同理，对于由仓储配送中心和经销店 2 组成的子系统，可得到以下结果

$$n_2^* = 15$$
$$Q_0^{(2)} = 15 \times 24 \text{千克} = 360 \text{千克}$$
$$T_0^2 = 15 \times 1 \text{天} = 15 \text{天}$$
$$C_0^{(2)}(n_2^*) = C_0^{(2)}(15) = \left(\frac{400}{15 \times 1} + 60 \times 24 + \frac{15-1}{2} \times 24 \times 0.15 \right) \text{元}/\text{天}$$
$$= 1491.87 \text{元}/\text{天}$$
$$C'^{(2)}_0(n_2^*) = C'^{(2)}_0(15) = \left(\frac{400}{15 \times 1} + \frac{15-1}{2} \times 24 \times 0.15 \right) \text{元}/\text{天}$$
$$= 51.87 \text{元}/\text{天}$$

综合以上结果，由仓储配送中心的实际运作方式是：每间隔 24 天进货 240 千克，每间隔 15 天进货 360 千克，在这种运作方式下，该节点长期运行下每天的总成本为

$$C_0 = (633.17 + 1491.87) \text{元}/\text{天} = 2125.04 \text{元}/\text{天}$$

其中，每天的运作成本为

$$C_0' = (33.17 + 51.87) \text{元}/\text{天} = 85.04 \text{元}/\text{天}$$

如果将例子中的两级库存系统综合考虑，则在策略 Q_1^*, Q_2^* 和 $Q_0^{(1)}, Q_0^{(2)}$ 的管理下，系统长期运行下每天的总成本为

$$C_1(Q_1^*) + C_2(Q_2^*) + C_0 = (1005 + 2406 + 2125.04) \text{元}/\text{天} = 5536.04 \text{元}/\text{天}$$

其中，每天的运作成本为

$$C_1'(Q_1^*) + C_2'(Q_2^*) + C_0' = (5 + 6 + 85.04) \text{元}/\text{天} = 96.04 \text{元}/\text{天}$$

2. 公共周期方法

当所有的分支节点的补货周期具有公倍数关系时,可考虑采用此方法。

如图 6.13 所示,节点 1 每两次补货的时间正好与节点 2 每次补货的时间相吻合,我们将相吻合的时间长度称为公共周期。从初始时刻开始,假设节点 1 在第 n_1 次补货的时间点与节点 2 在第 n_2 次补货的时间点重合,则公共周期的时间长度被定义为

$$T = n_1 T_1^* = n_2 T_2^*$$

图 6.13 中所示的公共周期为 $T = 2T_1^* = T_2^*$。

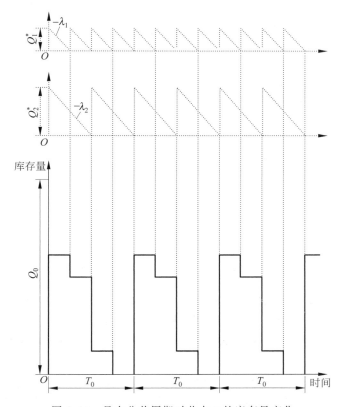

图 6.13 具有公共周期时节点 0 的库存量变化

当所有的分支节点的补货周期具有公共周期关系时,节点 0 的补货周期可考虑取公共周期 T 的整数倍,即

$$T_0 = NT \tag{6.36}$$

式中,N 为待定的整数。在一个公共周期内,来自节点 1 的总的补货量为 $Nn_1 Q_1^*$,来自节点 2 的总的补货量为 $Nn_2 Q_2^*$,因此,节点 0 的补货批量应为

$$Q_0 = N(n_1 Q_1^* + n_2 Q_2^*) \tag{6.37}$$

在上述条件下,节点 0 的库存量呈现出如图 6.13 所示的变化规律,关于它的来源可参照图 6.14 进行说明。不妨假设节点 0 每次收到补货批量 Q_0 后将其分成两部分:一部分货物量为 $Nn_1 Q_1^*$,专门用来应对节点 1 的需求;另一部分货物量为 $Nn_2 Q_2^*$,专门用来应对节点 2 的需求。用于应对节点 1 的部分其库存量的变化如图 6.14 中的中段部分所示,用于应

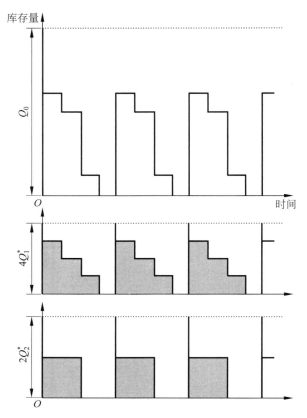

图 6.14　具有公共周期时节点 0 的库存量变化原理

对节点 2 的部分其库存量的变化如图 6.14 中的底段部分所示，这两段的阴影之和就构成了节点 0 的库存量的变化，如图 6.14 中的上段部分所示。

因此，对于节点 0 的决策，就是确定一个合适的 N，使该节点长期运行下单位时间的总成本尽可能小。

利用 6.2 节的分析原理，可得节点 0 处单位时间的总成本为

$$C_0(Q_0) = \frac{1}{T_0}\left[K_0 + c_0 Q_0 + \frac{(Nn_1-1)N}{2}Q_1^* Th_0 + \frac{(Nn_2-1)N}{2}Q_2^* Th_0\right]$$

将上式表达为 N 的函数，经整理后有

$$C_0(N) = \frac{K_0}{NT} + c_0(\lambda_1 + \lambda_2) + \frac{Nn_1-1}{2}Q_1^* h_0 + \frac{Nn_2-1}{2}Q_2^* h_0 \tag{6.38}$$

用求导数的方法可得到使上式最小的 N 为

$$N = \sqrt{\frac{K_0}{T\left(\frac{1}{2}n_1 Q_1^* h_0 + \frac{1}{2}n_2 Q_2^* h_0\right)}}$$

从基本经济补货批量结果（式(6.26)、式(6.27)）和关系 $T = n_1 T_1^* = n_2 T_2^*$ 可得 $TQ_1^* = \frac{2n_1 K_1}{h_1}$ 和 $TQ_2^* = \frac{2n_2 K_2}{h_2}$，代入上式有

$$N = \sqrt{\frac{K_0}{h_0}\frac{h_1 h_2}{K_1 n_1^2 h_2 + K_2 n_2^2 h_1}} \tag{6.39}$$

如果从式(6.39)计算出的 N 值是整数,则正好是所要求的结果 N^*,如果不是整数值,可以找出与 N 相邻的两个整数 N_1 和 N_2,然后比较 $C_0(N)$ 在 N_1 和 N_2 处的值的大小,取其中小者所对应的 N 即为所要求的结果 N^*。

有了 N^* 后,节点 0 的补货批量为

$$Q_0^* = N^*(n_1 Q_1^* + n_2 Q_2^*) \tag{6.40}$$

补货周期为

$$T_0^* = N^* n_1 T_1^* = N^* n_2 T_2^* \tag{6.41}$$

在补货批量 Q_0^* 的管理策略下,该节点长期运行下单位时间的总成本为

$$C_0(N^*) = \frac{K_0}{N^* T} + c_0(\lambda_1 + \lambda_2) + \frac{N^* n_1 - 1}{2} Q_1^* h_0 + \frac{N^* n_2 - 1}{2} Q_2^* h_0 \tag{6.42}$$

其中,单位时间的运作成本为

$$C_0'(N^*) = \frac{K_0}{N^* T} + \frac{N^* n_1 - 1}{2} Q_1^* h_0 + \frac{N^* n_2 - 1}{2} Q_2^* h_0 \tag{6.43}$$

例 6-7　继续例 6-6,由例 6-5 所求结果可知,节点 1 和节点 2 的补货具有公共周期 $T = T_1^* = 2T_2^* = 2$ 天,试用公共周期方法求仓储配送中心的补货批量。

解:由式(6.39),有

$$N = \sqrt{\frac{400}{0.15} \times \frac{0.25 \times 0.25}{5 \times 1^2 \times 0.25 + 3 \times 2^2 \times 0.25}} = 6.3$$

由式(6.38)可知

$$C_0(6) = \left(\frac{400}{6 \times 2} + 60 \times (10 + 24) + \frac{6 \times 1 - 1}{2} \times 20 \times 0.15 + \right.$$
$$\left. \frac{6 \times 2 - 1}{2} \times 24 \times 0.15 \right) 元 / 天 = 2100.63 元 / 天$$

$$C_0(7) = \left(\frac{400}{7 \times 2} + 60 \times (10 + 24) + \frac{7 \times 1 - 1}{2} \times 20 \times 0.15 + \right.$$
$$\left. \frac{7 \times 2 - 1}{2} \times 24 \times 0.15 \right) 元 / 天 = 2100.97 元 / 天$$

所以,取 $N^* = 6$。故仓储配送中心的补货批量为

$$Q_0^* = 6 \times (1 \times 20 + 2 \times 24) 千克 = 408 千克$$

补货周期为

$$T_0^* = 6 \times 2 天 = 12 天$$

长期运行下每天的总成本为

$$C_0(N^*) = C_0(6) = 2100.63 元 / 天$$

其中,每天的运作成本为

$$C_0'(N^*) = C_0'(6) = \left(\frac{400}{6 \times 2} + \frac{6 \times 1 - 1}{2} \times 20 \times 0.15 + \right.$$
$$\left. \frac{6 \times 2 - 1}{2} \times 24 \times 0.15 \right) 元 / 天 = 60.63 元 / 天$$

对比例 6-6 中用分解方法求出的结果,公共周期方法可使仓储配送中心的每天的总成本和每天的运作成本有所降低。

如果将例子中的两级库存系统综合考虑，则在策略 Q_1^*、Q_2^* 和 Q_0^* 的管理下，系统长期运行下每天的总成本为

$$C_1(Q_1^*) + C_2(Q_2^*) + C_0(N^*) = (1005 + 2406 + 2100.63) \, 元／天$$
$$= 5511.63 \, 元／天$$

其中，每天的运作成本为

$$C_1'(Q_1^*) + C_2'(Q_2^*) + C_0'(N^*) = (5 + 6 + 60.63) \, 元／天 = 71.63 \, 元／天$$

对比例 6-6 中用分解方法求出的结果，公共周期方法可使系统每天的总成本和每天的运作成本有所降低。

6.5　有限期系统

在前面几节中，假设库存系统运行无限长的时间，而且系统中的所有参数都是平稳的，即它们不随时间而变化。

另一种更常见的情况是决策只在有限的时间范围内进行，而且系统的参数可能随时间不一样。

对于多级库存系统，给定若干期终端市场的需求量，要求确定各级最优的补货策略。

下面针对离散时间动态批量问题进行讨论。

6.5.1　串型结构系统

考虑如图 6.7 所示的两级串型结构系统，运行条件如下：

决策期间：T 期；

终端市场需求：第 t 期终端市场在节点 2 处产生的需求量为 $d_{2,t}$；

补货启动费用：两个节点的补货启动费用分别为 K_1 和 K_2；

持货成本系数：两个节点的持货成本系数分别为 h_1 和 h_2；

是否存在补货提前期：无补货提前期；

是否允许缺货：不允许缺货。

系统中的其他参数与 6.2 节中的符号相同，各级独立进行决策时，各节点确定各期的动态批量，使自己节点运行结束后的运作成本达到最小。

用 $C_i(t)$ 表示节点 $i(i=1,2)$ 在最优策略下从第 t 期期初至第 T 期结束时的运作成本。求解方法如下。

第一步：根据给定的终端市场需求量 $d_{2,t}$，应用 5.2 节的动态批量方法求出节点 2 各期的批量 $Q_{2,t}$。

第二步：所求出的 $Q_{2,t}$ 实际上就构成了节点 2 对节点 1 的需求，然后再应用 5.2 节的动态批量方法求出节点 1 各期的批量 $Q_{1,t}$。

例 6-8　某库存系统，决策期间为 $T=8$ 期，各期终端市场需求量如表 6-1 所示。

表 6-1

时期 t	1	2	3	4	5	6	7	8
需求量 $d_{2,t}$	40	80	20	60	100	50	60	30

节点 2：补货启动费用 $K_2 = 100$ 元/次，持货成本系数 $h_2 = 2$ 元/(单位货物·单位时间)；

节点 1：补货启动费用 $K_1 = 200$ 元/次，持货成本系数 $h_1 = 1$ 元/(单位货物·单位时间)；

试求各节点各期的最优补货批量。

解：应用动态批量方法求出节点 2 各期的批量 $Q_{2,t}$，结果如表 6-2 所示，且节点的运作成本为 $C_2(1) = 700$ 元。将上述结果看成是对节点 1 的需求，再应用动态批量方法求出节点 1 各期的批量 $Q_{1,t}$，结果如表 6-3 所示，且节点的运作成本为 $C_1(1) = 850$ 元。

表 6-2

时期 t	1	2	3	4	5	6	7	8
批量 $Q_{2,t}$	40	100	0	60	150	0	90	0

表 6-3

时期 t	1	2	3	4	5	6	7	8
批量 $Q_{1,t}$	140	0	0	210	0	0	90	0

如果将例子中的两级库存系统综合考虑，则系统的运作成本为（700＋850）元 = 1550 元。

6.5.2 合流型结构系统

考虑如图 6.10 所示的两级合流型结构系统，运行条件如下：

决策期间：T 期；

终端市场需求：第 t 期终端市场在节点 3 处产生的需求量为 $d_{3,t}$；

补货启动费用：3 个节点的补货启动费用分别为 K_1, K_2 和 K_3；

持货成本系数：3 个节点的持货成本系数分别为 h_1, h_2 和 h_3；

是否存在补货提前期：无补货提前期；

是否允许缺货：不允许缺货。

系统中的其他参数与 6.3 节中的符号相同，各级独立进行决策时，各节点确定各期的动态批量，使自己节点运行结束后的运作成本达到最小。

用 $C_i(t)$ 表示节点 $i(i=1,2,3)$ 在最优策略下从第 t 期期初至第 T 期结束时的运作成本。

求解方法如下。

第一步：根据给定的终端市场需求量 $d_{3,t}$，应用 5.2 节的动态批量方法求出节点 3 各期的批量 $Q_{3,t}$。

第二步：所求出的 $Q_{3,t}$ 实际上就构成了节点 3 对节点 1 和节点 2 的需求，然后再应用

5.2 节的动态批量方法求出节点 1 各期的批量 $Q_{1,t}$ 和节点 2 各期的批量 $Q_{2,t}$。

例 6-9 某库存系统,决策期间为 $T=6$ 期,各期终端市场需求量如表 6-4 所示。

表 6-4

时期 t	1	2	3	4	5	6
需求量 $d_{3,t}$	70	30	50	40	90	60

节点 3:补货启动费用 $K_3=100$ 元/次,持货成本系数 $h_3=2$ 元/(单位货物·单位时间);
节点 1:补货启动费用 $K_1=200$ 元/次,持货成本系数 $h_1=1$ 元/(单位货物·单位时间);
节点 2:补货启动费用 $K_2=250$ 元/次,持货成本系数 $h_2=1$ 元/(单位货物·单位时间);
试求各节点各期的最优补货批量。

解:应用动态批量方法求出节点 3 各期的批量 $Q_{3,t}$,结果如表 6-5 所示,且节点 3 的运作成本为 $C_3(1)=540$ 元。将上述结果看成是对节点 1 和节点 2 的需求,再应用动态批量方法求出节点 1 各期的批量 $Q_{1,t}$ 和节点 2 各期的批量 $Q_{2,t}$,结果分别如表 6-6 和表 6-7 所示。节点 1 的运作成本为 $C_1(1)=640$ 元,节点 2 的运作成本为 $C_2(1)=740$ 元。

表 6-5

时期 t	1	2	3	4	5	6
批量 $Q_{3,t}$	100	0	90	0	90	60

表 6-6

时期 t	1	2	3	4	5	6
批量 $Q_{1,t}$	190	0	0	0	150	0

表 6-7

时期 t	1	2	3	4	5	6
批量 $Q_{2,t}$	190	0	0	0	150	0

如果将例子中的两级库存系统综合考虑,则系统的运作成本为 $(540+640+740)$ 元 $=$ 1920 元。

6.5.3 分支型结构系统

考虑如图 6.11 所示的两级分支型结构系统,运行条件如下:
决策期间:T 期;
终端市场需求:第 t 期终端市场在节点 1 和节点 2 处产生的需求量分别为 $d_{1,t}$ 和 $d_{2,t}$;
补货启动费用:3 个节点的补货启动费用分别为 K_0,K_1 和 K_2;
持货成本系数:3 个节点的持货成本系数分别为 h_0,h_1 和 h_2;
是否存在补货提前期:无补货提前期;

是否允许缺货：不允许缺货。

系统中的其他参数与 6.4 节中的符号相同,各级独立进行决策时,各节点确定各期的动态批量,使自己节点运行结束后的运作成本达到最小。

用 $C_i(t)$ 表示节点 $i(i=0,1,2)$ 在最优策略下从第 t 期期初至第 T 期结束时的运作成本。

求解方法如下。

第一步：根据给定的终端市场需求量 $d_{1,t}$ 和 $d_{2,t}$,应用 5.2 节的动态批量方法求出节点 1 各期的批量 $Q_{1,t}$ 和节点 2 各期的批量 $Q_{2,t}$。

第二步：将所求出的 $Q_{1,t}$ 和 $Q_{2,t}$ 进行合成就构成对节点 0 的需求,然后再应用 5.2 节的动态批量方法求出节点 0 各期的批量 $Q_{0,t}$。

例 6-10　某库存系统,决策期间为 $T=4$ 期,节点 1 和节点 2 各期终端市场需求量如表 6-8 和表 6-9 所示。

表　6-8

时期 t	1	2	3	4
需求量 $d_{1,t}$	30	20	40	10

表　6-9

时期 t	1	2	3	4
需求量 $d_{2,t}$	50	10	30	60

节点 1：补货启动费用 $K_1=50$ 元/次,持货成本系数 $h_1=2$ 元/(单位货物·单位时间)；

节点 2：补货启动费用 $K_2=70$ 元/次,持货成本系数 $h_2=2$ 元/(单位货物·单位时间)；

节点 0：补货启动费用 $K_0=120$ 元/次,持货成本系数 $h_0=1$ 元/(单位货物·单位时间)；

试求各节点各期的最优补货批量。

解：应用动态批量方法求出节点 1 各期的批量 $Q_{1,t}$ 和节点 2 各期的批量 $Q_{2,t}$,结果分别如表 6-10 和表 6-11 所示。节点 1 的运作成本为 $C_1(1)=160$ 元,节点 2 的运作成本为 $C_2(1)=230$ 元。

表　6-10

时期 t	1	2	3	4
批量 $Q_{1,t}$	50	0	50	0

表　6-11

时期 t	1	2	3	4
批量 $Q_{2,t}$	60	0	30	60

将 $Q_{1,t}$ 和 $Q_{2,t}$ 进行合成,得到对节点 0 的需求如表 6-12 所示。再应用动态批量方法求出节点 0 各期的批量 $Q_{0,t}$,结果如表 6-13 所示。且节点 0 的运作成本为 $C_0(1)=300$ 元。

表　6-12

时期 t	1	2	3	4
$Q_{1,t}+Q_{2,t}$	110	0	80	60

表　6-13

时期 t	1	2	3	4
批量 $Q_{0,t}$	110	0	140	0

如果将例子中的两级库存系统综合考虑，则系统的运作成本为（160＋230＋300）元＝690 元。

小结与讨论

在由多个节点组成的多级库存系统中，当各节点以分散的形式独立进行决策时，面向终端市场节点的决策实际上跟单级库存系统的分析方法完全一样，所求得的补货策略就构成了对前级节点的需求，前级节点根据这种需求状况确定自身的补货策略，所得到的补货策略又构成了对更前级节点的需求。

当终端市场所产生的需求随时间是恒定的需求率时，面向终端市场的节点可根据基本经济补货批量进行运作，而由此所产生的对前级的需求是脉冲形式的，即间隔一段时间就产生一个批量的需求，其他时间没有需求。所以，前级节点的库存量的变化并不呈现三角形形状，而是阶梯形形状，同样的情形也会发生在所有更前级的节点，这就是在本章中我们为什么只针对两级库存系统进行讨论，因为在多级库存系统中，除了面向终端市场的节点外，对所有前级节点的分析原理是相似的。

在本章重点讨论的几种典型的多级结构中，相对来说，分支型的结构比较难分析，近似计算方法所得结果的质量会因系统的参数而变。例如，当所有面向终端市场的节点的参数具有较大的差别时，得到的结果的质量就较差。此外，如果面向终端市场的节点数较多时，无论是分解方法还是公共周期方法都难以得到理想的结果。不过，当面向终端市场的节点数不太多且它们的参数差别也不大时，还是可以得到满意的结果的。

习题

6-1　就串型结构、合流型结构和分支型结构分别讨论各节点库存决策的相互影响。

6-2　分别列举三个现实中满足串型结构、合流型结构和分支型结构的库存系统。

6-3　在一个由制造商与零售商组成的两级串型结构系统中，终端市场需求恒定且需求率为 50 件/天，零售商从制造商的进货单价为 30 元/件，补货启动费用为 100 元/次，资本的年度回报率为 20％。假设制造商的生产启动费用为 1000 元/次、单件生产成本为

15 元/件,试分别计算零售商的最优补货批量和制造商的最优生产批量,并计算系统长期运行下单位时间的成本。

6-4　某烟草公司配送中心负责向三家专卖店提供某品牌香烟。该三家专卖店的终端市场需求率分别为 20 条/天、15 条/天和 30 条/天。专卖店从配送中心的进货单价为 200 元/条。配送中心向专卖店补货时的启动费用分别为 20 元/次、25 元/次和 40 元/次。又假设配送中心从厂家的进货单价为 150 元/条,补货启动费用为 200 元/次。资本的年度回报率为 20%。试求专卖店的最优补货批量,并用分解方法计算配送中心的补货批量。

6-5　试推导式(6.39)。

6-6　考虑两级串型系统,假设决策期间为 $T = 5$ 期,各期终端市场需求量分别为 25、40、40、40、90,节点 2 的补货启动费用为 100 元/次,持货成本系数为 0.5 元/(件·期)。节点 1 的补货启动费用为 200 元/次,持货成本系数为 0.3 元/(件·期)。试计算各节点各期的最优补货批量。

6-7　在两级合流型系统中,假设决策期间为 $T = 5$,各期终端市场需求量如习题 6-6 中所给。节点 3 的补货启动费用为 100 元/次,持货成本系数为 0.5 元/(件·期)。节点 1 的补货启动费用为 200 元/次,持货成本系数为 0.3 元/(件·期),节点 2 的补货启动费用为 150 元/次,持货成本系数为 0.4 元/(件·期)。试计算各节点各期的最优补货批量。

第 7 章　多级确定性集中决策库存系统

对于多级库存系统,在采取分散独立决策的形式管理库存时,各节点只考虑了自身的情况来确定各自的库存管理策略,而对整个系统来讲,全系统的运作并不一定处在最优的状态,如能采取集中决策,则有可能使整个系统的运作达到最优。

许多多级库存系统是可以采取集中决策的。例如,一个制造企业,从原材料到在制品再到成品,要经历一系列的加工工序,中间的每个环节就是一个库存节点,而所有这些活动都是在一个企业内部完成的,因此不应是对每个节点独立进行管理,而应是对整个系统进行集中管理。再如,对于一个连锁经营的公司,也可以考虑进行集中管理。还有,在供应商管理库存系统中,由于销售商将库存管理的权限转交给了供应商,因此尽管供应商与销售商隶属于不同的企业,供应商仍可采用集中管理的模式。最后,即便供应方与需求方隶属于不同的企业,也可以采取集中决策使整个供应链的效益达到最大,然后通过合同约定进行利润再分配,使所有企业获得的利润都大于分散独立决策时各自获得的利润。

假设系统的所有参数都是确定性的,如市场需求、成本系数、补货提前期等,决策的内容是确定各级节点的补货时机及补货批量。

7.1　节点库存与多级库存

在多级库存系统中,货物要流经一系列的储存点。如果所有节点以分散的形式独立进行决策,则各节点只要掌握自身节点的库存状况就可以;而如果采取集中决策,则各节点不仅要掌握自身节点的库存状况,还要清楚其他节点的库存状况。为此,先介绍节点库存与多级库存的概念。

7.1.1　节点库存

这里,节点库存与单级库存具有相同的含义。因此,可参照第 3 章中的定义来解释多级库存系统中的节点库存。

节点现有库存量:某节点的现有库存量是指该节点手头上所拥有的实际库存量。

节点库存水平:某节点的库存水平是指该节点的现有库存量与缺货量之差,其值可正可负,正值意味着所拥有的实际库存量,负值则意味着所缺货物量。如果是缺货不补的处理方式,则库存水平永远是大于等于零的;如果是缺货回补的处理方式,则库存水平可以成为负值。

节点将有库存量：某节点的将有库存量是指该节点的库存水平与在途库存之和。

7.1.2　多级库存量

多级库存量(multi-echelon inventory)是多级库存管理中的一个重要概念。

某节点的多级库存量是指该节点及所有下游节点的将有库存量的总和。

在如图 7.1 所示四级串型结构系统中,圆圈内的数字是节点编号,圆圈上的数字表示各节点当前拥有的现有库存量,箭头线上的数字代表节点间的在途库存,例如节点 1 至节点 2 之间有数字 2 和 7,则表示该两节点间当前有两个批次的在途库存,库存量分别为 2 个单位和 7 个单位。

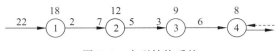

图 7.1　串型结构系统

根据多级库存量的定义,可得到各节点的多级库存量如下:

节点 4 的多级库存量：8+6=14

节点 3 的多级库存量：8+6+9+3+5=31

节点 2 的多级库存量：8+6+9+3+5+12+7+2=52

节点 1 的多级库存量：8+6+9+3+5+12+7+2+18+22=92

对于图 7.2 所示的合流型结构系统,可得到各节点的多级库存量如下:

节点 6 的多级库存量：4+7+9+3=23

节点 5 的多级库存量：4+3+0+4=11

节点 4 的多级库存量：4+9+6+0+7+4=30

节点 3 的多级库存量：4+7+5+13=29

节点 2 的多级库存量：4+9+6+7+4+18+27=75

节点 1 的多级库存量：4+9+6+0+10+23=52

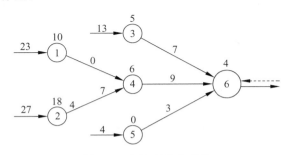

图 7.2　合流型结构系统

对于图 7.3 所示的分支型结构系统,在节点 5 当前处于缺货状态,缺货量为 6 个单位货物。

如采取缺货不补的处理方式,可得到各节点的多级库存量如下:

节点 5 的多级库存量：0+15=15

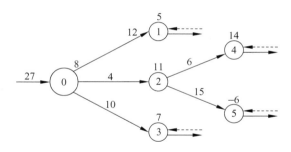

图 7.3　分支型结构系统

节点 4 的多级库存量：$14+6=20$

节点 3 的多级库存量：$7+10=17$

节点 2 的多级库存量：$0+15+14+6+11+4=50$

节点 1 的多级库存量：$5+12+8=25$

节点 0 的多级库存量：$0+15+14+6+11+4+7+10+5+12+8+27=119$

如采取缺货回补的处理方式，可得到各节点的多级库存量如下：

节点 5 的多级库存量：$-6+15=9$

节点 4 的多级库存量：$14+6=20$

节点 3 的多级库存量：$7+10=17$

节点 2 的多级库存量：$-6+15+14+6+11+4=44$

节点 1 的多级库存量：$5+12+8=25$

节点 0 的多级库存量：$-6+15+14+6+11+4+7+10+5+12+8+27=113$

对于其他结构更复杂的多级库存系统，可采用与上相似的方法进行计算。

7.1.3　增值持货成本系数

增值持货成本系数是多级库存管理中的另一个重要概念。

首先给出节点持货成本系数的定义。某节点的持货成本系数与单级库存系统中的持货成本系数含义一样，是指单位货物在该节点持有单位时间所产生的成本。在多级库存系统中，节点 i 的持货成本系数用 h_i 表示。

某节点的增值持货成本系数是指该节点的持货成本系数与上游节点的持货成本系数之差。这里，上游节点是与该节点紧邻的上游节点，而不是所有的处在上游的节点。节点 i 的增值持货成本系数用 h'_i 表示。

对于串型结构系统，如图 7.4 所示，可得到各节点的增值持货成本系数如下：

节点 4 的增值持货成本系数：$h'_4=h_4-h_3=50-45=5$

节点 3 的增值持货成本系数：$h'_3=h_3-h_2=45-38=7$

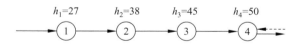

图 7.4　串型结构系统

节点 2 的增值持货成本系数：$h_2' = h_2 - h_1 = 38 - 27 = 11$

节点 1 的增值持货成本系数：$h_1' = h_1 - h_0 = 27 - 0 = 27$

在上述计算中,节点 1 的增值持货成本系数实际上是 $h_1' = h_1$。作为一般情形,处在最上游的节点的增值持货成本系数与该节点的节点持货成本系数相等。

对于图 7.5 所示的合流型结构系统,可得到各节点的增值持货成本系数如下：

节点 6 的增值持货成本系数：$h_6' = h_6 - (h_3 + h_4 + h_5) = 87 - (22 + 38 + 15) = 12$

节点 5 的增值持货成本系数：$h_5' = h_5 = 15$

节点 4 的增值持货成本系数：$h_4' = h_4 - (h_1 + h_2) = 38 - (16 + 20) = 2$

节点 3 的增值持货成本系数：$h_3' = h_3 = 22$

节点 2 的增值持货成本系数：$h_2' = h_2 = 20$

节点 1 的增值持货成本系数：$h_1' = h_1 = 16$

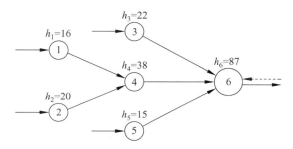

图 7.5　合流型结构系统

合流型结构系统中,某节点可能会有多个紧邻的上游节点,一般地,该节点的持货成本系数应大于所有紧邻的上游节点的持货成本系数之和,这就保证了所有节点的增值持货成本系数是大于等于零的,如上述计算中的节点 6 和节点 4。这是符合实际情况的,以汽车生产为例,成品车的持货成本当然要高于发动机的持货成本与轮胎的持货成本之和。

对于图 7.6 所示的分支型结构系统,可得到各节点的增值持货成本系数如下：

节点 5 的增值持货成本系数：$h_5' = h_5 - h_2 = 125 - 105 = 20$

节点 4 的增值持货成本系数：$h_4' = h_4 - h_2 = 140 - 105 = 35$

节点 3 的增值持货成本系数：$h_3' = h_3 - h_0 = 75 - 65 = 10$

节点 2 的增值持货成本系数：$h_2' = h_2 - h_0 = 105 - 65 = 40$

节点 1 的增值持货成本系数：$h_1' = h_1 - h_0 = 90 - 65 = 25$

节点 0 的增值持货成本系数：$h_0' = h_0 = 65$

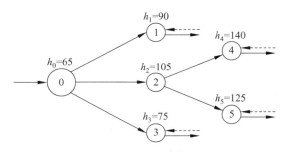

图 7.6　分支型结构系统

对于其他结构更复杂的多级库存系统,可采用与上相似的方法进行计算。

本章的后续各节将重点针对串型结构、合流型结构和分支型结构的多级库存系统讨论库存管理策略。

7.2　无限期串型结构系统

本节将讨论两级串型结构系统,对于多于两节点的串型结构系统,分析原理和方法是一样的,但分析过程比两节点的串型结构系统要复杂。

如图 7.7 所示为两节点的串型结构系统,考虑运行时间为无限期,按集中决策来进行管理,系统的运作方式及有关参数如下:

节点 2:终端市场的需求发生在该节点,需求形式为不随时间而变化的恒定需求,需求率为 λ,每次向节点 1 发出补货请求时的启动费用为 K_2,补

图 7.7　两级串型结构系统

货单价为 c_2,持货成本系数为 h_2,从节点 1 向节点 2 补货时无提前期,节点 2 对终端市场不允许缺货,因此节点 1 对节点 2 也不允许缺货。

节点 1:需求是来自节点 2 的补货请求,需求的形式与节点 2 的库存管理策略有关。该节点每次进行货物补充时的启动费用为 K_1,补货单价为 c_1,持货成本系数为 h_1,货物补充时无提前期,该节点不允许缺货。

集中决策的目的是为了使整个系统的总成本达到最小。

当节点 2 的补货批量为 Q_2 时,该节点长期运行下单位时间的总成本为

$$C_2(Q_2) = \frac{\lambda}{Q_2}K_2 + \lambda c_2 + \frac{Q_2}{2}h_2 \tag{7.1}$$

而对于节点 1 来说,库存量的变化如图 7.8 所示,通过与分散独立决策相同的分析方法,可得到节点 1 的补货批量 Q_1 与节点 2 的补货批量 Q_2 存在如下的整数倍关系:

$$Q_1 = nQ_2 \tag{7.2}$$

式中,n 为整数。

长期运行下,节点 1 处单位时间的总成本为

$$C_1(Q_1) = \frac{1}{T_1}\left(K_1 + c_1 Q_1 + \frac{(n-1)n}{2}Q_2 T_2 h_1\right) \tag{7.3}$$

长期运行下,系统单位时间的总成本为两个节点单位时间的总成本之和

$$\begin{aligned}
C(Q_1, Q_2) &= C_1(Q_1) + C_2(Q_2) \\
&= \frac{1}{T_1}\left(K_1 + c_1 Q_1 + \frac{(n-1)n}{2}Q_2 T_2 h_1\right) + \frac{\lambda}{Q_2}K_2 + \lambda c_2 + \frac{Q_2}{2}h_2 \\
&= \left(\frac{\lambda}{Q_1}K_1 + \lambda c_1 + \frac{Q_1}{2}h_1'\right) + \left(\frac{\lambda}{Q_2}K_2 + \lambda c_2 + \frac{Q_2}{2}h_2'\right)
\end{aligned} \tag{7.4}$$

式中,$h_1' = h_1, h_2' = h_2 - h_1$ 分别是两节点的增值持货成本系数。

式(7.4)在形式上仿佛是两个独立的单级库存系统的成本之和。其中,一个库存系统具有参数 λ, K_1, c_1, h_1' 和补货批量 Q_1,对应的库存量变化等价于图 7.8 中的虚斜线部分;另一个库存系统具有参数 λ, K_2, c_2, h_2' 和补货批量 Q_2,对应的库存量变化由图 7.8 中的上端部分

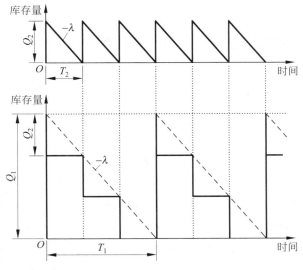

图 7.8 库存量变化

构成。

利用关系式(7.2),可将式(7.4)表达为 n 与 Q_2 的函数,有

$$C(n, Q_2) = \frac{\lambda}{Q_2}\left(\frac{K_1}{n} + K_2\right) + \lambda(c_1 + c_2) + \frac{Q_2}{2}(nh'_1 + h'_2) \tag{7.5}$$

将 n 和 Q_2 看成连续变量对式(7.5)求偏导,并令它们等于零,得到下列方程组

$$\frac{\partial}{\partial n}C(n, Q_2) = -\frac{\lambda K_1}{Q_2 n^2} + \frac{Q_2 h'_1}{2} = 0$$

$$\frac{\partial}{\partial Q_2}C(n, Q_2) = -\frac{\lambda}{Q_2^2}\left(\frac{K_1}{n} + K_2\right) + \frac{1}{2}(nh'_1 + h'_2) = 0$$

联立求解上述方程组,可得

$$n = \sqrt{\frac{K_1 h'_2}{K_2 h'_1}} \tag{7.6}$$

$$Q_2 = \sqrt{\frac{2\lambda\left(\dfrac{K_1}{n} + K_2\right)}{nh'_1 + h'_2}} \tag{7.7}$$

由于 n 必须为整数,如果式(7.6)计算出的结果正好是整数,则它即为所要求的结果;如果是小于 1 的数,则取 1;其他情况,可用下面的方法计算。

以式(7.6)所得的值为参照,考察与之相邻的两个整数,记 $\lfloor n \rfloor$ 为按 n 向下取整后的数值、$\lceil n \rceil$ 为按 n 向上取整后的数值。将式(7.7)代入式(7.5)中,整理后有如下关于 n 的总成本表达式:

$$C(n) = \sqrt{2\lambda\left(\frac{K_1}{n} + K_2\right)(nh'_1 + h'_2)} + \lambda(c_1 + c_2) \tag{7.8}$$

分别计算 $C(\lfloor n \rfloor)$ 和 $C(\lceil n \rceil)$,如果 $C(\lfloor n \rfloor) \leqslant C(\lceil n \rceil)$,则取 $\lfloor n \rfloor$;反之,则取 $\lceil n \rceil$。

记 n^* 为最优的 n,各节点的最优补货批量为

$$Q_2^* = \sqrt{\frac{2\lambda\left(\dfrac{K_1}{n^*}+K_2\right)}{n^* h_1' + h_2'}} \tag{7.9}$$

$$Q_1^* = n^* Q_2^* \tag{7.10}$$

在最优策略 Q_1^* 和 Q_2^* 的管理下，系统长期运行下单位时间的总成本为

$$C(Q_1^*, Q_2^*) = \left(\frac{\lambda}{Q_1^*}K_1 + \lambda c_1 + \frac{Q_1^*}{2}h_1'\right) + \left(\frac{\lambda}{Q_2^*}K_2 + \lambda c_2 + \frac{Q_2^*}{2}h_2'\right) \tag{7.11}$$

其中，单位时间的运作成本为

$$C'(Q_1^*, Q_2^*) = \left(\frac{\lambda}{Q_1^*}K_1 + \frac{Q_1^*}{2}h_1'\right) + \left(\frac{\lambda}{Q_2^*}K_2 + \frac{Q_2^*}{2}h_2'\right) \tag{7.12}$$

例 7-1 （例 6-1 和例 6-2 的延续）某化工产品，经销商所面对的市场需求恒定且需求率 $\lambda = 189$ 千克/天，从供应商处进货，进货单价 $c_2 = 73$ 元/千克，经销商向供应商请求补货时的启动费用 $K_2 = 120$ 元/次，供应商生产产品，单位产品生产成本 $c_1 = 30$ 元/千克，生产启动费用 $K_1 = 700$ 元/次，假设资本的年度回报率 $I = 30\%$。试求在集中决策下，经销商的最优补货批量和供应商的最优生产批量。

解：经销商和供应商的持货成本系数分别为

$h_2 = Ic_2 = 73$ 元/千克 $\times 0.30/$ 年 $= 21.90$ 元/（千克·年）$= 0.06$ 元/（千克·天）

$h_1 = Ic_1 = 30$ 元/千克 $\times 0.30/$ 年 $= 9$ 元/（千克·年）$= 0.025$ 元/（千克·天）

经销商和供应商的增值持货成本系数分别是

$$h_2' = h_2 - h_1 = (0.06 - 0.025) \text{元}/（千克·天）= 0.035 \text{元}/（千克·天）$$

$$h_1' = h_1 - h_0 = (0.025 - 0) \text{元}/（千克·天）= 0.025 \text{元}/（千克·天）$$

由式（7.6），可得

$$n = \sqrt{\frac{700 \times 0.035}{120 \times 0.025}} = 2.86$$

由式（7.8），有

$$C(2) = \left(\sqrt{2 \times 189 \times \left(\frac{700}{2} + 120\right) \times (2 \times 0.025 + 0.035)} + 189 \times (30 + 73)\right) \text{元}/天$$

$$= 19\,589.89 \text{元}/天$$

$$C(3) = \left(\sqrt{2 \times 189 \times \left(\frac{700}{3} + 120\right) \times (3 \times 0.025 + 0.035)} + 189 \times (30 + 73)\right) \text{元}/天$$

$$= 19\,588.21 \text{元}/天$$

由上可知，$n^* = 3$。因此，由式（7.9）可得经销商的最优补货批量为

$$Q_2^* = \sqrt{\frac{2 \times 189 \times \left(\frac{700}{3} + 120\right)}{3 \times 0.025 + 0.035}} \text{千克} = 1101.9 \text{千克}$$

由式（7.10）可得供应商的最优生产批量为

$$Q_1^* = 3 \times 1101.9 \text{千克} = 3305.7 \text{千克}$$

系统长期运行下每天的总成本为

$$C(Q_1^*, Q_2^*) = C(3305.7, 1101.9)$$

$$= \left(\frac{189}{3305.7} \times 700 + 189 \times 30 + \frac{3305.7}{2} \times 0.025 + \right.$$

$$\left. \frac{189}{1101.9} \times 120 + 189 \times 73 + \frac{1101.9}{2} \times 0.035 \right) 元 / 天$$

$$= 19\,588.21\ 元 / 天$$

其中，每天的运作成本为

$$C'(Q_1^*, Q_2^*) = C'(3305.7, 1101.9)$$

$$= \left(\frac{189}{3305.7} \times 700 + \frac{3305.7}{2} \times 0.025 + \frac{189}{1101.9} \times \right.$$

$$\left. 120 + \frac{1101.9}{2} \times 0.035 \right) 元 / 天$$

$$= 121.21\ 元 / 天$$

在 6.2 节中，计算了该例在分散独立决策时系统长期运行下每天的总成本为 19 589.37 元/天、每天的运作成本为 122.37 元/天，比较两种决策方式下的结果可知，采用集中决策可使相关成本略有下降。

作为一般结论，采用集中决策时的成本比采用分散独立决策时的成本会减少，但减少的幅度与系统的参数有关。

7.3　无限期合流型结构系统

这里介绍最简单的两级合流型结构系统，如图 7.9 所示。对于多于三节点的合流型结构系统，分析原理和方法是一样的，但分析过程比三节点的合流型结构系统要复杂。

按集中决策来进行管理，考虑运行时间为无限期，系统的运作方式及有关参数如下：

节点 3：终端市场的需求发生在该节点，需求形式为不随时间而变化的恒定需求，需求率为 λ，每次进行货物补充时的启动费用为 K_3，补货单价为 c_3，无补货提前期，不允许缺货。

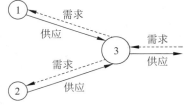

图 7.9　两级合流型系统

节点 1 和节点 2：需求是来自节点 3 的补货请求，需求的形式由节点 3 的库存管理策略所决定。两节点每次进行货物补充时的启动费用分别为 K_1 和 K_2，补货单价分别为 c_1 和 c_2，持货成本系数分别为 h_1 和 h_2，货物补充时无提前期，不允许缺货。

假设资本的年度回报率为 I，则节点 3 的持货成本系数为

$$h_3 = Ic_3$$

当节点 3 的补货批量为 Q_3 时，该节点长期运行下单位时间的总成本为

$$C_3(Q_3) = \frac{\lambda}{Q_3} K_3 + \lambda c_3 + \frac{Q_3}{2} h_3 \tag{7.13}$$

与 7.2 节相同的分析，可知节点 1 的补货批量 Q_1 和节点 2 的补货批量 Q_2 与节点 3 的补货批量 Q_3 存在如下的整数倍关系：

$$Q_1 = n_1 Q_3 \tag{7.14}$$

$$Q_2 = n_2 Q_3 \tag{7.15}$$

节点 1 和节点 2 长期运行下单位时间的总成本分别为

$$C_1(Q_1) = \frac{\lambda}{Q_1}K_1 + \lambda c_1 + \frac{n_1 - 1}{2}Q_3 h_1 \tag{7.16}$$

$$C_2(Q_2) = \frac{\lambda}{Q_2}K_2 + \lambda c_2 + \frac{n_2 - 1}{2}Q_3 h_2 \tag{7.17}$$

当采取集中决策时,考虑长期运行下,系统单位时间的总成本为 3 个节点单位时间总成本之和,即

$$\begin{aligned}
C(Q_1, Q_2, Q_3) &= C_1(Q_1) + C_2(Q_2) + C_3(Q_3) \\
&= \left(\frac{\lambda}{Q_1}K_1 + \lambda c_1 + \frac{Q_1}{2}h_1'\right) + \left(\frac{\lambda}{Q_2}K_2 + \lambda c_2 + \frac{Q_2}{2}h_2'\right) + \\
&\quad \left(\frac{\lambda}{Q_3}K_3 + \lambda c_3 + \frac{Q_3}{2}h_3'\right)
\end{aligned} \tag{7.18}$$

式中,$h_1' = h_1, h_2' = h_2, h_3' = h_3 - h_1 - h_2$ 分别是 3 个节点的增值持货成本系数。上式在形式上仿佛是 3 个独立的单级基本经济补货批量的成本之和。

将式(7.18)表达为 n_1, n_2 与 Q_3 的函数,有

$$\begin{aligned}
C(n_1, n_2, Q_3) &= \frac{\lambda}{Q_3}\left(\frac{K_1}{n_1} + \frac{K_2}{n_2} + K_3\right) + \lambda(c_1 + c_2 + c_3) + \\
&\quad \frac{Q_3}{2}(n_1 h_1' + n_2 h_2' + h_3')
\end{aligned} \tag{7.19}$$

将 n_1, n_2 和 Q_3 看成连续变量对上式求偏导,并令它们等于零,得到下列方程组

$$\begin{cases}
\dfrac{\partial}{\partial n_1}C(n_1, n_2, Q_3) = -\dfrac{\lambda K_1}{Q_3 n_1^2} + \dfrac{Q_3 h_1'}{2} = 0 \\[2mm]
\dfrac{\partial}{\partial n_2}C(n_1, n_2, Q_3) = -\dfrac{\lambda K_2}{Q_3 n_2^2} + \dfrac{Q_3 h_2'}{2} = 0 \\[2mm]
\dfrac{\partial}{\partial Q_3}C(n_1, n_2, Q_3) = -\dfrac{\lambda}{Q_3^2}\left(\dfrac{K_1}{n_1} + \dfrac{K_2}{n_2} + K_3\right) + \dfrac{1}{2}(n_1 h_1' + n_2 h_2' + h_3') = 0
\end{cases}$$

联立求解上述方程组,可得

$$n_1 = \sqrt{\frac{K_1 h_3'}{K_3 h_1'}} \tag{7.20}$$

$$n_2 = \sqrt{\frac{K_2 h_3'}{K_3 h_2'}} \tag{7.21}$$

$$Q_3 = \sqrt{\frac{2\lambda\left(\dfrac{K_1}{n_1} + \dfrac{K_2}{n_2} + K_3\right)}{n_1 h_1' + n_2 h_2' + h_3'}} \tag{7.22}$$

由于 n_1 和 n_2 必须为整数,如果式(7.20)和式(7.21)计算出的结果正好是整数,则它们即为所要求的结果;如果是小于 1 的数,则取 1;其他情况,可用下面的方法计算。

以式(7.20)和式(7.21)所得的值为参照,考察与它们相邻的整数,记 $\lfloor n_1 \rfloor$,$\lceil n_1 \rceil$ 和 $\lfloor n_2 \rfloor$,$\lceil n_2 \rceil$,将式(7.22)代入式(7.19)中,整理后有如下关于 n_1 和 n_2 的总成本表达式:

$$C(n_1, n_2) = \sqrt{2\lambda\left(\frac{K_1}{n_1} + \frac{K_2}{n_2} + K_3\right)(n_1 h_1' + n_2 h_2' + h_3')} + \lambda(c_1 + c_2 + c_3) \tag{7.23}$$

分别计算 $C(\lfloor n_1 \rfloor, \lfloor n_2 \rfloor)$，$C(\lfloor n_1 \rfloor, \lceil n_2 \rceil)$，$C(\lceil n_1 \rceil, \lfloor n_2 \rfloor)$ 和 $C(\lceil n_1 \rceil, \lceil n_2 \rceil)$，从其中最小的一个获得所要求的 n_1^* 和 n_2^*。

各节点的最优补货批量为

$$Q_3^* = \sqrt{\frac{2\lambda\left(\frac{K_1}{n_1^*} + \frac{K_2}{n_2^*} + K_3\right)}{n_1^* h_1' + n_2^* h_2' + h_3'}} \tag{7.24}$$

$$Q_1^* = n_1^* Q_3^* \tag{7.25}$$

$$Q_2^* = n_2^* Q_3^* \tag{7.26}$$

在最优策略 Q_1^*，Q_2^* 和 Q_3^* 的管理下，系统长期运行下单位时间的总成本为

$$C(Q_1^*, Q_2^*, Q_3^*) = \left(\frac{\lambda}{Q_1^*} K_1 + \lambda c_1 + \frac{Q_1^*}{2} h_1'\right) + \left(\frac{\lambda}{Q_2^*} K_2 + \lambda c_2 + \frac{Q_2^*}{2} h_2'\right) +$$
$$\left(\frac{\lambda}{Q_3^*} K_3 + \lambda c_3 + \frac{Q_3^*}{2} h_3'\right) \tag{7.27}$$

其中，单位时间的运作成本为

$$C'(Q_1^*, Q_2^*, Q_3^*) = \left(\frac{\lambda}{Q_1^*} K_1 + \frac{Q_1^*}{2} h_1'\right) + \left(\frac{\lambda}{Q_2^*} K_2 + \frac{Q_2^*}{2} h_2'\right) +$$
$$\left(\frac{\lambda}{Q_3^*} K_3 + \frac{Q_3^*}{2} h_3'\right) \tag{7.28}$$

例 7-2　（例 6-3 和例 6-4 的延续）某电子产品的组装，从两个元器件厂商供应元器件。市场对成品的需求恒定且需求率 $\lambda = 200\,000$ 套/年，组装生产的单件生产成本 $c_3 = 440$ 元/套，生产启动费用 $K_3 = 1200$ 元/次，元器件厂 1 的单件生产成本 $c_1 = 90$ 元/件，生产启动费用 $K_1 = 1000$ 元/次，元器件厂 2 的单件生产成本 $c_2 = 30$ 元/件，生产启动费用 $K_2 = 800$ 元/次。假设资本的年度回报率 $I = 25\%$，试求组装生产的最优批量和两个元器件厂的最优生产批量。

解：组装厂的持货成本系数为
$$h_3 = 0.25/\text{年} \times 440\,\text{元}/\text{套} = 110\,\text{元}/(\text{套·年})$$
元器件厂 1 和元器件厂 2 的持货成本系数分别为
$$h_1 = 0.25/\text{年} \times 90\,\text{元}/(\text{件·年}) = 22.5\,\text{元}/(\text{件·年})$$
$$h_2 = 0.25/\text{年} \times 30\,\text{元}/(\text{件·年}) = 7.5\,\text{元}/(\text{件·年})$$
三厂家的增值持货成本系数分别为
$$h_1' = 22.5\,\text{元}/(\text{件·年})$$
$$h_2' = 7.5\,\text{元}/(\text{件·年})$$
$$h_3' = (110 - 22.5 - 7.5)\,\text{元}/(\text{套·年}) = 80\,\text{元}/(\text{套·年})$$
由式(7.20)和式(7.21)，有
$$n_1 = \sqrt{\frac{1000 \times 80}{1200 \times 22.5}} = 1.72$$
$$n_2 = \sqrt{\frac{800 \times 80}{1200 \times 7.5}} = 2.67$$

考虑与 1.72 和 2.67 相邻的整数 1,2 和 2,3,由式(7.21)经计算得到

$$C(1,2) = \left[\sqrt{2 \times 200\,000 \times \left(\frac{1000}{1} + \frac{800}{2} + 1200\right)(1 \times 22.5 + 2 \times 7.5 + 80)} + \right.$$
$$\left. 200\,000 \times (90 + 30 + 440)\right] 元 / 年 = 112\,349\,571.17 元 / 年$$

$$C(1,3) = \left[\sqrt{2 \times 200\,000 \times \left(\frac{1000}{1} + \frac{800}{3} + 1200\right)(1 \times 22.5 + 3 \times 7.5 + 80)} + \right.$$
$$\left. 200\,000 \times (90 + 30 + 440)\right] 元 / 年 = 112\,351\,188.46 元 / 年$$

$$C(2,2) = \left[\sqrt{2 \times 200\,000 \times \left(\frac{1000}{2} + \frac{800}{2} + 1200\right)(2 \times 22.5 + 2 \times 7.5 + 80)} + \right.$$
$$\left. 200\,000 \times (90 + 30 + 440)\right] 元 / 年$$
$$= 112\,342\,928.56 元 / 年$$

$$C(2,3) = \left[\sqrt{2 \times 200\,000 \times \left(\frac{1000}{2} + \frac{800}{3} + 1200\right)(2 \times 22.5 + 3 \times 7.5 + 80)} + \right.$$
$$\left. 200\,000 \times (90 + 30 + 440)\right] 元 / 年$$
$$= 112\,340\,636.66 元 / 年$$

所以,取 $n_1^* = 2$ 和 $n_2^* = 3$。由式(7.24)可得

$$Q_3^* = \sqrt{\frac{2 \times 200\,000 \times \left(\frac{1000}{2} + \frac{800}{3} + 1200\right)}{2 \times 22.5 + 3 \times 7.5 + 80}} 套 = 2309 套$$

再由式(7.25)和式(7.26)分别得到

$$Q_1^* = 2 \times 2309 件 = 4618 件$$
$$Q_2^* = 3 \times 2309 件 = 6927 件$$

系统长期运行下年度总成本为

$$C(Q_1^*, Q_2^*, Q_3^*) = C(4618, 6927, 2309)$$
$$= \left[\left(\frac{200\,000}{4618} \times 1000 + 200\,000 \times 90 + \frac{4618}{2} \times 22.5\right) + \right.$$
$$\left(\frac{200\,000}{6927} \times 800 + 200\,000 \times 30 + \frac{6927}{2} \times 7.5\right) + $$
$$\left. \left(\frac{200\,000}{2309} \times 1200 + 200\,000 \times 440 + \frac{2309}{2} \times 80\right)\right] 元 / 年$$
$$= 112\,340\,636.66 元 / 年$$

其中,年度运作成本为

$$C'(Q_1^*, Q_2^*, Q_3^*) = C'(4618, 6927, 2309)$$
$$= \left[\left(\frac{200\,000}{4618} \times 1000 + \frac{4618}{2} \times 22.5\right) + \right.$$
$$\left(\frac{200\,000}{6927} \times 800 + \frac{6927}{2} \times 7.5\right) + $$
$$\left. \left(\frac{200\,000}{2309} \times 1200 + \frac{2309}{2} \times 80\right)\right] 元 / 年$$

$$=340\ 636.66\ 元/年$$

在 6.3 节中,计算了该例在分散独立决策时系统长期运行下年度总成本为 112 345 617.93 元/年、年度运作成本为 345 617.93 元/年,比较两种决策方式下的结果可知,采取集中决策可使相关成本有所下降。

7.4　无限期分支型结构系统

这里介绍最简单的两级分支型结构系统,如图 7.10 所示。对于多于三节点的分支型结构系统,分析原理和方法是一样的,但分析过程比三节点的分支型结构系统要复杂。

按集中决策来进行管理,考虑运行时间为无限期,系统的运作方式及有关参数如下:

节点 1 和节点 2:终端市场的需求发生在该两节点处,需求形式为不随时间而变化的恒定需求,需求率分别为 λ_1 和 λ_2,每次进行货物补充时的启动费用分别为 K_1 和 K_2,因两节点都从节点 0 补货,可假设补货单价相等且为 c,持货成本系数分别为 h_1 和 h_2,无补货提前期,不允许缺货。

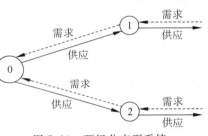

图 7.10　两级分支型系统

节点 0:需求是来自节点 1 和节点 2 的补货请求,需求的形式由节点 1 和节点 2 的库存管理策略所决定。假设该节点每次进行货物补充时的启动费用为 K_0,补货单价为 c_0,持货成本系数为 h_0,货物补充时无提前期,不允许缺货。

节点 1 和节点 2 的补货决策构成了对节点 0 的需求,在集中决策下,最优补货策略所形成的节点 1 和节点 2 的补货不一定是同步的,因此由它们所构成的对节点 0 的需求随时间不一定呈现出规律性的变化,这也导致节点 0 的库存量随时间的变化无规律性。

当节点 0 的库存量随时间呈现无规律性的变化时,理论上很难求出系统的最优补货策略,使系统长期运行下单位时间的总成本达到最低,但一些近似的方法可被用来求出比较理想的近似最优补货策略。下面介绍两种近似方法。

7.4.1　分解方法

所谓分解方法,就是将整个分支系统看成是多个独立的两级串行结构的子系统,每个子系统由节点 0 和一个分支节点组成,各子系统中的参数与原始系统相同。

对于各子系统,可以利用 7.2 节中的方法求各节点的补货策略,对于子系统 i,所求得的节点 0 的最优补货批量为 $Q_0^{(i)*}$,节点 i 的最优补货批量为 Q_i^*,且

$$Q_0^{(i)*}=n_i^*Q_i^*,\quad i=1,2 \tag{7.29}$$

式中,n_i^* 为整数。

在补货批量 $Q_0^{(i)*}$ 和 Q_i^* 的管理策略下,该子系统长期运行下单位时间的总成本为

$$C^{(i)}(Q_0^{(i)*},Q_i^*)=\left(\frac{\lambda}{Q_0^{(i)*}}K_0+\lambda c_0+\frac{Q_0^{(i)*}}{2}h_0'\right)+\left(\frac{\lambda}{Q_i^*}K_i+\lambda c+\frac{Q_i^*}{2}h_i'\right) \tag{7.30}$$

其中，单位时间的运作成本为

$$C'^{(i)}(Q_0^{(i)*}, Q_i^*) = \left(\frac{\lambda}{Q_0^{(i)*}}K_0 + \frac{Q_0^{(i)*}}{2}h_0'\right) + \left(\frac{\lambda}{Q_i^*}K_i + \frac{Q_i^*}{2}h_i'\right) \tag{7.31}$$

在实际运行中，整个系统长期运行下单位时间的总成本为所有子系统的总成本之和，即

$$C = C^{(1)}(Q_0^{(1)*}, Q_1^*) + C^{(2)}(Q_0^{(2)*}, Q_2^*) \tag{7.32}$$

其中，单位时间的运作成本为

$$C' = C'^{(1)}(Q_0^{(1)*}, Q_1^*) + C'^{(2)}(Q_0^{(2)*}, Q_2^*) \tag{7.33}$$

例 7-3　（例 6-5 和例 6-6 的延续）某连锁店的仓储配送中心负责向两个经销店供货，两经销店处的市场需求恒定且需求率分别为 $\lambda_1 = 10$ 千克/天和 $\lambda_2 = 24$ 千克/天，两经销店从仓储配送中心的补货单价 $c = 100$ 元/千克，补货启动费用分别为 $K_1 = 5$ 元/次和 $K_2 = 3$ 元/次，仓储配送中心从外部货源的补货单价 $c_0 = 60$ 元/千克，补货启动费用为 $K_0 = 400$ 元/次，假设资本的天回报率 $I = 0.25\%$，试用分解方法求两经销店和仓储配送中心的补货批量。

解： 经销店和仓储配送中心的持货成本系数分别为

$$h_1 = h_2 = Ic = 0.0025/\text{天} \times 100\text{元}/\text{千克} = 0.25\text{元}/(\text{千克}\cdot\text{天})$$

$$h_0 = 0.0025/\text{天} \times 60\text{元}/\text{千克} = 0.15\text{元}/(\text{千克}\cdot\text{天})$$

它们的增值持货成本系数分别为

$$h_1' = h_2' = (0.25 - 0.15)\text{元}/(\text{千克}\cdot\text{天}) = 0.10\text{元}/(\text{千克}\cdot\text{天})$$

$$h_0' = 0.15\text{元}/(\text{千克}\cdot\text{天})$$

对于仓储配送中心和经销店 1 组成的子系统 1，应用 7.2 节中的方法可求得

$$n_1^* = 7$$

$$Q_1^* = 32.87 \text{ 千克}$$

$$Q_0^{(1)*} = 230.09 \text{ 千克}$$

长期运行下子系统 1 每天的总成本为

$$C^{(1)}(Q_0^{(1)*}, Q_1^*) = C^{(1)}(230.09, 32.87)$$

$$= \left[\left(\frac{10}{230.09} \times 400 + 10 \times 60 + \frac{230.09}{2} \times 0.15\right) + \left(\frac{10}{32.87} \times 5 + 10 \times 100 + \frac{32.87}{2} \times 0.1\right)\right] \text{元}/\text{天}$$

$$= 1637.81 \text{元}/\text{天}$$

其中，每天的运作成本为

$$C'^{(1)}(Q_0^{(1)*}, Q_1^*) = C'^{(1)}(230.09, 32.87)$$

$$= \left[\left(\frac{10}{230.09} \times 400 + \frac{230.09}{2} \times 0.15\right) + \left(\frac{10}{32.87} \times 5 + \frac{32.87}{2} \times 0.1\right)\right] \text{元}/\text{天}$$

$$= 37.81 \text{元}/\text{天}$$

对于由仓储配送中心和经销店 2 组成的子系统 2，可求得

$$n_2^* = 9$$

$$Q_2^* = 39.63 \text{ 千克}$$

$$Q_0^{(2)^*} = 356.67 \text{ 千克}$$

长期运行下子系统 2 每天的总成本为

$$C^{(2)}(Q_0^{(2)^*}, Q_2^*) = C^{(2)}(356.67, 39.63)$$

$$= \left[\left(\frac{24}{356.67} \times 400 + 24 \times 60 + \frac{356.67}{2} \times 0.15 \right) + \right.$$

$$\left. \left(\frac{24}{39.63} \times 3 + 24 \times 100 + \frac{39.63}{2} \times 0.1 \right) \right] \text{ 元 / 天}$$

$$= 3897.46 \text{ 元 / 天}$$

其中,每天的运作成本为

$$C'^{(2)}(Q_0^{(2)^*}, Q_2^*) = C'^{(2)}(356.67, 39.63)$$

$$= \left[\left(\frac{24}{356.67} \times 400 + \frac{356.67}{2} \times 0.15 \right) + \right.$$

$$\left. \left(\frac{24}{39.63} \times 3 + \frac{39.63}{2} \times 0.1 \right) \right] \text{ 元 / 天}$$

$$= 57.46 \text{ 元 / 天}$$

按照上述策略 $Q_0^{(1)^*}, Q_1^*$ 和 $Q_0^{(2)^*}, Q_2^*$ 的管理下,整个系统长期运行下每天的总成本为

$$C = (1637.81 + 3897.46) \text{ 元 / 天} = 5535.27 \text{ 元 / 天}$$

其中,每天的运作成本为

$$C' = (37.81 + 57.46) \text{ 元 / 天} = 95.27 \text{ 元 / 天}$$

在 6.4 节中,用分解方法计算了该例在分散独立决策时的管理策略,系统长期运行下每天的总成本为 5536.04 元/天,每天的运作成本为 96.04 元/天,比较两种决策方式下的结果可知,采用集中决策可使相关成本略有下降。

7.4.2　公共周期方法

因采取集中决策的管理方式,可考虑应用公共周期的方法来确定各节点的补货策略,基本原理如下。

记 T_0 为节点 0 的补货周期,T_1 为节点 1 的补货周期,T_2 为节点 2 的补货周期。进一步,在节点 0 的一个补货周期内,节点 1 正好有 n_1 次补货,节点 2 正好有 n_2 次补货,这样系统的公共周期就为 T_0,即每间隔 T_0 时间,节点 0 有 1 次补货,节点 1 有 n_1 次补货,节点 2 有 n_2 次补货。

因此,下列关系成立

$$T_0 = n_1 T_1 = n_2 T_2 \tag{7.34}$$

如果节点 1 的补货批量为 Q_1,节点 2 的补货批量为 Q_2,则节点 0 的补货批量 Q_0 与它们具有以下关系:

$$Q_0 = n_1 Q_1 + n_2 Q_2 \tag{7.35}$$

从式(7.34)和式(7.35)以及 $Q_1 = \lambda_1 T_1, Q_2 = \lambda_2 T_2$ 和 $Q_0 = (\lambda_1 + \lambda_2) T_0$ 的关系,可得到下列结果:

$$Q_1 = Q_0 \frac{1}{n_1} \frac{\lambda_1}{\lambda_1 + \lambda_2} \tag{7.36}$$

$$Q_2 = Q_0 \frac{1}{n_2} \frac{\lambda_2}{\lambda_1 + \lambda_2} \tag{7.37}$$

长期运行下节点 1 与节点 2 单位时间的总成本分别为

$$C_1(Q_1) = \frac{\lambda_1}{Q_1} K_1 + \lambda_1 c + \frac{Q_1}{2} h_1 \tag{7.38}$$

$$C_2(Q_2) = \frac{\lambda_2}{Q_2} K_2 + \lambda_2 c + \frac{Q_2}{2} h_2 \tag{7.39}$$

关于节点 0 长期运行下单位时间的总成本，参照与 6.4 节相同的分析方法，可得到

$$C_0(Q_0) = \frac{1}{T_0} \left[K_0 + c_0 Q_0 + \frac{(n_1 - 1)n_1}{2} Q_1 T_1 h_0 + \frac{(n_2 - 1)n_2}{2} Q_2 T_2 h_0 \right] \tag{7.40}$$

当采取集中决策时，长期运行下，系统单位时间的总成本为三个节点单位时间总成本之和

$$\begin{aligned} C(Q_0, Q_1, Q_2) &= C_0(Q_0) + C_1(Q_1) + C_2(Q_2) \\ &= \frac{1}{T_0} \left[K_0 + c_0 Q_0 + \frac{(n_1 - 1)n_1}{2} Q_1 T_1 h_0 + \frac{(n_2 - 1)n_2}{2} Q_2 T_2 h_0 \right] + \\ &\quad \left(\frac{\lambda_1}{Q_1} K_1 + \lambda_1 c + \frac{Q_1}{2} h_1 \right) + \left(\frac{\lambda_2}{Q_2} K_2 + \lambda_2 c + \frac{Q_2}{2} h_2 \right) \end{aligned} \tag{7.41}$$

利用式（7.34）和式（7.35）的关系，可将上式表达为如下等式

$$\begin{aligned} C(n_1, n_2, Q_0) &= \frac{\lambda_1 + \lambda_2}{Q_0} (K_0 + n_1 K_1 + n_2 K_2) + \\ &\quad (\lambda_1 + \lambda_2)(c_0 + c) + \\ &\quad \frac{Q_0}{2} \left(h_0' + \frac{\lambda_1}{\lambda_1 + \lambda_2} \frac{h_1'}{n_1} + \frac{\lambda_2}{\lambda_1 + \lambda_2} \frac{h_2'}{n_2} \right) \end{aligned} \tag{7.42}$$

如果将式（7.42）中的 $\lambda_1 + \lambda_2$ 看成 λ，将 $K_0 + n_1 K_1 + n_2 K_2$ 看成 K，将 $c_0 + c$ 看成 c，将 $h_0' + \frac{\lambda_1}{\lambda_1 + \lambda_2} \frac{h_1'}{n_1} + \frac{\lambda_2}{\lambda_1 + \lambda_2} \frac{h_2'}{n_2}$ 看成 h，则式（7.42）在形式上就与基本经济补货批量模型是完全一样的。对于基本经济补货批量模型，我们已经知道，当补货批量 $Q^* = \sqrt{\frac{2\lambda K}{h}}$ 时，长期运行下单位时间的总成本达到最小，即

$$C(Q^*) = \sqrt{2\lambda K h} + \lambda c$$

因此，使式（7.42）达到最小的 Q_0 应为

$$Q_0^*(n_1, n_2) = \sqrt{\frac{2(\lambda_1 + \lambda_2)(K_0 + n_1 K_1 + n_2 K_2)}{\left(h_0' + \frac{\lambda_1}{\lambda_1 + \lambda_2} \frac{h_1'}{n_1} + \frac{\lambda_2}{\lambda_1 + \lambda_2} \frac{h_2'}{n_2} \right)}} \tag{7.43}$$

且单位时间的总成本为

$$\begin{aligned} C(n_1, n_2) &= \sqrt{2(\lambda_1 + \lambda_2)(K_0 + n_1 K_1 + n_2 K_2) \left(h_0' + \frac{\lambda_1}{\lambda_1 + \lambda_2} \frac{h_1'}{n_1} + \frac{\lambda_2}{\lambda_1 + \lambda_2} \frac{h_2'}{n_2} \right)} + \\ &\quad (\lambda_1 + \lambda_2)(c_0 + c) \\ &= \sqrt{2(K_0 + n_1 K_1 + n_2 K_2) \left((\lambda_1 + \lambda_2) h_0' + \frac{\lambda_1}{n_1} h_1' + \frac{\lambda_2}{n_2} h_2' \right)} + \\ &\quad (\lambda_1 + \lambda_2)(c_0 + c) \end{aligned} \tag{7.44}$$

式(7.44)是 n_1 和 n_2 的函数,显然要想使其最小,只要使根号内的部分达到最小即可。因此,最小化式(7.44)等同于最小化下列函数

$$F(n_1, n_2) = (K_0 + n_1 K_1 + n_2 K_2)\left((\lambda_1 + \lambda_2)h'_0 + \frac{\lambda_1}{n_1}h'_1 + \frac{\lambda_2}{n_2}h'_2\right) \tag{7.45}$$

将式(7.45)分别对 n_1 和 n_2 求偏导数并令其等于零,可得到

$$\frac{\partial}{\partial n_1}F(n_1, n_2) = K_1(\lambda_1 + \lambda_2)h'_0 + \frac{K_1\lambda_2 h'_2}{n_2} - \frac{K_0 + n_2 K_2}{n_1^2}\lambda_1 h'_1 = 0 \tag{7.46}$$

$$\frac{\partial}{\partial n_2}F(n_1, n_2) = K_2(\lambda_1 + \lambda_2)h'_0 + \frac{K_2\lambda_1 h'_1}{n_1} - \frac{K_0 + n_1 K_1}{n_2^2}\lambda_2 h'_2 = 0 \tag{7.47}$$

理论上,可以通过解上述方程组得到 n_1 和 n_2 的值,但很难获得 n_1 和 n_2 的解析表达式,一般通过数值计算得到 n_1 和 n_2 的值。

由于 n_1 和 n_2 必须为整数,如果式(7.46)和式(7.47)计算出的结果正好是整数,则它们即为所要求的结果,如果是小于 1 的数,则取 1,其他情况,可用下面的方法计算。

第一步:以式(7.46)和式(7.47)所得的值为参照,考察与它们相邻的整数,记 $\lfloor n_1 \rfloor, \lceil n_1 \rceil$ 和 $\lfloor n_2 \rfloor, \lceil n_2 \rceil$;

第二步:利用式(7.43)分别计算 $Q_0^*(\lfloor n_1 \rfloor, \lfloor n_2 \rfloor)$, $Q_0^*(\lfloor n_1 \rfloor, \lceil n_2 \rceil)$, $Q_0^*(\lceil n_1 \rceil, \lfloor n_2 \rfloor)$ 和 $Q_0^*(\lceil n_1 \rceil, \lceil n_2 \rceil)$;

第三步:分别计算式(7.42)的值 $C(\lfloor n_1 \rfloor, \lfloor n_2 \rfloor, Q_0^*(\lfloor n_1 \rfloor, \lfloor n_2 \rfloor))$, $C(\lfloor n_1 \rfloor, \lceil n_2 \rceil, Q_0^*(\lfloor n_1 \rfloor, \lceil n_2 \rceil))$, $C(\lceil n_1 \rceil, \lfloor n_2 \rfloor, Q_0^*(\lceil n_1 \rceil, \lfloor n_2 \rfloor))$ 和 $C(\lceil n_1 \rceil, \lceil n_2 \rceil, Q_0^*(\lceil n_1 \rceil, \lceil n_2 \rceil))$,从其中最小的一个获得所要求的 n_1^* 和 n_2^*。

有了 n_1^* 和 n_2^* 后,各节点的最优补货批量为

$$Q_0^* = \sqrt{\frac{2(\lambda_1 + \lambda_2)(K_0 + n_1^* K_1 + n_2^* K_2)}{h'_0 + \frac{\lambda_1}{\lambda_1 + \lambda_2}\frac{h'_1}{n_1^*} + \frac{\lambda_2}{\lambda_1 + \lambda_2}\frac{h'_2}{n_2^*}}} \tag{7.48}$$

$$Q_1^* = Q_0^* \frac{1}{n_1^*}\frac{\lambda_1}{\lambda_1 + \lambda_2} \tag{7.49}$$

$$Q_2^* = Q_0^* \frac{1}{n_2^*}\frac{\lambda_2}{\lambda_1 + \lambda_2} \tag{7.50}$$

在以上管理策略下,系统长期运行下单位时间的总成本为

$$C(n_1^*, n_2^*, Q_0^*) = \frac{\lambda_1 + \lambda_2}{Q_0^*}(K_0 + n_1^* K_1 + n_2^* K_2) + (\lambda_1 + \lambda_2)(c_0 + c) +$$
$$\frac{Q_0^*}{2}\left(h'_0 + \frac{\lambda_1}{\lambda_1 + \lambda_2}\frac{h'_1}{n_1^*} + \frac{\lambda_2}{\lambda_1 + \lambda_2}\frac{h'_2}{n_2^*}\right) \tag{7.51}$$

其中,单位时间的运作成本为

$$C'(n_1^*, n_2^*, Q_0^*) = \frac{\lambda_1 + \lambda_2}{Q_0^*}(K_0 + n_1^* K_1 + n_2^* K_2) +$$
$$\frac{Q_0^*}{2}\left(h'_0 + \frac{\lambda_1}{\lambda_1 + \lambda_2}\frac{h'_1}{n_1^*} + \frac{\lambda_2}{\lambda_1 + \lambda_2}\frac{h'_2}{n_2^*}\right) \tag{7.52}$$

例 7-4 继续例 7-3，试用公共周期方法求两经销店和仓储配送中心的补货批量。

解：由式（7.46）和式（7.47）构成如下方程组

$$5 \times (10+24) \times 0.15 + \frac{5 \times 24 \times 0.1}{n_2} - \frac{400+n_2 \times 3}{n_1^2} \times 10 \times 0.1 = 0$$

$$3 \times (10+24) \times 0.15 + \frac{3 \times 10 \times 0.1}{n_1} - \frac{400+n_1 \times 5}{n_2^2} \times 24 \times 0.1 = 0$$

求解得到 $n_1 = 3.96$ 和 $n_2 = 7.92$，考虑与它们相邻的整数 3,4 和 7,8，分别计算式（7.43）的值，有

$$Q_0^*(3,7) = \sqrt{\frac{2 \times (10+24) \times (400+3 \times 5+7 \times 3)}{0.15 + \frac{10}{10+24} \times \frac{0.1}{3} + \frac{24}{10+24} \times \frac{0.1}{7}}} \text{千克} = 417.75 \text{ 千克}$$

$$Q_0^*(3,8) = \sqrt{\frac{2 \times (10+24) \times (400+3 \times 5+8 \times 3)}{0.15 + \frac{10}{10+24} \times \frac{0.1}{3} + \frac{24}{10+24} \times \frac{0.1}{8}}} \text{千克} = 420.75 \text{ 千克}$$

$$Q_0^*(4,7) = \sqrt{\frac{2 \times (10+24) \times (400+4 \times 5+7 \times 3)}{0.15 + \frac{10}{10+24} \times \frac{0.1}{4} + \frac{24}{10+24} \times \frac{0.1}{7}}} \text{千克} = 423.20 \text{ 千克}$$

$$Q_0^*(4,8) = \sqrt{\frac{2 \times (10+24) \times (400+4 \times 5+8 \times 3)}{0.15 + \frac{10}{10+24} \times \frac{0.1}{4} + \frac{24}{10+24} \times \frac{0.1}{8}}} \text{千克} = 426.25 \text{ 千克}$$

再分别计算式（7.42）的值，有

$$C(3,7,417.75) = \left[\frac{10+24}{417.75} \times (400+3 \times 5+7 \times 3) + (10+24) \times (60+100) + \right.$$
$$\left. \frac{417.75}{2} \times \left(0.15 + \frac{10}{10+24} \times \frac{0.1}{3} + \frac{24}{10+24} \times \frac{0.1}{7} \right) \right] \text{元 / 天}$$
$$= 5510.97 \text{ 元 / 天}$$

$$C(3,8,420.75) = \left[\frac{10+24}{420.75} \times (400+3 \times 5+8 \times 3) + (10+24) \times (60+100) + \right.$$
$$\left. \frac{420.75}{2} \times \left(0.15 + \frac{10}{10+24} \times \frac{0.1}{3} + \frac{24}{10+24} \times \frac{0.1}{8} \right) \right] \text{元 / 天}$$
$$= 5510.95 \text{ 元 / 天}$$

$$C(4,7,423.20) = \left[\frac{10+24}{423.20} \times (400+4 \times 5+7 \times 3) + (10+24) \times (60+100) + \right.$$
$$\left. \frac{423.20}{2} \times \left(0.15 + \frac{10}{10+24} \times \frac{0.1}{4} + \frac{24}{10+24} \times \frac{0.1}{7} \right) \right] \text{元 / 天}$$
$$= 5510.86 \text{ 元 / 天}$$

$$C(4,8,426.25) = \left[\frac{10+24}{426.25} \times (400+4 \times 5+8 \times 3) + (10+24) \times (60+100) + \right.$$
$$\left. \frac{426.25}{2} \times \left(0.15 + \frac{10}{10+24} \times \frac{0.1}{4} + \frac{24}{10+24} \times \frac{0.1}{8} \right) \right] \text{元 / 天}$$
$$= 5510.83 \text{ 元 / 天}$$

从以上结果可知，$n_1^* = 4$ 和 $n_2^* = 8$，由此，仓储配送中心和两经销店的最优补货批量为

$$Q_0^* = 426.25 \text{ 千克}$$

$$Q_1^* = \left(426.25 \times \frac{1}{4} \times \frac{10}{10+24}\right) 千克 = 31.34 \; 千克$$

$$Q_2^* = \left(426.25 \times \frac{1}{8} \times \frac{24}{10+24}\right) 千克 = 37.61 \; 千克$$

在以上管理策略下,系统长期运行下每天的总成本为

$$C(n_1^*, n_2^*, Q_0^*) = C(4, 8, 426.25) = 5510.83 \; 元 / 天$$

其中,每天的运作成本为

$$C'(n_1^*, n_2^*, Q_0^*) = C'(4, 8, 426.25) = 70.83 \; 元 / 天$$

与例 7-3 相比,公共周期方法所得结果比分解方法的结果有所改进。

在 6.4 节中,用分解方法计算了该例在分散独立决策时的管理策略,系统长期运行下每天的总成本为 5511.63 元/天,每天的运作成本为 71.63 元/天,比较两种决策方式下的结果可知,采用集中决策可使相关成本略有下降。

7.5　有限期系统

在前面几节中,假设库存系统运行无限长的时间,而且系统中的所有参数是平稳的,即它们不随时间而变化。

另一种常见的情况是决策的时间范围是有限的,而且系统的参数可能随时间不一样。

对于多级库存系统,给定若干期终端市场的需求量,要求确定各级每期最优的补货批量。

下面针对离散时间动态批量问题进行讨论。

在第 6 章中的分散独立决策的运行方式下,先由靠近终端市场的节点进行决策,得到该节点的最优动态批量,此动态批量就构成了对紧前节点的需求。然后,紧前节点再进行决策,得到相应的该节点的最优动态批量。由于是独立决策,节点间不进行协调,因此就自然形成了这种顺序决策的形式。

如果采取集中决策,目标函数是使系统的运作成本最小化。一般地,顺序决策的形式是达不到这一目的的。为此,要考虑节点间的协调关系。

7.5.1　最优动态批量

以串型结构系统为例,考虑如图 7.7 所示的两级串型结构系统,运行条件如下:

决策期间:T 期;

终端市场需求:第 t 期终端市场在节点 2 处产生的需求量为 $d_{2,t}$;

补货启动费用:两个节点的补货启动费用分别为 K_1 和 K_2;

持货成本系数:两个节点的持货成本系数分别为 h_1 和 h_2;

是否存在补货提前期:无补货提前期;

是否允许缺货:不允许缺货。

系统的运作方式及有关参数如下:

节点 2:每次向节点 1 发出补货请求时的启动费用为 K_2,持货成本系数为 h_2。

节点 1：需求是来自节点 2 的补货请求，需求的形式与节点 2 的库存管理策略有关。假设节点 1 每次进行货物补充时的启动费用为 K_1，持货成本系数为 h_1。

在集中决策方式下，确定各节点各期的动态批量，使系统运行结束后的运作成本达到最小。

对于多级串型结构系统的离散时间动态批量问题，存在满足以下性质的最优解：

（1）各节点只有当本期期初库存量为零时才考虑是否进行补货。

（2）节点 2 如果在本期期初要进行补货的话，则补货批量正好是本期的需求量或本期及未来若干期需求量之和。

（3）节点 1 的补货时刻也一定是节点 2 的补货时刻。

上述性质中，前两条性质与单节点离散时间动态批量问题的情形是一样的。对于第（3）条性质，也是比较容易直观理解的，如果在节点 1 的补货时间节点 2 并不进行货物补充，则在节点 1 处补充进来的货物将会造成更多的持货成本，而如果将节点 1 的补货时间延后到下一次与节点 2 的补货时间同步，则持货成本可以减少而不影响系统的正常运行。因此，后一种方式一定比前一种方式好，这一性质也被称为"嵌套"性质。

利用以上性质，在进行求解的过程中，可以减少计算量，因为它已将包含最优解的解空间限定在相对较小的范围内了。

记 $\pi_1 = (\pi_{1,1}, \pi_{1,2}, \cdots, \pi_{1,T})$ 为节点 1 的补货策略，其中 $\pi_{1,t}$ 取值为 0 或 1，且 $\pi_{1,t} = 0$ 表示节点 1 在第 t 期不补货，$\pi_{1,t} = 1$ 表示节点 1 在第 t 期进行补货。同理，记 $\pi_2 = (\pi_{2,1}, \pi_{2,2}, \cdots, \pi_{2,T})$ 为节点 2 的补货策略。

当给定节点 2 的策略 π_2 后，由嵌套性质可知，节点 1 的策略 π_1 的取值就要受到限制。例如，假设 π_2 为

$$\pi_2 = (1, 0, 1, 1)$$

则 π_1 只可以是以下几种取值

$$\pi_1 = (1, 0, 0, 0)$$
$$\pi_1 = (1, 0, 0, 1)$$
$$\pi_1 = (1, 0, 1, 0)$$
$$\pi_1 = (1, 0, 1, 1)$$

其中，$\pi_2 = (1, 0, 1, 1)$ 和 $\pi_1 = (1, 0, 0, 0)$ 意味着节点 2 在第 1 期的补货批量是第 1 期和第 2 期终端市场需求量之和，第 3 期的补货批量是第 3 期终端市场需求量，第 4 期的补货批量是第 4 期终端市场需求量，而节点 1 在第 1 期的补货批量是节点 2 第 1 期、第 2 期、第 3 期和第 4 期的补货批量之和。同理，$\pi_2 = (1, 0, 1, 1)$ 和 $\pi_1 = (1, 0, 1, 0)$ 意味着节点 1 在第 1 期的补货批量是节点 2 第 1 期和第 2 期的补货批量之和，第 3 期的补货批量是节点 2 第 3 期和第 4 期的补货批量之和。

用 $f_i(\pi_i)$ 表示节点 i 由补货策略 π_i 所产生的运作成本，则系统的运作成本为

$$C(\pi_1, \pi_2) = f_1(\pi_1) + f_2(\pi_2) \tag{7.53}$$

当给定节点 2 的补货策略 π_2 后，用 $N(\pi_2)$ 表示节点 1 的嵌套策略的集合，即

$$\pi_1 \in N(\pi_2) \quad 当且仅当 \pi_{2,t} - \pi_{1,t} \geqslant 0, 对于所有的 t = 1, 2, \cdots, T$$

因此，当给定节点 2 的补货策略 π_2 后，最小的系统运作成本为

$$f_2(\pi_2) + \min_{\pi_1 \in N(\pi_2)} f_1(\pi_1)$$

记 Ω 为节点 2 的补货策略 π_2 的集合,则最优补货策略是使系统的运作成本达到最小的补货策略,即

$$\min_{\pi_2 \in \Omega} C(\pi_1, \pi_2) = \min_{\pi_2 \in \Omega} \left[f_2(\pi_2) + \min_{\pi_1 \in N(\pi_2)} f_1(\pi_1) \right] \qquad (7.54)$$

对于给定的补货策略 π_1 和 π_2,用 $Q_{1,t}$ 和 $Q_{2,t}$ 表示节点 1 和节点 2 在第 t 期的补货批量。

例 7-5 某两级串型结构库存系统,决策期间为 $T=4$ 期,各期终端市场需求如表 7-1 所示。

表 7-1

时期 t	1	2	3	4
需求量 $d_{2,t}$	40	80	20	60

节点 2:补货启动费用 $K_2 = 150$ 元/次,持货成本系数 $h_2 = 2$ 元/(单位货物·单位时间);
节点 1:补货启动费用 $K_1 = 200$ 元/次,持货成本系数 $h_1 = 1$ 元/(单位货物·单位时间);
试求各节点的最优补货批量。

解:节点 2 共有以下 8 种补货策略

$$\pi_2 = (1,1,1,1), \quad \pi_2 = (1,1,1,0), \quad \pi_2 = (1,1,0,1), \quad \pi_2 = (1,1,0,0)$$
$$\pi_2 = (1,0,1,1), \quad \pi_2 = (1,0,1,0), \quad \pi_2 = (1,0,0,1), \quad \pi_2 = (1,0,0,0)$$

当 $\pi_2 = (1,0,1,1)$ 时,表 7-2 给出了相关的成本。

表 7-2

节点 i	π_i				$Q_{i,t}$				$f_i(\pi_i)$
2	1	0	1	1	120	0	20	60	$3 \times 150 + 2 \times 80 = 610$
1	1	0	1	1	120	0	20	60	$3 \times 200 = 600$
	1	0	1	0	120	0	80	0	$2 \times 200 + 1 \times 60 = 460$
	1	0	0	1	140	0	0	60	$2 \times 200 + 2 \times 1 \times 20 = 440$
	1	0	0	0	200	0	0	0	$1 \times 200 + 2 \times 1 \times 20 + 3 \times 1 \times 60 = 420$

此时系统的最小运作成本为

$$f_2(1,0,1,1) + \min_{\pi_1 \in N(1,0,1,1)} f_1(\pi_1) = 610 + 420 = 1030$$

同理可得 π_2 为其他值时,各自的系统最小运作成本如表 7-3 所示。

表 7-3

序号	π_2				$Q_{2,t}$				系统的运作成本
1	1	1	1	1	40	80	20	60	1100
2	1	1	1	0	40	80	80	0	1010
3	1	1	0	1	40	100	0	60	970
4	1	1	0	0	40	160	0	0	1060
5	1	0	1	1	120	0	20	60	1030
6	1	0	1	0	120	0	80	0	940
7	1	0	0	1	140	0	0	60	920
8	1	0	0	0	200	0	0	0	950

从表 7-3 可知，当 $\pi_2 = (1,0,0,1)$，$\pi_1 = (1,0,0,0)$，即 $Q_{2,1} = 140$，$Q_{2,2} = 0$，$Q_{2,3} = 0$，$Q_{2,4} = 60$ 以及 $Q_{1,1} = 200$，$Q_{1,2} = 0$，$Q_{1,3} = 0$，$Q_{1,4} = 0$ 时系统的运作成本最小，为 920 元。

作为对比，如果采取分散独立决策，则结果为 $Q_{2,1} = 40$，$Q_{2,2} = 100$，$Q_{2,3} = 0$，$Q_{2,4} = 60$ 和 $Q_{1,1} = 200$，$Q_{1,2} = 0$，$Q_{1,3} = 0$，$Q_{1,4} = 0$，对应的系统的运作成本为 970 元。

该例子中，π_2 的可能取值有 $2^{4-1} = 8$（种）。

对于合流型结构，上述方法也可被用于求其最优补货策略。但对于分支型结构，理论上，由于并不一定存在嵌套式的最优补货策略，上述方法是不适用的。

此外，当决策期间为 T 期时，π_2 的可能取值有 2^{T-1} 种，表明该算法的计算时间是指数增长的，不适合解决大规模问题。

因此，对于大规模问题，需要一些有效的启发式方法来求得满意的近似最优补货策略。

7.5.2　补货单价修正迭代算法

在第 5 章中讨论单级离散时间动态批量问题时，如果给定各期的市场需求，且补货单价不变，则总的补货可变费用就为常数，它不随决策而变化，因此在动态规划方程中可以不考虑此项费用。

另一种情况，如果每期补货单价不一样，则总的补货可变费用会依不同的决策而变化，在动态规划方程中就必须考虑此项费用。

假设第 t 期的补货单价为 c_t，用 $C(t)$ 表示在最优补货策略下从第 t 期期初至第 T 期结束时系统的运作成本，则动态规划的最优性方程如下：

$$
\begin{cases}
C(t) = \min\limits_{1 \leqslant i \leqslant T-t+1} \left\{ K\delta \left(\sum\limits_{j=0}^{i-1} d_{t+j} \right) + c_t \sum\limits_{j=0}^{i-1} d_{t+j} + \sum\limits_{j=1}^{i-1} jh d_{t+j} + C(t+i) \right\}, \\
\qquad t = 1, 2, \cdots, T \\
C(T+1) = 0
\end{cases}
\tag{7.55}
$$

以两级串型结构系统为例，记 $c_{1,t}$ 和 $c_{2,t}$ 分别为两节点第 t 期的补货单价。

补货单价修正迭代算法的基本原理如下。

在进行迭代计算过程中，用 $u_{2,t}$ 表示节点 2 第 t 期的补货单价，迭代计算前的初始值为 $u_{2,t} = c_{2,t}$。

第一步：对节点 2，用 W-W 算法求解该节点的动态批量，即求解

$$
\begin{cases}
C_2(t) = \min\limits_{1 \leqslant i \leqslant T-t+1} \left\{ K_2\delta \left(\sum\limits_{j=0}^{i-1} d_{t+j} \right) + u_{2,t} \sum\limits_{j=0}^{i-1} d_{2,t+j} + \sum\limits_{j=1}^{i-1} jh_2 d_{2,t+j} + C_2(t+i) \right\}, \\
\qquad t = 1, 2, \cdots, T \\
C_2(T+1) = 0
\end{cases}
$$

得到该节点的动态批量 $Q_{2,t}$。

第二步：以节点 2 的动态批量 $Q_{2,t}$ 作为对节点 1 的需求，用 W-W 算法求解节点 1 的动态批量，即求解

$$
\begin{cases}
C_1(t) = \min\limits_{1 \leqslant i \leqslant T-t+1} \left\{ K_1\delta \left(\sum\limits_{j=0}^{i-1} Q_{2,t+j} \right) + c_{1,t} \sum\limits_{j=0}^{i-1} Q_{2,t+j} + \sum\limits_{j=1}^{i-1} jh_1 Q_{2,t+j} + C_1(t+i) \right\}, \\
\qquad t = 1, 2, \cdots, T \\
C_1(T+1) = 0
\end{cases}
$$

得到该节点的动态批量 $Q_{1,t}$。

第三步：对节点 2 的补货单价进行修正，计算式为

$$u_{2,t} = c_{2,t} + c_{1,t} + (t-\tau)h_1$$

式中，τ 是节点 1 从第 t 期往前最近出现补货的时间，例如假设 $t=2$ 且 $Q_{1,2}>0$，则 $\tau=2$，再如假设 $t=4$ 且 $Q_{1,2}>0$，$Q_{1,3}=0$，$Q_{1,4}=0$，则 $\tau=2$。

第四步：根据修正后的节点 2 的补货单价，重新执行第一步，得到节点 2 的动态批量 $Q_{2,t}$，如果跟前一次得到的动态批量相同则停止，否则往下继续执行其余步骤。

对于上述算法，可以证明结果是收敛的，即经过有限次的循环后一定可以使计算过程停止下来，并得到相应的解。还有，每次循环系统的成本是非增加的。

直观地，第三步对补货单价进行修正，并不是真的修改补货单价，它实质上是一种两节点间的协调机理，因为在先决定节点 2 的补货策略时并没有考虑节点 1 的情况，求出节点 2 的补货策略后，再依据节点 2 的补货策略来求节点 1 的补货策略。前面已谈到，这种先后顺序决策所得到的结果不一定能使系统总体达到最优，因此在求得节点 1 的补货策略后，将这种先后顺序决策的不合理性通过修改补货单价的方式反馈给节点 2，然后重新进行计算，当连续两次得到的结果相同时，说明这种协调达到了平衡，得到了一个比较满意的结果。当然，这个算法并不能保证得到最优补货策略。

另一方面，如果节点 1 各期的补货单价都相等，即 $c_{1,1}=c_{1,2}=\cdots=c_{1,T}$，节点 2 各期的补货单价都相等，即 $c_{2,1}=c_{2,2}=\cdots=c_{2,T}$，则在迭代计算过程中可以不考虑它们，这是因为它们对所得到的最终解并没有影响。因此，对于这种情况，在迭代计算过程中每次对补货单价进行修正时可取 $c_{1,1}=c_{1,2}=\cdots=c_{1,T}=0$，$c_{2,1}=c_{2,2}=\cdots=c_{2,T}=0$。

例 7-6　某两级串型结构库存系统，决策期间为 $T=8$ 期，各期终端市场需求量如表 7-4 所示。

表　7-4

时期 t	1	2	3	4	5	6	7	8
需求量 $d_{2,t}$	40	80	20	60	100	50	60	30

节点 2：补货启动费用 $K_2=100$ 元/次，持货成本系数 $h_2=2$ 元/(单位货物·单位时间)；

节点 1：补货启动费用 $K_1=200$ 元/次，持货成本系数 $h_1=1$ 元/(单位货物·单位时间)；

两节点各期的补货单价都相等，即可看作 $c_{1,1}=c_{1,2}=\cdots=c_{1,8}=0$，$c_{2,1}=c_{2,2}=\cdots=c_{2,8}=0$。

试求各节点各期的补货批量。

解：对节点 2，用 W-W 算法求解该节点的动态批量，结果如表 7-5 所示。

表　7-5

时期 t	1	2	3	4	5	6	7	8
批量 $Q_{2,t}$	40	100	0	60	150	0	90	0

该节点的运作成本为 $C_2(1)=700$ 元。将 $Q_{2,t}$ 看作节点 2 对节点 1 的需求，用 W-W 算法求解节点 1 的动态批量，结果如表 7-6 所示。

表 7-6

时期 t	1	2	3	4	5	6	7	8
批量 $Q_{1,t}$	140	0	0	210	0	0	90	0

该节点的运作成本为 $C_1(1)=850$ 元。由 $u_{2,t}=c_{2,t}+c_{1,t}+(t-\tau)h_1$ 对节点 2 的补货单价进行修正,得到 $u_{2,1}=0,u_{2,2}=1,u_{2,3}=2,u_{2,4}=0,u_{2,5}=1,u_{2,6}=2,u_{2,7}=0,u_{2,8}=1$,对节点 2,再用 W-W 算法求解该节点的动态批量,结果如表 7-7 所示。

表 7-7

时期 t	1	2	3	4	5	6	7	8
批量 $Q_{2,t}$	140	0	0	60	150	0	90	0

该节点的运作成本为 $C_2(1)=800$ 元。将 $Q_{2,t}$ 看作节点 2 对节点 1 的需求,用 W-W 算法求解节点 1 的动态批量,结果如表 7-8 所示。

表 7-8

时期 t	1	2	3	4	5	6	7	8
批量 $Q_{1,t}$	140	0	0	210	0	0	90	0

该节点的运作成本为 $C_1(1)=750$ 元。此时,本次迭代所得到的 $Q_{1,t}$ 与前一次迭代所得到的 $Q_{1,t}$ 相同,迭代过程可停止。系统的运作成本为 1550 元。

对于本例,例 6-8 中已计算分散独立决策时得到的系统的运作成本也是 1550 元,这只是一种巧合而已。

对于合流型结构,补货单价修正迭代算法的基本原理与前面的串型结构是一样的,在此不进行详细说明。

例 7-7 某两级合流型结构库存系统,决策期间为 $T=6$ 期,各期终端市场需求量如表 7-9 所示。

表 7-9

时期 t	1	2	3	4	5	6
需求量 $d_{3,t}$	70	30	50	40	90	60

节点 3:补货启动费用 $K_3=100$ 元/次,持货成本系数 $h_3=2$ 元/(单位货物·单位时间);
节点 1:补货启动费用 $K_1=200$ 元/次,持货成本系数 $h_1=1$ 元/(单位货物·单位时间);
节点 2:补货启动费用 $K_2=250$ 元/次,持货成本系数 $h_2=1$ 元/(单位货物·单位时间)。
三节点各期的补货单价都相等,即可看作 $c_{1,1}=c_{1,2}=\cdots=c_{1,6}=0$, $c_{2,1}=c_{2,2}=\cdots=c_{2,6}=0$, $c_{3,1}=c_{3,2}=\cdots=c_{3,6}=0$。

试求各节点各期的补货批量。

解:对节点 3,用 W-W 算法求解该节点的动态批量,结果如表 7-10 所示。

表　7-10

时期 t	1	2	3	4	5	6
批量 $Q_{3,t}$	100	0	90	0	90	60

该节点的运作成本为 $C_3(1)=540$ 元。将 $Q_{3,t}$ 看作节点 3 对节点 1 的需求,用 W-W 算法求解节点 1 的动态批量,结果如表 7-11 所示。

表　7-11

时期 t	1	2	3	4	5	6
批量 $Q_{1,t}$	190	0	0	0	150	0

该节点的运作成本为 $C_1(1)=640$ 元。将 $Q_{3,t}$ 看作节点 3 对节点 2 的需求,用 W-W 算法求解节点 1 的动态批量,结果如表 7-12 所示。

表　7-12

时期 t	1	2	3	4	5	6
批量 $Q_{2,t}$	190	0	0	0	150	0

该节点的运作成本为 $C_2(1)=740$ 元。基于节点 1 和节点 2 的动态批量,由 $u_{3,t}=c_{3,t}+c_{1,t}+(t-\tau_1)h_1+c_{2,t}+(t-\tau_2)h_2$,对节点 3 的补货单价进行修正,得到 $u_{3,1}=0,u_{3,2}=2,u_{3,3}=4,u_{3,4}=6,u_{3,5}=0,u_{3,6}=2$,对节点 3,再用 W-W 算法求解该节点的动态批量,结果如表 7-13 所示。

表　7-13

时期 t	1	2	3	4	5	6
批量 $Q_{3,t}$	190	0	0	0	150	0

该节点的运作成本为 $C_3(1)=820$ 元。将 $Q_{3,t}$ 看作节点 3 对节点 1 的需求,用 W-W 算法求解节点 1 的动态批量,结果如表 7-14 所示。

表　7-14

时期 t	1	2	3	4	5	6
批量 $Q_{1,t}$	190	0	0	0	150	0

该节点的运作成本为 $C_1(1)=400$ 元。将 $Q_{3,t}$ 看作节点 3 对节点 2 的需求,用 W-W 算法求解节点 1 的动态批量,结果如表 7-15 所示。

表　7-15

时期 t	1	2	3	4	5	6
批量 $Q_{2,t}$	190	0	0	0	150	0

该节点的运作成本为 $C_1(1)=500$ 元。此时,本次迭代所得到的 $Q_{1,t}$ 和 $Q_{2,t}$ 与前一次迭

代所得到的 $Q_{1,t}$ 和 $Q_{2,t}$ 相同，迭代过程可停止。系统的运作成本为 1720 元。

对于本例，第 6 章中已计算分散独立决策时得到的系统的运作成本是 1920 元，可见集中决策利用补货单价修正迭代算法所得结果有所改善。

对于分支型结构，补货单价修正迭代算法的基本原理与前面的串型结构是一样的，在此就不进行详细说明了。

例 7-8 某两级分支型结构库存系统，决策期间为 $T=4$ 期，各期需求量如表 7-16 所示。

表 7-16（节点 1）

时期 t	1	2	3	4
需求量 $d_{1,t}$	30	20	40	10

表 7-17（节点 2）

时期 t	1	2	3	4
需求量 $d_{2,t}$	50	10	30	60

节点 1：补货启动费用 $K_1=50$ 元/次，持货成本系数 $h_1=2$ 元/(单位货物·单位时间)；
节点 2：补货启动费用 $K_2=70$ 元/次，持货成本系数 $h_2=2$ 元/(单位货物·单位时间)；
节点 0：补货启动费用 $K_0=120$ 元/次，持货成本系数 $h_0=1$ 元/(单位货物·单位时间)。
三节点各期的补货单价都相等，即可看作 $c_{0,1}=c_{0,2}=c_{0,3}=c_{0,4}=0$，$c_{1,1}=c_{1,2}=c_{1,3}=c_{1,4}=0$，$c_{2,1}=c_{2,2}=c_{2,3}=c_{2,4}=0$。

试求各节点各期的补货批量。

解：对节点 1，用 W-W 算法求解该节点的动态批量，结果如表 7-18 所示。

表   7-18

时期 t	1	2	3	4
批量 $Q_{1,t}$	50	0	50	0

该节点的运作成本为 $C_1(1)=160$ 元。对节点 2，用 W-W 算法求解该节点的动态批量，结果如表 7-19 所示。

表   7-19

时期 t	1	2	3	4
批量 $Q_{2,t}$	60	0	30	60

该节点的运作成本为 $C_2(1)=230$ 元。将 $Q_{1,t}+Q_{2,t}$ 看作节点 1 和节点 2 对节点 0 的需求，用 W-W 算法求解节点 0 的动态批量，结果如表 7-20 所示。

表   7-20

时期 t	1	2	3	4
批量 $Q_{0,t}$	110	0	140	0

该节点的运作成本为 $C_0(1) = 300$ 元。由 $u_{1,t} = c_{1,t} + c_{0,t} + (t - \tau)h_0$ 对节点 1 的补货单价进行修正,得到 $u_{1,1} = 0, u_{1,2} = 1, u_{1,3} = 0, u_{1,4} = 1$,对节点 1,再用 W-W 算法求解该节点的动态批量,结果如表 7-21 所示。

表　7-21

时期 t	1	2	3	4
批量 $Q_{1,t}$	50	0	50	0

该节点的运作成本为 $C_1(1) = 160$ 元。由 $u_{2,t} = c_{2,t} + c_{0,t} + (t - \tau)h_0$ 对节点 2 的补货单价进行修正,得到 $u_{2,1} = 0, u_{2,2} = 1, u_{2,3} = 0, u_{2,4} = 1$,对节点 2,再用 W-W 算法求解该节点的动态批量,结果如表 7-22 所示。

表　7-22

时期 t	1	2	3	4
批量 $Q_{2,t}^*$	60	0	90	0

该节点的运作成本为 $C_2(1) = 280$ 元。将 $Q_{1,t} + Q_{2,t}$ 看作节点 1 和节点 2 对节点 0 的需求,用 W-W 算法求解节点 0 的动态批量,结果如表 7-23 所示。

表　7-23

时期 t	1	2	3	4
批量 $Q_{0,t}^*$	110	0	140	0

该节点的运作成本为 $C_0(1) = 240$ 元。此时,本次迭代所得到的 $Q_{0,t}$ 与前一次迭代所得到的 $Q_{0,t}$ 相同,迭代过程可停止。系统的运作成本为 680 元。

对于本例,例 6-9 中已计算分散独立决策时得到的系统的运作成本是 690 元,可见集中决策利用补货单价修正迭代算法所得结果有所改善。

小结与讨论

本章主要介绍多级确定性库存系统在集中决策方式下的分析方法。在集中决策的方式下,目标是使系统总体达到最优来确定各节点的补货策略。因此,在模型中优化的目标函数是使系统的运作成本最小。对于实际的库存系统,如果采取集中管理,则用集中决策的分析方法是合适的。

对于无限期问题,串型结构和合流型结构具有相同的优化建模原理,最优解的求解过程也是相似的。而分支型结构因节点对节点所产生的需求随时间不一定呈现出规律性的变化,理论上很难求出系统的最优补货策略,一些启发式方法可被用来求取比较满意的近似最优补货策略。本章介绍了两种求解方法,其中分解方法比较适合于所有下游节点具有相近的运行参数的情形,而公共周期方法总体来讲可以得到比较不错的结果。

对于有限期问题,串型结构和合流型结构可以基于"嵌套"性质建立优化模型,从原理上可以求得最优解，但计算量比较大，只适合于小规模的问题，而分支型结构则基本上无有效的方法建立优化模型并求解。补货单价修正迭代算法可被应用于各种结构，虽然从理论上并不能保证得到最优解，但现实来讲仍不失为一种有效的方法。

习题

7-1   试述节点库存量与多级库存量、节点持货成本与增值持货成本的关系。

7-2   计算下列各多级库存系统的多级库存量，其中圆圈内数字表示节点编号，圆圈上数字表示各节点现有库存量，箭头线上的数字表示节点间的在途库存。

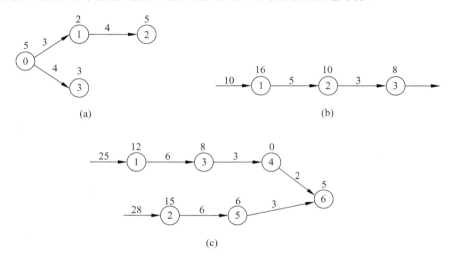

7-3   计算下列各多级库存系统的增值持货成本系数。

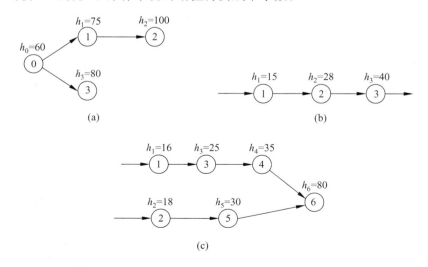

7-4   对于习题6-3，试求集中决策下零售商的最优补货批量和制造商的最优生产批量，并比较两种决策方式下的结果。

7-5　某两级合流型系统,市场需求恒定且需求率为 $\lambda = 100$ 件/天, $c_3 = 85$ 元/件, $K_3 = 550$ 元/次, $c_1 = 25$ 元/件, $K_1 = 800$ 元/次, $c_2 = 15$ 元/件, $K_2 = 600$ 元/次。假设资本的年度回报率 $I = 20\%$,试求按集中决策管理下各节点的最优补货批量。

7-6　对于习题 6-4,试求集中决策下配送中心及专卖店的补货批量。

7-7　在集中决策下,用补货单价修正迭代算法计算习题 6-6 各节点的补货批量。

第 8 章　单级随机需求库存系统

一个库存系统包含许多参数,如市场需求、补货单价、持货成本系数、缺货惩罚成本系数、补货启动费用、补货提前期等。如果在库存系统运行过程中这些参数都是确定性的,则它们属于确定性的库存系统。前面几章都是针对确定性的库存系统进行讨论的。

在许多实际库存系统中,有一些参数可能是不确定的。例如,最常见的是需求的不确定性。如果说有一些参数属于系统内部参数,在一定程度上还可以控制,则市场往往是难以控制的,充其量只能施加一定的影响而已。在库存系统中,通常用随机变量来刻画市场需求的不确定性。随机变量的分布可以是离散形式,如泊松分布等;也可以是连续形式,如正态分布等。

系统中只要有一个参数是随机变量,则整个系统就变成了随机模型。要分析一个随机模型,首先要确定系统的评价准则,常见的评价准则有概率准则、期望值准则、方差准则等。在库存系统中,通常用成本或收益作为系统的绩效指标,而评价准则多采用期望值准则,即确定补货时机和补货批量,使系统成本的期望值达到最小,或使系统收益的期望值达到最大等。

8.1　服 务 水 平

如果市场需求是随机的,则只要库存系统具有补货提前期或是周期性盘点,无论库存管理策略(包括补货时机和补货批量)如何,都有可能出现缺货现象,也就是说当需求产生时不能立即满足顾客的需求。在第 3 章中曾提到,当需求出现但由于缺货而无法即时满足顾客需求时就会产生成本,这主要表现在两个方面:一是现时损失,二是未来损失。现时损失是指失去了销售机会造成的损失;对于未来损失,是指由于缺货所造成的顾客对商家失去信任而带来的潜在损失,如果频繁缺货,顾客就会越来越少,因此这部分损失将会反映在未来的时间上。

当出现缺货而无法及时满足顾客需求时,有两种处理方式:一种是缺货不补,顾客通过其他渠道得到满足,这种方式适合于市场上有许多替代品的情形,如日用品、消耗品等。另一种方式是缺货回补,当顾客需求具有一定的特殊性和针对性时,他可能无法从其他渠道轻易地得到满足,如特殊类型商品,或者顾客认准了某种品牌商标的商品,非从该商家购买不可,这种情况下顾客可等待货物到货之后再取货,相当于缺货后延期交货。无论是哪种处理方式,都会造成现时损失和未来损失。

为了减少缺货所带来的损失,管理者可以采取增大库存量的方法来应对需求的不确定性。但如果库存量过大,虽然降低了缺货的可能性,却会带来持货成本的增加。由此可知,库存量应维持在一个合理的水平。

下面先介绍服务水平的概念。

简单地说,服务水平就是能即时满足顾客需求的能力。因此,只要手头上有货物,或者说只要现有库存量大于零,就能即时满足顾客的需求。

以连续性盘点 (r, Q) 策略为例,补货点 r 是分析服务水平的参照点,这里 r 是补货与不补货的分界点,要用现有库存量为 r 单位的货物量应对直到下一次到货前的需求,这段时间实质上是补货提前期。如果补货提前期为零,则补货工作能瞬时完成,可以做到始终能即时满足顾客的需求。如果补货提前期大于零,由于发出补货请求后需要等待一段时间货物才能补充到位,在这段时间内就有可能出现不能即时满足顾客需求的情况。

根据不同的运作模式,服务水平通常有两种定义方式,被称为第一类服务水平和第二类服务水平。

第一类服务水平:在补货提前期内不产生缺货的概率,用符号 α 来表示。

第二类服务水平:在补货提前期内被即时满足的需求量占总需求量的比率,用符号 β 来表示。

以上两种定义方式,虽然都是针对服务水平的,但有可能得到的结果会有很大的差别,可以通过下面的例子来说明这一现象。

例 8-1 某库存系统记录最近 10 个补货提前期内的需求及满足情况,如表 8-1 所示。

表 8-1

序号	需求量	被满足的量	未被满足的量	序号	需求量	被满足的量	未被满足的量
1	342	342	0	6	351	351	0
2	459	405	54	7	143	143	0
3	165	165	0	8	184	184	0
4	377	377	0	9	256	256	0
5	412	405	7	10	218	218	0

试分析系统的服务水平。

解:如果按照第一类服务水平的定义,在 10 个补货提前期中,有 8 个补货提前期内的需求全部得到满足,有两个补货提前期内发生缺货,分别在第 2 个和第 5 个补货提前期内,因此服务水平是 $8/10 = 0.8$,即 $\alpha = 0.8 = 80\%$。如果按照第二类服务水平的定义,在 10 个补货提前期内的总需求量是 2907,被满足的需求量是 2846,因此服务水平为

$$\beta = \frac{2846}{2907} = 0.979 = 97.9\%$$

由上可见,同一个库存系统,如果按照第一类服务水平的标准来评价,则服务水平是 80%,而如果按照第二类服务水平的标准来评价,则服务水平高达 97.7%。

下面对服务水平进行一般性的分析。

假设补货提前期为常数 L,在补货提前期内市场需求量 D_L 为随机变量,如果货物是离散类型,则 D_L 为离散型随机变量,如果货物是连续类型,则 D_L 为连续型随机变量。

对于离散类型的货物，用 $P\{D_L = n\}$ 表示需求量为 n 的概率，用 $F_L(x)$ 表示 D_L 的概率分布函数，即 $F(x) = \sum\limits_{n=0}^{x} P\{D_L = n\}$，则 D_L 的期望值为

$$E(D_L) = \sum_{n=0}^{\infty} nP\{D_L = n\} \tag{8.1}$$

假定在补货提前期的开始时刻，现有库存量为 r，也就是将用 r 单位的货物量来应对补货提前期内市场的需求，按照第一类服务水平的定义，不缺货的概率为

$$\alpha = P\{D_L \leqslant r\} = F_L(r) = \sum_{n=0}^{r} P\{D_L = n\} \tag{8.2}$$

而按照第二类服务水平的定义，补货提前期内总需求量可设定为 D_L 的期望值 $E(D_L)$，补货提前期内被即时满足的需求量为 $\min\{r, D_L\}$，即现有库存量与需求量的小者，用 $N(r)$ 表示其期望值，有

$$
\begin{aligned}
N(r) &= E(\min\{r, D_L\}) \\
&= \sum_{n=0}^{\infty} \min\{r, n\} P\{D_L = n\} \\
&= \sum_{n=0}^{r} nP\{D_L = n\} + \sum_{n=r+1}^{\infty} rP\{D_L = n\} \\
&= \sum_{n=0}^{r} nP\{D_L = n\} + r\sum_{n=r+1}^{\infty} P\{D_L = n\} \\
&= \sum_{n=0}^{r} nP\{D_L = n\} + r\left(1 - \sum_{n=0}^{r} P\{D_L = n\}\right) \\
&= r - \sum_{n=0}^{r} (r-n)P\{D_L = n\}
\end{aligned} \tag{8.3}
$$

则第二类服务水平为

$$\beta = \frac{N(r)}{E(D_L)} \tag{8.4}$$

例 8-2 在补货开始时刻，现有库存量为 $r = 70$，补货提前期内市场需求的概率具有如表 8-2 所示的分布规律。

表 8-2

需求量 D_L	n								
	20	30	40	50	60	70	80	90	100
概率 $P\{D_L = n\}$	0.05	0.07	0.09	0.10	0.15	0.20	0.16	0.11	0.07

试求系统的服务水平。

解： 由式(8.2)可得第一类服务水平为

$$\alpha = P\{D_L = 20\} + P\{D_L = 30\} + \cdots + P\{D_L = 70\} = 0.66 = 66\%$$

根据式(8.1)可得补货提前期内市场需求的期望值为

$$E(D_L) = 20 \times P\{D_L = 20\} + 30 \times P\{D_L = 30\} + \cdots + 100 \times$$

$$P\{D_L = 100\} = 64.4$$

根据式(8.3)可得被满足的需求量的期望值为

$$N(70) = 70 - (70 - 20) \times P\{D_L = 20\} - (70 - 30) \times$$
$$P\{D_L = 30\} - \cdots - (70 - 70) \times P\{D_L = 70\} = 58.5$$

由式(8.4)可得第二类服务水平为

$$\beta = \frac{58.5}{64.4} = 0.908 = 90.8\%$$

对于连续类型的货物,用 $f_L(x)$ 表示 D_L 的概率密度函数,则 D_L 的期望值为

$$E(D_L) = \int_0^\infty x f_L(x) \mathrm{d}x \tag{8.5}$$

假定在补货开始时刻,现有库存量为 r,则第一类服务水平为

$$\alpha = P\{D_L \leqslant r\} = F_L(r) = \int_0^r f_L(x) \mathrm{d}x \tag{8.6}$$

我们知道,概率密度函数的积分实际上是概率密度函数曲线所覆盖的面积,如图 8.1 所示,概率密度函数曲线所覆盖的总面积等于 1,即 $\int_0^\infty f_L(x) \mathrm{d}x = 1$,而第一类服务水平是对应在 r 处所覆盖的面积(图 8.1 中阴影部分面积)。

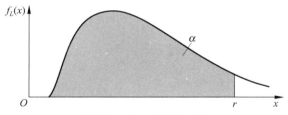

图 8.1　第一类服务水平

关于第二类服务水平,被满足的需求量为 $\min\{r, D_L\}$,其期望值为

$$N(r) = E(\min\{r, D_L\})$$
$$= \int_0^\infty \min\{r, x\} f_L(x) \mathrm{d}x$$
$$= \int_0^r x f_L(x) \mathrm{d}x + \int_r^\infty r f_L(x) \mathrm{d}x$$
$$= \int_0^r x f_L(x) \mathrm{d}x + r \int_r^\infty f_L(x) \mathrm{d}x$$
$$= \int_0^r x f_L(x) \mathrm{d}x + r \left(1 - \int_0^r f_L(x) \mathrm{d}x\right)$$
$$= r - \int_0^r (r - x) f_L(x) \mathrm{d}x \tag{8.7}$$

则第二类服务水平为

$$\beta = \frac{N(r)}{E(D_L)} \tag{8.8}$$

作为特例,如果补货提前期内市场需求 D_L 服从均值为 μ、标准差为 σ 的正态分布,则可以借助标准正态分布来计算服务水平。用 $g(x)$ 表示标准正态分布的概率密度函数,对于给定的 r,对应于标准正态分布的 z 可通过以下变换得到:

$$z = \frac{r - \mu}{\sigma} \tag{8.9}$$

则第一类服务水平可以表达为标准正态分布的关联表达形式，即

$$\alpha = F_L(r) = \int_{-\infty}^{z} g(x)\mathrm{d}x \tag{8.10}$$

上式的结果可以通过查标准正态分布面积表来获得，附录 A 给出了标准正态分布面积表。给定一个 z，查标准正态分布面积表即可获得 $\int_{-\infty}^{z} g(x)\mathrm{d}x$ 的值。

对于第二类服务水平，关于补货提前期内被满足的需求量，基于式(8.7)，有

$$
\begin{aligned}
N(r) &= \int_0^r x f_L(x)\mathrm{d}x + \int_r^\infty r f_L(x)\mathrm{d}x \\
&= \int_0^r x f_L(x)\mathrm{d}x + \int_r^\infty x f_L(x)\mathrm{d}x - \int_r^\infty x f_L(x)\mathrm{d}x + \int_r^\infty r f_L(x)\mathrm{d}x \\
&= \int_0^\infty x f_L(x)\mathrm{d}x - \left[\int_r^\infty x f_L(x)\mathrm{d}x - \int_r^\infty r f_L(x)\mathrm{d}x \right] \\
&= \int_0^\infty (x - 0) f_L(x)\mathrm{d}x - \int_r^\infty (x - r) f_L(x)\mathrm{d}x
\end{aligned}
$$

对于第一项 $\int_0^\infty (x - 0) f_L(x)\mathrm{d}x$ 的计算，与标准正态分布的对应关系如下：

$$\int_0^\infty (x - 0) f_L(x)\mathrm{d}x = \sigma \int_{z_0}^\infty (x - z_0) g(x)\mathrm{d}x$$

式中，$z_0 = \frac{0 - \mu}{\sigma}$。

对于第二项 $\int_r^\infty (x - r) f_L(x)\mathrm{d}x$ 的计算，与标准正态分布的对应关系如下：

$$\int_r^\infty (x - r) f_L(x)\mathrm{d}x = \sigma \int_{z_r}^\infty (x - z_r) g(x)\mathrm{d}x$$

式中，$z_r = \frac{r - \mu}{\sigma}$。

标准正态分布损失表中已提供 $\int_z^\infty (x - z) g(x)\mathrm{d}x$ 的具体值，附录 B 给出了标准正态分布损失表。给定一个 z，查标准正态分布损失表即可获得 $\int_z^\infty (x - z) g(x)\mathrm{d}x$ 的值。因此，对于正态分布，有

$$N(r) = \sigma \left(\int_{z_0}^\infty (x - z_0) g(x)\mathrm{d}x - \int_{z_r}^\infty (x - z_r) g(x)\mathrm{d}x \right) \tag{8.11}$$

有了 $N(r)$ 值后，就可以利用式(8.8)计算第二类服务水平了。

需要说明的是，由于正态分布的取值范围是从 $-\infty \sim +\infty$，而对于实际的市场需求来说，一般不大可能取负值，因此从理论上来讲，用正态分布来刻画市场需求有不合理的地方。但根据许多实际的数据确定参数 μ 和 σ 后，对应的正态分布在负值区间的概率是非常小的，几乎可以忽略不计，从这点来讲，用正态分布来模拟市场需求是可以得到满意的实际效果的。

例 8-3　在补货开始时刻，现有库存量为 $r = 70$，补货提前期内市场需求服从参数为 $\mu =$

$50, \sigma = 20$ 的正态分布。试求系统的服务水平。

解：因为补货提前期内市场需求服从正态分布，首先作如下变换：

$$z = \frac{r - \mu}{\sigma} = \frac{70 - 50}{20} = 1$$

查标准正态分布面积表，可知对应于 $z = 1$ 处所覆盖的面积 $\int_{-\infty}^{1} g(x)\mathrm{d}x = 0.8413$，故第一类服务水平为

$$\alpha = 0.8413 = 84.13\%$$

对于第二类服务水平，首先计算补货提前期内被满足的需求量，因

$$z_0 = \frac{0 - 50}{20} = -2.5$$

查标准正态分布损失表，可知对应于 $z_0 = -2.5$ 处有 $\int_{-2.5}^{\infty} (x - (-2.5))g(x)\mathrm{d}x = 2.5020$，又因

$$z_r = \frac{70 - 50}{20} = 1$$

查标准正态分布损失表，可知对应于 $z_r = 1$ 处有 $\int_{1}^{\infty} (x - 1)g(x)\mathrm{d}x = 0.0833$，所以由式(8.11)可得

$$N(70) = 20 \times (2.5020 - 0.0833) = 48.374$$

故第二类服务水平为

$$\beta = \frac{48.374}{50} = 0.9675 = 96.75\%$$

对于周期性盘点的库存系统，在一个盘点周期内无补货的机会，如果在盘点时刻进行补货则要经历提前期后到货，如果在盘点时刻不进行补货则下一次补货的机会只能是在下一次盘点的时刻。以周期性盘点(s, S)策略为例，补货点 s 是分析服务水平的参照点，这里 s 是补货与不补货的分界点，最极端的情况是在盘点时刻库存量刚好在 s 以上一点点，因此不进行补货，此时相当于要用现有库存量为 s 单位的货物量应对直到下一次到货前的需求，而下一次到货所需要的时间可以是盘点周期再加上补货提前期所经历的时间。所以对于周期性盘点的库存系统，在分析服务水平时，要将补货提前期替换为"盘点周期再加上补货提前期"，即以 s 单位的货物量能即时满足顾客在盘点周期再加上补货提前期内的需求的能力。在前面的所有计算中，将补货提前期更换为盘点周期再加上补货提前期，将 r 更换为 s 即可。

8.2　单期报童模型

所谓报童模型是指卖日报的小孩每天应进多少份报纸是最合理的。这里产品的类型是日报，从一般常理来看，当天的报纸只在当天才有价值，多余的报纸在未来的时间是不具有销售价值的，但具有类似于废品回收的价值。

因此，报童模型是泛指一次性的进货决策，实质上属于单期库存决策问题。给定该期的

市场需求分布规律、进货单价、销售单价、回收单价，确定最优的进货量。

需要说明的是"单期"的含义。一种情况是本库存系统只运行一期就结束，是实实在在的单期，如月饼、圣诞树、奥运纪念品等；另一种情况是库存系统本身是多期连续不断运行的，但期与期之间无任何关联性，每一期的决策不对其他期产生影响，就如同卖日报，今天进货多少并不影响明天的进货量，无论是今天进货少了不够卖还是进货多了没卖完都不对明天的情况产生影响。

8.2.1 离散类型产品

假设产品是离散类型，即一件一件的形式，其他参数如下。

市场需求：是离散型随机变量，用 D 表示，需求量为 n 的概率为 $P\{D=n\}$，用 $F(x)$ 表示 D 的概率分布函数，即 $F(x)=\sum_{n=0}^{x}P\{D=n\}$。

进货单价：从供应商处购进货物的价格，用 c 表示。

销售单价：将货物卖给顾客的价格，用 p 表示。

回收单价：未销售完的货物作为废品回收的价格，用 w 表示。

决策：进货量 Q。

系统的运行成本由以下几项组成。

进货费用：cQ。

销售收益：当进货量为 Q、需求量为 D 时，销售量为两者取小，即 $\min\{Q,D\}$，故销售收益为 $p\min\{Q,D\}$。

回收收益：当进货量为 Q、需求量为 D 时，未销售完剩下的货物量为 0 和 $Q-D$ 两者取大，即 $\max\{0,Q-D\}$，故回收收益为 $w\max\{0,Q-D\}$。

如果将收益看作负的费用，则系统运行结束后的总成本如下：

$$C(Q)=cQ-p\min\{Q,D\}-w\max\{0,Q-D\} \tag{8.12}$$

由于需求量 D 是随机变量，所以上式的总成本 $C(Q)$ 也是随机变量，取其期望值

$$E[C(Q)]=cQ-pE[\min\{Q,D\}]-wE[\max\{0,Q-D\}]$$

$$=cQ-p\sum_{n=0}^{\infty}\min\{Q,n\}P\{D=n\}-w\sum_{n=0}^{\infty}\max\{0,Q-n\}P\{D=n\}$$

$$=cQ-p\left(\sum_{n=0}^{Q}nP\{D=n\}+\sum_{n=Q+1}^{\infty}QP\{D=n\}\right)-w\sum_{n=0}^{Q}(Q-n)P\{D=n\}$$

$$=cQ-p\left(\sum_{n=0}^{Q}nP\{D=n\}+\sum_{n=Q+1}^{\infty}QP\{D=n\}+\right.$$

$$\left.\sum_{n=0}^{Q}QP\{D=n\}-\sum_{n=0}^{Q}QP\{D=n\}\right)-w\sum_{n=0}^{Q}(Q-n)P\{D=n\}$$

$$=cQ-p\left(\sum_{n=0}^{Q}nP\{D=n\}+Q\sum_{n=0}^{\infty}P\{D=n\}-\sum_{n=0}^{Q}QP\{D=n\}\right)-$$

$$w\sum_{n=0}^{Q}(Q-n)P\{D=n\}$$

$$=cQ-p\left(\sum_{n=0}^{Q}nP\{D=n\}+Q-\sum_{n=0}^{Q}QP\{D=n\}\right)-$$

$$w\sum_{n=0}^{Q}(Q-n)P\{D=n\}$$

将上式整理后得到

$$E[C(Q)]=-(p-c)Q+(p-w)\sum_{n=0}^{Q}(Q-n)P\{D=n\} \tag{8.13}$$

系统运行的目标是确定最优的进货量 Q，使期望总成本 $E[C(Q)]$ 达到最小。

采用边际增量法来分析，即考察 $Q+1$ 与 Q 所产生的成本增量：

$$\Delta C(Q)=E[C(Q+1)]-E[C(Q)]$$

$$=-(p-c)+(p-w)\sum_{n=0}^{Q}P\{D=n\}$$

正常情况下，销售单价要高于进货单价，即 $p\geqslant c$，销售单价要高于回收单价，即 $p>w$。因 $\sum_{n=0}^{Q}P\{D=n\}$ 是随着 Q 的增加而增加的，所以 $\Delta C(Q)$ 也是随着 Q 的增加而增加的，这说明 $E[C(Q)]$ 是呈现下凹的形状，如图 8.2 所示，即存在一个全局最小点 Q^*，使期望总成本达到最小。在 Q^* 的左半部分，$\Delta C(Q)$ 是小于 0 的，而在 Q^* 的右半部分，$\Delta C(Q)$ 是大于等于 0 的，因此 Q^* 对应于使 $\Delta C(Q)\geqslant 0$ 的最小的 Q。

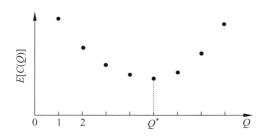

图 8.2　期望总成本 $E[C(Q)]$ 与进货量 Q 的关系（离散情形）

由 $\Delta C(Q^*)\geqslant 0$ 可得到

$$\sum_{n=0}^{Q^*}P\{D=n\}\geqslant\frac{p-c}{p-w} \tag{8.14}$$

或将上式表达为分布函数的形式：

$$F(Q^*)\geqslant\frac{p-c}{p-w} \tag{8.15}$$

对于概率分布，有 $F(\infty)=\sum_{n=0}^{\infty}P\{D=n\}=1$。另一方面，正常情况下，进货单价 c 应高于回收单价 w，即 $c\geqslant w$，因此式(8.14)的右端 $\dfrac{p-c}{p-w}\leqslant 1$。由此可知，正常情况下，总能保证存在 Q 使式(8.15)得到满足，而其中最小的 Q 即为所求的 Q^*。

例 8-4　某食品店，在中秋节前要确定月饼的进货量，通过对过去多年的销售数据分析，市场需求服从表 8-3 所示的概率分布规律。

表　8-3

市场需求/盒	100	200	300	400	500	600	700	800	900	1000
概率	0.01	0.05	0.09	0.10	0.14	0.16	0.22	0.13	0.08	0.02

假设进货单价 $c=10$ 元/盒，销售单价 $p=15$ 元/盒，回收单价 $w=3$ 元/盒，试求最优的进货量 Q^*。

解：首先计算式(8.15)右端的值，有

$$\frac{p-c}{p-w} = \frac{15-10}{15-3} = 0.417$$

本例中，货物的基本单位是以 100 为单位，通过概率分布，可算得

$$F(500) = \sum_{n=0}^{500} P\{D=n\} = 0.39$$

$$F(600) = \sum_{n=0}^{600} P\{D=n\} = 0.55$$

因此，该食品店中秋节前月饼的最优进货量是 $Q^*=600$ 盒。

8.2.2　连续类型产品

假设产品是连续类型。市场需求为连续型随机变量，用 D 表示，记 $f(x)$ 为 D 的概率密度函数，则概率分布函数为 $F(x) = \int_0^x f(x)\mathrm{d}x$。

其他参数及符号与 8.2.1 节相同。

系统运行结束后的总成本如下：

$$C(Q) = cQ - p\min\{Q,D\} - w\max\{0, Q-D\} \tag{8.16}$$

期望值为

$$
\begin{aligned}
E[C(Q)] =& cQ - pE[\min\{Q,D\}] - wE[\max\{0, Q-D\}]\\
=& cQ - p\int_0^\infty \min\{Q,x\}f(x)\mathrm{d}x - w\int_0^\infty \max\{0, Q-x\}f(x)\mathrm{d}x\\
=& cQ - p\left(\int_0^Q xf(x)\mathrm{d}x + \int_Q^\infty Qf(x)\mathrm{d}x\right) - w\int_0^Q (Q-x)f(x)\mathrm{d}x\\
=& cQ - p\left(\int_0^Q xf(x)\mathrm{d}x + \int_Q^\infty Qf(x)\mathrm{d}x + \int_0^Q Qf(x)\mathrm{d}x - \int_0^Q Qf(x)\mathrm{d}x\right) - \\
& w\int_0^Q (Q-x)f(x)\mathrm{d}x\\
=& cQ - p\left(\int_0^Q xf(x)\mathrm{d}x + \int_0^\infty Qf(x)\mathrm{d}x - \int_0^Q Qf(x)\mathrm{d}x\right) - \\
& w\int_0^Q (Q-x)f(x)\mathrm{d}x\\
=& cQ - p\left(\int_0^Q xf(x)\mathrm{d}x + Q - \int_0^Q Qf(x)\mathrm{d}x\right) - w\int_0^Q (Q-x)f(x)\mathrm{d}x
\end{aligned}
$$

将上式整理后得到

$$E[C(Q)] = -(p-c)Q + (p-w)\int_0^Q (Q-x)f(x)\mathrm{d}x \qquad (8.17)$$

系统运行的目标是确定最优的 Q,使期望总成本 $E[C(Q)]$ 达到最小。将上式对 Q 求导数,有

$$\frac{\mathrm{d}}{\mathrm{d}Q}E[C(Q)] = -(p-c) + (p-w)\int_0^Q f(x)\mathrm{d}x$$

令上述导数等于零,可得到

$$\int_0^Q f(x)\mathrm{d}x = \frac{p-c}{p-w} \qquad (8.18)$$

或将上式表达为分布函数的形式:

$$F(Q) = \frac{p-c}{p-w} \qquad (8.19)$$

如果对期望总成本 $E[C(Q)]$ 求二阶导数,有

$$\frac{\mathrm{d}^2}{\mathrm{d}Q^2}E[C(Q)] = (p-w)f(Q)$$

正常情况下,销售单价 p 应高于回收单价 w,即 $p > w$。因此,有

$$\frac{\mathrm{d}^2}{\mathrm{d}Q^2}E[C(Q)] > 0$$

通过上面的分析,可知 $E[C(Q)]$ 关于 Q 的曲线呈现如图 8.3 所示的下凹形状,故存在全局最小点,该点即为满足式(8.18)或式(8.19)的点 Q^*。

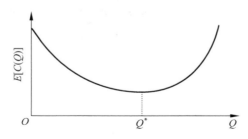

图 8.3　期望总成本 $E[C(Q)]$ 与进货量 Q 的关系(连续情形)

作为特例,如果市场需求 D 服从均值为 λ、标准差为 σ 的正态分布,则可以借助标准正态分布计算最优进货量。用 $g(x)$ 表示标准正态分布的概率密度函数,若某正态分布的 Q 值与标准正态分布的 z 值满足以下的变换关系:

$$Q = \lambda + \sigma z \qquad (8.20)$$

则该正态分布的概率密度函数对应于 Q 点左端部分所覆盖的面积与标准正态分布的概率密度函数对应于 z 点左端部分所覆盖的面积相等,这些面积包括负值区间部分的面积,即

$$\int_{-\infty}^Q f(x)\mathrm{d}x = \int_{-\infty}^z g(x)\mathrm{d}x$$

因此,先计算 $\dfrac{p-c}{p-w}$ 的值,然后通过标准正态分布面积表查出使 $\displaystyle\int_{-\infty}^z g(x)\mathrm{d}x = \dfrac{p-c}{p-w}$ 的 z 值,最后利用式(8.20)即可求得最优的进货量。

例 8-5　某城市每年盛夏举行啤酒节,其中一个特定品牌啤酒的摊位根据过去历史数

据的统计，认为需求服从参数 $\lambda = 500, \sigma = 100$ 的正态分布，单位为千克。假设进货单价 $c = 8$ 元/千克，销售单价 $p = 20$ 元/千克，回收单价 $w = 5$ 元/千克，试求最优进货量 Q^*。

　　解：首先计算式(8.19)右端的值，有

$$\frac{p-c}{p-w} = \frac{20-8}{20-5} = 0.8$$

通过查标准正态分布面积表，可知对应于标准正态分布概率密度函数左端部分所覆盖的面积达到 0.8 的点是 $z = 0.842$，由标准正态分布和本例中正态分布的变换关系

$$Q^* = \lambda + \sigma z$$

可算得最优进货量为

$$Q^* = (500 + 100 \times 0.842) \text{千克} = 584.2 \text{千克}$$

　　参照 8.1 节服务水平的内容，如果令式(8.14)和式(8.18)的右端为

$$\frac{p-c}{p-w} = \alpha$$

则报童模型的最优进货量实质上相当于系统的第一类服务水平达到 α 所需要的货物量。

8.3　单期一般模型

　　将报童模型进行扩展，考虑更一般的模型，主要区别是假定期初已拥有了一定的货物量 I，此外如果进行货物补充，则需要花费启动费用 K，其他条件与报童模型一样，决策是确定最优的货物补充量。

8.3.1　离散类型产品

　　假设货物补充量为 $Q(>0)$，则总库存量为

$$S = I + Q$$

　　系统的运行成本除了报童模型中的成本外，还应包括补货启动费用 K，故系统运行结束后的总成本如下：

$$C(S) = K + c(S-I) - p\min\{S,D\} - w\max\{0, S-D\} \tag{8.21}$$

对上式取期望值

$$E[C(S)] = K - cI + cS - pE[\min\{S,D\}] - wE[\max\{0, S-D\}]$$

$$= K - cI + cS - p\sum_{n=0}^{\infty}\min\{S,n\}P\{D=n\} - w\sum_{n=0}^{\infty}\max\{0,S-n\}P\{D=n\}$$

将上式整理后得到

$$E[C(S)] = K - cI - (p-c)S + (p-w)\sum_{n=0}^{S}(S-n)P\{D=n\} \tag{8.22}$$

　　系统运行的目标是确定最优的 S，使期望总成本 $E[C(S)]$ 达到最小。

　　采用与报童模型中相同的边际增量分析方法，可得到

$$\sum_{n=0}^{S^*}P\{D=n\} \geqslant \frac{p-c}{p-w} \tag{8.23}$$

或将上式表达为分布函数的形式

$$F(S^*) \geqslant \frac{p-c}{p-w} \tag{8.24}$$

从上式获得最优的总库存量 S^* 后,可进一步分析最优的货物补充量。显然,如果期初库存量 $I \geqslant S^*$,则不应补充货物。如果期初库存量 $I < S^*$,是否应补充货物呢? 这需要视具体情况而定。

如果期初库存量 $I < S^*$ 而不补货,则可节省补货启动费用和进货费用,系统运行结束后的总成本为

$$C'(I) = -p\min\{I,D\} - w\max\{0, I-D\}$$

其期望值为

$$E[C'(I)] = -pI + (p-w)\sum_{n=0}^{I}(I-n)P\{D=n\}$$

如果不补货,是因为 $E[C'(I)] \leqslant E[C(S^*)]$ 成立,则有

$$-pI + (p-w)\sum_{n=0}^{I}(I-n)P\{D=n\}$$

$$\leqslant K - cI - (p-c)S^* + (p-w)\sum_{n=0}^{S^*}(S^*-n)P\{D=n\}$$

即

$$-(p-c)I + (p-w)\sum_{n=0}^{I}(I-n)P\{D=n\}$$

$$\leqslant K - (p-c)S^* + (p-w)\sum_{n=0}^{S^*}(S^*-n)P\{D=n\}$$

考虑下列不等式

$$-(p-c)s + (p-w)\sum_{n=0}^{s}(s-n)P\{D=n\}$$

$$\leqslant K - (p-c)S^* + (p-w)\sum_{n=0}^{S^*}(S^*-n)P\{D=n\} \tag{8.25}$$

对于上述不等式,当 $s = S^*$ 时显然成立,说明如果期初库存量为 S^* 时,不补充更合理。考察 $s = S^*-1$ 时的情形,如果不等式成立,则说明如果期初库存量为 S^*-1 时,不补充所产生的成本比补充到 S^* 所产生的成本要小,所以不应补充。按照这种一步一步试算的方式,直到不等式不成立为止。当出现不等式不成立时,则说明应进行货物补充,且将总库存量补充到 S^*。

记 s^* 是使不等式(8.25)不成立的最大的 s,称其为最优的阈值。如果 $I \leqslant s^*$,则最优补充量 $Q^* = S^* - I$;如果 $I > s^*$,则最优补充量 $Q^* = 0$。

例 8-6　某报亭经营一种计算机周刊杂志,根据过去历史数据的统计,每周销售量具有表 8-4 所示的概率分布规律。

表　8-4

销售量/本	10	20	30	40	50	60	70	80	90	100
概率	0.02	0.06	0.09	0.13	0.16	0.18	0.20	0.10	0.05	0.01

假设补货启动费用 $K=30$ 元/次，进货单价 $c=8$ 元/本，销售单价 $p=15$ 元/本，回收单价 $w=5$ 元/本，试求最优的总库存量 S^* 和最优的阈值 s^*。

解： 首先计算式(8.24)右端的值，有

$$\frac{p-c}{p-w}=\frac{15-8}{15-5}=0.7$$

通过概率分布，可算得

$$F(60)=\sum_{n=0}^{60}P\{D=n\}=0.64$$

$$F(70)=\sum_{n=0}^{70}P\{D=n\}=0.84$$

因此，最优的总库存量 $S^*=70$ 本。本例中，货物的基本单位是以 10 为单位，考虑 $s=60$ 本时，不等式(8.25)为

$$-317\leqslant-293$$

继续考虑 $s=50$ 本时，不等式(8.25)为

$$-293=-293$$

再继续考虑 $s=40$ 本时，不等式(8.25)为

$$-253>-293$$

故最优的阈值 $s^*=40$ 本。

以上结果表明，如果期初已有本周杂志 40 本以上，则不应补货，否则，应补货使杂志总量达到 70 本。

8.3.2 连续类型产品

假设货物补充量为 $Q(>0)$，则总库存量为

$$S=I+Q$$

系统运行结束后的总成本为

$$C(S)=K+c(S-I)-p\min\{S,D\}-w\max\{0,S-D\} \tag{8.26}$$

对上式取期望值

$$E[C(S)]=K-cI+cS-pE[\min\{S,D\}]-wE[\max\{0,S-D\}]$$
$$=K-cI+cS-p\int_0^\infty \min\{S,x\}f(x)\mathrm{d}x-w\int_0^\infty \max\{0,S-x\}f(x)\mathrm{d}x$$

整理后得到

$$E[C(S)]=K-cI-(p-c)S+(p-w)\int_0^s(S-n)f(x)\mathrm{d}x \tag{8.27}$$

系统运行的目标是确定最优的 S，使期望总成本 $E[C(S)]$ 达到最小。

通过对上式求导数并令其等于零，可得到

$$\int_0^{s^*}f(x)\mathrm{d}x=\frac{p-c}{p-w} \tag{8.28}$$

或将上式表达为分布函数的形式

$$F(S^*)=\frac{p-c}{p-w} \tag{8.29}$$

从上式获得最优的总库存量 S^* 后,可进一步分析最优的货物补充量。

假设有一阈值 s^*,如果 $I \leqslant s^*$,则最优补充量 $Q^* = S^* - I$;如果 $I > s^*$,则最优补充量 $Q^* = 0$。

关于该阈值 s^* 的大小,可按照以下方式确定。

考虑不补货所产生的成本小于等于补货所产生的成本,可得到下列关系:

$$-(p-c)s + (p-w)\int_0^s (s-x)f(x)\mathrm{d}x$$

$$\leqslant K - (p-c)S^* + (p-w)\int_0^{S^*} (S^*-x)f(x)\mathrm{d}x$$

显然,当 $s = S^*$ 时上述关系成立。在 $s \leqslant S^*$ 的范围内,下列等式方程关于 s 的解集中的最小者即为最优的阈值 s^*:

$$-(p-c)s + (p-w)\int_0^s (s-x)f(x)\mathrm{d}x$$

$$= K - (p-c)S^* + (p-w)\int_0^{S^*} (S^*-x)f(x)\mathrm{d}x \tag{8.30}$$

例 8-7 某超市在每年情人节前要大量购入巧克力以应对需求高峰。根据过去历史数据的统计,情人节期间市场需求服从参数为 $[1000, 3000]$ 的均匀分布,单位为千克,假设补货启动费用 $K = 500$ 元/次,进货单价 $c = 60$ 元/千克,销售单价 $p = 100$ 元/千克,回收单价 $w = 20$ 元/千克,试求最优的总库存量 S^* 和最优的阈值 s^*。

解:首先计算式(8.28)右端的值,有

$$\frac{p-c}{p-w} = \frac{100-60}{100-20} = 0.5$$

对于均匀分布,可算得

$$\int_0^{S^*} f(x)\mathrm{d}x = \int_{1000}^{2000} \frac{1}{3000-1000}\mathrm{d}x = 0.5$$

因此,最优的总库存量 $S^* = 2000$ 千克。考虑方程(8.30)为

$$-40s + 80\int_{1000}^s (s-x)\frac{1}{2000}\mathrm{d}x$$

$$= 500 - 40 \times 2000 + 80\int_{1000}^{2000}(2000-x)\frac{1}{2000}\mathrm{d}x$$

解上述方程,可得 $s = 1841.9$,故最优的阈值 $s^* = 1841.9$ 千克。

以上结果表明,如果期初已有巧克力 1841.9 千克以上,则不补货,否则,应补货使巧克力总量达到 2000 千克。

8.4 有限期系统

除单期库存系统之外,更一般的情形是多期但为有限期的系统,每期有各自的参数,每期要进行决策,期与期之间具有关联和影响。例如本期决策后,在运行完本期时如有多余的货物,则在下一期是可以继续使用的,但要产生持货成本。如果本期造成了缺货,则要产生缺货惩罚成本,所缺货物在以后可以不补,也可以在下一期回补。

系统有关参数及说明如下：

决策期间：共有 T 期；

终端市场需求：单期需求量 D 为离散型随机变量，假设可能的最大需求量为 N，即 $D \leqslant N$；

补货启动费用：K，是常数；

补货单价：c，是常数；

持货成本系数：h，是常数；

缺货惩罚成本系数：p，是常数。

在第 T 期结束后，若有剩余货物则其价值为零，若缺货则不产生惩罚成本。

在每期开始前查看系统的状态。这里系统状态是指库存量，用 x_t 表示第 t 期开始前查看到的系统状态，然后作出补货决策，使库存量达到 y_t。假设无补货提前期，这样在第 t 期开始时库存量就变为 y_t，并满足本期的需求，本期结束时的状态即为下一期开始前的状态。

如果第 t 期开始时库存量为 y_t，则该期运行结束后所产生的持货成本是 $h\max\{0, y_t - D\}$，缺货惩罚成本是 $p\max\{0, D - y_t\}$，两者的期望值之和为

$$V_t(y_t) = h \sum_{n=0}^{y_t} (y_t - n)P\{D = n\} + p \sum_{n=y_t}^{\infty} (n - y_t)P\{D = n\} \tag{8.31}$$

关于状态的转移，如果在第 t 期开始前查看到的系统状态是 x_t，然后作出补货决策使库存量变为 y_t，本期产生的需求是 D，对于本期的缺货，若采取缺货不补的处理方式，则下一期开始前的系统状态是

$$x_{t+1} = \max\{0, y_t - D\} \tag{8.32}$$

而如果采取缺货回补的处理方式，则下一期开始前的系统状态是

$$x_{t+1} = y_t - D \tag{8.33}$$

对于前一种情况，状态始终为正或为零；而后一种情况，状态可以为负，负值表示缺货的数量。

决策是要确定每期的补货批量，即当第 t 期开始前查看到的系统状态是 x_t 时，如何确定 y_t，使系统运行至第 T 期结束后的总成本的期望值达到最小。

用 $C_t(x_t)$ 表示在第 t 期开始前查看到的系统状态是 x_t、系统运行至第 T 期结束后的最小总成本的期望值，则 $C_1(x_1)$ 即为所要求的目标函数。

定义下述指标函数：

$$\delta(z) = \begin{cases} 0, & z = 0 \\ 1, & z > 0 \end{cases}$$

对于有限期随机需求库存问题，若采取缺货不补的策略，则可以建立以下动态规划：

$$\begin{cases} C_t(x_t) = \min_{y_t \geqslant x_t} \Big\{ K\delta(y_t - x_t) + c(y_t - x_t) + V_t(y_t) + \\ \qquad\qquad \sum_{n=0}^{N} C_{t+1}(\max\{0, y_t - n\})P\{D = n\} \Big\}, \quad t = 1, 2, \cdots, T \\ C_{T+1}(x_{T+1}) = 0 \end{cases} \tag{8.34}$$

上式中，$K\delta(y_t - x_t)$ 表示在 x_t 的基础上进一步补充货物所带来的启动费用；$c(y_t - x_t)$ 表示在 x_t 的基础上进一步补充货物所带来的补货可变费用；$V_t(y_t)$ 表示库存量为 y_t 时在本

期产生的持货成本与缺货惩罚成本的期望值之和；$\max\{0, y_t - n\}$ 表示若第 t 期需求为 n，则第 $t+1$ 期开始前的状态就变为 $\max\{0, y_t - n\}$；$C_{t+1}(\max\{0, y_t - n\})$ 表示第 $t+1$ 期开始前的状态为 $\max\{0, y_t - n\}$、系统运行至第 T 期结束后的最小总成本的期望值；$P\{D = n\}$ 表示第 t 期需求为 n 的概率，同时表示第 $t+1$ 期开始前的状态变为 $\max\{0, y_t - n\}$ 的概率；$\sum_{n=0}^{N} C_{t+1}(\max\{0, y_t - n\})P\{D = n\}$ 表示从第 $t+1$ 期系统运行至第 T 期结束后的最小总成本的期望值；而 $C_{T+1}(x_{T+1}) = 0$ 是由于假设在第 T 期结束后若有剩余货物则其价值为零、若缺货则不产生惩罚成本的缘故。

如果采取缺货回补的策略，则对应的动态规划为

$$
\begin{cases}
C_t(x_t) = \min_{y_t \geqslant x_t} \Big\{ K\delta(y_t - x_t) + c(y_t - x_t) + V_t(y_t) + \\
\qquad \sum_{n=0}^{N} C_{t+1}(y_t - n)P\{D = n\} \Big\}, \quad t = 1, 2, \cdots, T \\
C_{T+1}(x_{T+1}) = 0
\end{cases} \tag{8.35}
$$

求解方法与通常的动态规划求解方法一样。由 $C_{T+1}(x_{T+1}) = 0$ 可计算出 $C_T(x_T)$ 的值，有了 $C_T(x_T)$ 的值后就可以计算出 $C_{T-1}(x_{T-1})$ 的值，这样一直算到第一期即可得到最优的补货策略及相应的最小系统总成本的期望值。

例 8-8 考虑决策期间为 $T = 2$ 期，每期市场需求的概率分布规律如表 8-5 所示。

表 8-5

需求 n	1	2
概率 $P\{D = n\}$	0.4	0.6

补货启动费用 $K = 5$，补货单价 $c = 10$，持货成本系数 $h = 2$，缺货惩罚成本系数 $p = 20$，假设第 1 期的初始库存量为零，即 $x_1 = 0$。试求缺货不补方式下的最优补货策略。

解：对于缺货不补方式，因两期的总需求量最多可达到 4，故在第 1 期开始时决策后库存量应不超过 4，由于第 1 期需求量至少为 1，故第 2 期可能的状态为 0,1,2,3，则在第 2 期开始时决策后库存量应不超过 3，计算式(8.31)，有

$$
V_t(0) = p \sum_{n=1}^{2} (n - 0)P\{D = n\} = 32
$$

$$
V_t(1) = p \sum_{n=1}^{2} (n - 1)P\{D = n\} = 12
$$

$$
V_t(2) = h \sum_{n=1}^{2} (2 - n)P\{D = n\} = 0.8
$$

$$
V_t(3) = h \sum_{n=1}^{2} (3 - n)P\{D = n\} = 2.8
$$

$$
V_t(4) = h \sum_{n=1}^{2} (4 - n)P\{D = n\} = 4.8
$$

由动态规划式(8.34)，对于 $t=2$，有

$$C_2(0) = \min_{0 \leqslant y_2 \leqslant 2} \Big\{ K\delta(y_2 - 0) + c(y_2 - 0) + V_2(y_2) +$$

$$\sum_{n=1}^{2} C_3(\max\{0, y_2 - n\}) P\{D = n\} \Big\}$$

$$= \min \left\{ \begin{array}{l} K\delta(0-0) + c(0-0) + V_2(0) + \sum_{n=1}^{2} C_3(\max\{0, 0-n\}) P\{D=n\} \\[2mm] K\delta(1-0) + c(1-0) + V_2(1) + \sum_{n=1}^{2} C_3(\max\{0, 1-n\}) P\{D=n\} \\[2mm] K\delta(2-0) + c(2-0) + V_2(2) + \sum_{n=1}^{2} C_3(\max\{0, 2-n\}) P\{D=n\} \end{array} \right\}$$

$$= \min\{32, 27, 25.8\}$$

$$= 25.8$$

$$C_2(1) = \min_{1 \leqslant y_2 \leqslant 2} \Big\{ K\delta(y_2 - 1) + c(y_2 - 1) + V_2(y_2) +$$

$$\sum_{n=1}^{2} C_3(\max\{0, y_2 - n\}) P\{D = n\} \Big\}$$

$$= \min \left\{ \begin{array}{l} K\delta(1-1) + c(1-1) + V_2(1) + \sum_{n=1}^{2} C_3(\max\{0, 1-n\}) P\{D=n\} \\[2mm] K\delta(2-1) + c(2-1) + V_2(2) + \sum_{n=1}^{2} C_3(\max\{0, 2-n\}) P\{D=n\} \end{array} \right\}$$

$$= \min\{12, 15.8\}$$

$$= 12$$

$$C_2(2) = \min_{2 \leqslant y_2 \leqslant 2} \Big\{ K\delta(y_2 - 2) + c(y_2 - 2) + V_2(y_2) +$$

$$\sum_{n=1}^{2} C_3(\max\{0, y_2 - n\}) P\{D = n\} \Big\}$$

$$= \min \Big\{ K\delta(2-2) + c(2-2) + V_2(2) +$$

$$\sum_{n=1}^{2} C_3(\max\{0, 2-n\}) P\{D = n\} \Big\}$$

$$= \min\{0.8\} = 0.8$$

$$C_2(3) = \min_{3 \leqslant y_2 \leqslant 3} \Big\{ K\delta(y_2 - 3) + c(y_2 - 3) + V_2(y_2) +$$

$$\sum_{n=1}^{2} C_3(\max\{0, y_2 - n\}) P\{D = n\} \Big\}$$

$$= \min \Big\{ K\delta(3-3) + c(3-3) + V_2(3) +$$

$$\sum_{n=1}^{2} C_3(\max\{0, 3-n\}) P\{D = n\} \Big\}$$

$$= \min\{2.8\}$$

$$= 2.8$$

从上面的结果可知,在第 2 期开始前,如果查看到的系统状态是 0,则将库存量补充到 2,如果查看到的系统状态是 1,2,3,则不进行补充。

对于 $t=1$,有

$$C_1(0) = \min_{0 \leqslant y_1 \leqslant 4} \left\{ K\delta(y_1 - 0) + c(y_1 - 0) + V_1(y_1) + \right.$$

$$\left. \sum_{n=1}^{2} C_2(\max\{0, y_1 - n\}) P\{D = n\} \right\}$$

$$= \min \left\{ \begin{array}{l} K\delta(0-0) + c(0-0) + V_1(0) + \sum_{n=1}^{2} C_2(\max\{0, 0-n\}) P\{D = n\} \\[2mm] K\delta(1-0) + c(1-0) + V_1(1) + \sum_{n=1}^{2} C_2(\max\{0, 1-n\}) P\{D = n\} \\[2mm] K\delta(2-0) + c(2-0) + V_1(2) + \sum_{n=1}^{2} C_2(\max\{0, 2-n\}) P\{D = n\} \\[2mm] K\delta(3-0) + c(3-0) + V_1(3) + \sum_{n=1}^{2} C_2(\max\{0, 3-n\}) P\{D = n\} \\[2mm] K\delta(4-0) + c(4-0) + V_1(4) + \sum_{n=1}^{2} C_2(\max\{0, 4-n\}) P\{D = n\} \end{array} \right\}$$

$$= \min\{57.8, 52.8, 46.08, 45.32, 51.4\}$$

$$= 45.32$$

由上面的计算结果可知,在第 1 期开始前,将库存量补充到 3,即补货 3 个单位,在第 2 期开始前,无论系统状态变成 1 还是 2,都不进行补充,维持到结束,最后总成本的期望值是 45.32。

对于缺货回补方式,计算过程与缺货不补方式是一样的,只不过每期开始前查看到的系统状态可以为负,致使可能的状态取值就扩大了很多,计算量也就增加了很多。

此外,在动态规划式(8.34)和式(8.35)中,都假设系统运行结束后若有剩余货物则不具有价值,若有缺货则不带来惩罚,即 $C_{T+1}(x_{T+1}) = 0$。如果参照报童模型中的处理方式,在系统运行结束后,剩余的货物还具有相关的价值,缺货也会有惩罚,则只需要将 $C_{T+1}(x_{T+1})$ 赋予对应的值就可以了,其他的计算过程完全一样。其实,这里 $C_{T+1}(x_{T+1})$ 相当于边界值,任意给定边界值,就可以通过动态规划式(8.34)或式(8.35)求解出各自的最优补货策略。

还有,如果各期具有不同的参数,如各期终端市场需求具有不同的概率分布规律、不同的补货启动费用、不同的补货单价、不同的持货成本系数、不同的缺货惩罚成本系数,则只要在式(8.31)和动态规划式(8.34)或式(8.35)中将各期对应的参数代入即可。

对于有限期库存问题,通过动态规划所求出的最优补货策略具有如下形式:对于第 t 期,参照 (s_t, S_t) 策略进行决策,如果本期开始前查看到的库存量小于 s_t,则进行货物补充使库存量达到 S_t;如果查看到的库存量大于 s_t,则不进行补充。如果补货不带来启动费用,则 s_t 与 S_t 相等,此时 S_t 仿佛是一个基准线,只要前一期产生了需求,就在本期开始时将库存量补充到该基准值,这一策略被称为基准库存策略,实质上是 (s_t, S_t) 策略的特例。

8.5　无限期连续性盘点（*r，Q*）策略

除了单期和有限期外，无限期库存系统是另一种常见的形式。如果某一库存系统运行的时间足够长，则可以将其处理为无限期库存系统。

库存系统常用的盘点方式有两种：一是连续性盘点，二是周期性盘点。

本节讨论连续性盘点方式下库存的管理，即连续跟踪库存状态的变化并进行决策。具有代表性的管理策略是 (r,Q) 策略，这里 r 是补货点的含义，即每当将有库存量下降到 r 或 r 以下时，就进行货物补充，补充批量是 Q。

系统有关参数及说明如下：

市场需求：用 D 表示单位时间的需求量，是随机变量，均值为 λ，方差为 σ^2；

补货启动费用：K，是常数；

持货成本系数：h，是常数；

缺货惩罚成本系数：p，是常数；

补货提前期：L，补货开始至到货为止所经历的时间，是常数。

再回顾一下另外几个基本概念：

库存水平：现有库存量与缺货量之差。对于缺货不补方式，库存水平始终大于等于零；而对于缺货回补方式，库存水平可正可负。

在途库存：已发出补货请求但尚未到货的货物量。

将有库存量：库存水平与在途库存之和。

图 8.4 所示是缺货回补方式下的 (r,Q) 策略示意图。在无在途库存的时间段，库存水平与将有库存量是相等的，在有在途库存的时间段，两者之差正好等于在途库存的量。

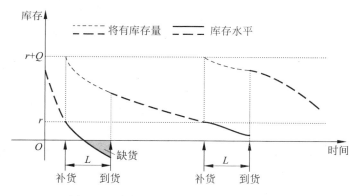

图 8.4　连续性盘点 (r,Q) 策略（缺货回补）

库存管理的目标是确定最优的 r 和 Q，使系统长期运行下单位时间的总成本达到最小。由于最优的 r 和 Q 的求解比较复杂，下面介绍其近似求解方法。

8.5.1　安全库存与补货点 r 的确定

单位时间的需求量 D 是随机变量,均值为 λ,方差为 σ^2。因补货提前期是 L 时间单位,所以补货提前期内的总需求量 D_L 也是随机变量。根据概率理论,可知 D_L 的均值为 $\lambda_L = L\lambda$,方差为 $\sigma_L^2 = L\sigma^2$。用 $F_L(x)$ 表示 D_L 的概率分布函数,对于连续型随机变量,用 $f_L(x)$ 表示 D_L 的概率密度函数。

安全库存是指在补货提前期内总需求量的期望值基础之外、为达到要求的服务水平所对应的库存量,其值为 I_s。这里,服务水平可参照第一类服务水平。

如图 8.5 所示,如果在库存量等于补货提前期内总需求量的期望值 λ_L 时发出补货请求,至到货时既有可能是有货状态,也有可能处于缺货状态,但库存量的期望值正好等于零。

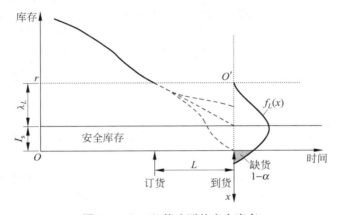

图 8.5　(r, Q) 策略下的安全库存

由此可知,当库存量等于补货提前期内总需求量的期望值 λ_L 时发出补货请求,对应的服务水平可能会比较低,以正态分布为例,这种方式下的服务水平只有 50%。

如果希望达到较高的服务水平,应该是在库存量高于补货提前期内总需求量的期望值 λ_L 时发出补货请求,究竟高出多少,则与要求的服务水平有关。

如图 8.5 所示,在发出补货请求时库存量是 λ_L 与 I_s 之和。将 O' 点作为原点,通过 O' 点箭头向下的竖轴作为 x 轴,这样可描绘出概率密度函数 $f_L(x)$ 的曲线形式,对应于 $x < \lambda_L + I_s$ 的部分表明在到货时刻是处于有货状态,而对应于 $x > \lambda_L + I_s$ 的部分表明在到货时刻处于缺货的状态。

假设要求服务水平不低于 α。

关于补货点 r 的确定,是根据服务水平来计算的。当将有库存量降至 r 时发出补货请求,如果对顾客的服务水平要求为 α,则对应于在补货提前期内不发生缺货的概率为 α,缺货的概率为 $1-\alpha$。

对于离散类型的货物,可通过式(8.2)来确定补货点 r。用 $P\{D_L = n\}$ 表示补货提前期内总需求量为 n 的概率,则补货点是满足下式最小的 r:

$$F_L(r) = \sum_{n=0}^{r} P\{D_L = n\} \geqslant \alpha \tag{8.36}$$

对于连续类型的货物，可通过式(8.6)来确定补货点 r，补货点是满足下式的 r：

$$F_L(r) = \int_0^r f_L(x)\,\mathrm{d}x = \alpha \tag{8.37}$$

作为特例，如果补货提前期内总需求量服从均值为 λ_L、标准差为 σ_L 的正态分布，则可以借助标准正态分布计算补货点 r。对于给定的 α，查标准正态分布面积表可获得对应的 z，然后通过变换式(8.9)可得到补货点 r 为

$$r = \lambda_L + \sigma_L z \tag{8.38}$$

式中，$\sigma_L z$ 实质上就是安全库存 I_s，因此有

$$\text{补货点} = \text{补货提前期内总需求量的期望值} + \text{安全库存}$$

例 8-9　一离散类型货物库存系统，单位时间的市场需求量服从参数为 $\lambda = 10$ 的泊松分布，补货提前期 $L = 1$。另一连续类型货物库存系统，单位时间的市场需求量服从均值为 $\lambda = 50$，标准差 $\sigma = 10$ 的正态分布，补货提前期 $L = 2$。假设服务水平 $\alpha = 0.95$，试分别计算它们的补货点 r。

解：对于离散类型货物库存系统，因补货提前期 $L = 1$，所以补货提前期内总需求量的期望值等于泊松分布的期望值，即 $\lambda_L = \lambda = 10$。泊松分布的概率分布函数为

$$F_L(r) = \sum_{n=0}^r \frac{\lambda^n \mathrm{e}^{-\lambda}}{n!} = \sum_{n=0}^r \frac{10^n \mathrm{e}^{-10}}{n!}$$

通过计算可知，$F_L(14) = 0.9165 < \alpha$，$F_L(15) = 0.9513 > \alpha$，故补货点 $r = 15$。对应的安全库存 $I_s = 15 - 10 = 5$。

对于连续类型货物库存系统，因补货提前期 $L = 2$，所以补货提前期内总需求量的期望值 $\lambda_L = L\lambda = 100$。补货提前期内的总需求实质上是两个正态分布的随机变量之和，由概率理论可知，两个正态分布的随机变量之和也服从正态分布，参数为 $\lambda_L = L\lambda = 100$，$\sigma_L = \sqrt{L}\sigma = 14.142$。查标准正态分布面积表，对应于 0.95 处的 $z = 1.645$，故补货点为

$$r = \lambda_L + \sigma_L z = 100 + 14.142 \times 1.645 = 123.26$$

对应的安全库存 $I_s = \sigma_L z = 14.142 \times 1.645 = 23.26$。

8.5.2　补货批量 Q 的确定

关于补货批量，最简单的方法就是参照基本经济补货批量来确定。由于基本经济补货批量是针对确定性库存系统的，因此市场需求假设为恒定，即单位时间的需求量为常数。对于本章中的随机需求，可以采用期望值将随机需求处理为确定性的恒定需求。这样，补货批量就可用下式近似计算：

$$Q = \sqrt{\frac{2\lambda K}{h}} \tag{8.39}$$

显然，上式的近似效果与需求的随机性有关。如果需求的波动并不是太大，比较接近确定性的恒定需求，则所得结果还是比较理想的；如果需求的波动很大，则用上式所得结果就不一定太理想。

例 8-10　继续例 8-9，假设补货启动费用 $K = 220$，持货成本系数 $h = 8$，试分别计算它们

的补货批量。

解：对于离散类型货物库存系统，单位时间的需求量 $\lambda = 10$，故补货批量为

$$Q = \sqrt{\frac{2 \times 10 \times 220}{8}} = 23.45 = 23(取整)$$

对于连续类型货物库存系统，单位时间的需求量 $\lambda = 50$，故补货批量为

$$Q = \sqrt{\frac{2 \times 50 \times 220}{8}} = 52.44$$

如果补货启动费用为零，则可容易得知 $Q = 0$，应理解为只要一有需求，就马上将将有库存量补充到 r。此时的 r 仿佛是一个基准线，只要产生了需求，就将将有库存量补充到该基准值。这一策略也被称为基准库存策略，实质上是 (r, Q) 策略的特例。

8.6　无限期周期性盘点（s，S）策略

一般地，连续性盘点方式比较适用于较重要的高价值类型货物或者像超市装备了条形码可及时跟踪库存量变化的系统。

对于比较普通的货物，多采用周期性盘点的方式。本节讨论周期性盘点方式下库存的管理，即周期性地查看库存状态的变化并进行决策。具有代表性的管理策略是 (s, S) 策略，这里 s 是补货点的含义，在盘点的时刻若将有库存量下降到 s 或 s 以下时，就进行货物补充，补充的批量是使将有库存量达到 S 所需要的量，称其为补货目标。

用 A 表示盘点周期的时间长度，系统有关参数同 8.5 节。

图 8.6 所示是缺货不补方式下的 (s, S) 策略示意图。在第一个盘点时刻，库存量大于 s，因此决策是不进行货物补充。在第二个盘点时刻，库存量小于 s，因此决策是进行货物补充，并使将有库存量达到 S，在到货之前，将有库存量已到零，因此到货后实际的现有库存量小于 S。在接下来的第三个盘点时刻，将有库存量已经为零，故该时刻的决策是补充批量为 S 的货物量，使将有库存量达到 S，到货时实际的现有库存量就是 S。

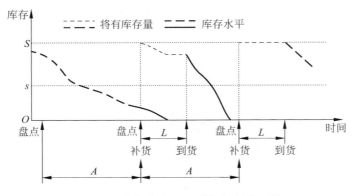

图 8.6　周期性盘点 (s, S) 策略（缺货不补）

库存管理的目标是确定最优的 s 和 S，使系统长期运行下单位时间的总成本达到最小。

由于最优的 s 和 S 的求解比较复杂，下面介绍其近似求解方法。

8.6.1　安全库存与补货点 s 的确定

单位时间的需求量 D 是随机变量，均值为 λ，方差为 σ^2。

补货提前期内的总需求量 D_L 的均值为 $\lambda_L = L\lambda$，方差为 $\sigma_L^2 = L\sigma^2$，用 $F_L(x)$ 表示 D_L 的概率分布函数，对于连续型随机变量，用 $f_L(x)$ 表示 D_L 的概率密度函数。

盘点周期内的总需求量 D_A 的均值为 $\lambda_A = A\lambda$、方差为 $\sigma_A^2 = A\sigma^2$，用 $F_A(x)$ 表示 D_A 的概率分布函数，对于连续型随机变量，用 $f_A(x)$ 表示 D_A 的概率密度函数。

在采用连续性盘点时，满足市场需求的安全性是针对补货提前期的时间范围内的。因此，安全库存及补货点是与补货提前期内的总需求量所对应的库存量相关联的。

当采用周期性盘点时，在盘点时刻可能补货也可能不补货。如补货，则到货的时间是补货提前期 L 之后；如不补货，则补货的机会就在下一个盘点时刻。

由此可知，在采用周期性盘点时，满足市场需求的安全性是针对一个盘点周期再加上一个补货提前期的时间范围内的，安全库存及补货点 s 是基于一个盘点周期再加上一个补货提前期的时间内总需求量来确定的，其值为 $s = \lambda_{A+L} + I_s$，其中，λ_{A+L} 是一个盘点周期再加上一个补货提前期的时间内总需求量的期望值 $\lambda_A + \lambda_L$。

图 8.7 表示周期性盘点 (s, S) 策略下的安全库存。

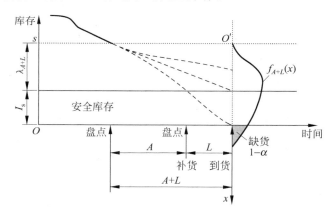

图 8.7　周期性 (s, S) 策略下的安全库存

假设要求服务水平不低于 α。

对于离散类型的货物，补货点是满足下式最小的 s：

$$F_{A+L}(s) = \sum_{n=0}^{s} P\{D_{A+L} = n\} \geqslant \alpha \tag{8.40}$$

对于连续类型的货物，补货点是满足下式的 s：

$$F_{A+L}(s) = \int_0^s f_{A+L}(x)\,\mathrm{d}x = \alpha \tag{8.41}$$

作为特例，如果一个盘点周期再加上一个补货提前期内总需求量服从均值为 λ_{A+L}、标准差为 σ_{A+L} 的正态分布，则可以借助标准正态分布计算补货点 s。对于给定的 α，查标准正

态分布面积表可获得对应的 z,然后通过变换式(8.9)可得到补货点 s 为

$$s = \lambda_{A+L} + \sigma_{A+L}z \tag{8.42}$$

式中,$\sigma_{A+L}z$ 实质上就是安全库存 I_s,因此有

补货点 = 盘点周期再加上补货提前期的时间内总需求量的期望值 + 安全库存

例 8-11　一离散类型货物库存系统,单位时间市场需求量的概率分布规律为 $P\{D=1\}=0.5$,$P\{D=2\}=0.5$,盘点周期 $A=2$,补货提前期 $L=1$。另一连续类型货物库存系统,单位时间的市场需求量服从均值为 $\lambda=50$、标准差 $\sigma=10$ 的正态分布,盘点周期 $A=2$,补货提前期 $L=1$。假设服务水平 $\alpha=0.95$,试分别计算它们的补货点 s。

解:对于离散类型货物库存系统,单位时间市场需求量的均值 $\lambda=1\times0.5+2\times0.5=1.5$,则一个盘点周期需求量的均值 $\lambda_A=2\times1.5=3$,一个补货提前期需求量的均值 $\lambda_L=1\times1.5=1.5$,故 $\lambda_{A+L}=3+1.5=4.5$。

先计算一个盘点周期再加上一个补货提前期内需求量的概率分布规律。依题意,单位时间市场需求量的概率分布规律为 $P\{D=1\}=0.5$,$P\{D=2\}=0.5$,盘点周期 $A=2$,补货提前期 $L=1$,因此一个盘点周期再加上一个补货提前期内可能的需求量是 3,4,5,6。若为 3,则说明每个单位时间内的需求量都是 1;若为 4,则说明有两个单位时间内的需求量是 1,另一个单位时间内的需求量是 2;若为 5,则说明有一个单位时间内的需求量是 1,另两个单位时间内的需求量是 2;若为 6,则说明每个单位时间内的需求量都是 2。故有

$$P\{D_{A+L}=3\} = (P\{D=1\})^3 = 0.125$$
$$P\{D_{A+L}=4\} = 3(P\{D=1\}\cdot P\{D=1\}\cdot P\{D=2\}) = 0.375$$
$$P\{D_{A+L}=5\} = 3(P\{D=1\}\cdot P\{D=2\}\cdot P\{D=2\}) = 0.375$$
$$P\{D_{A+L}=6\} = (P\{D=2\})^3 = 0.125$$

通过计算可知,$F_{A+L}(5)=0.875<\alpha$,$F_{A+L}(6)=1>\alpha$,故补货点 $s=6$。对应的安全库存 $I_s=6-4.5=1.5$。

对于连续类型货物库存系统,单位时间需求量的均值 $\lambda=50$,则一个盘点周期需求量的均值 $\lambda_A=2\times50=100$,一个补货提前期需求量的均值 $\lambda_L=1\times50=50$,故 $\lambda_{A+L}=100+50=150$。一个盘点周期再加上一个补货提前期内的总需求量实质上是 3 个正态分布的随机变量之和,由概率理论可知,3 个正态分布的随机变量之和也服从正态分布,参数为 $\lambda_{A+L}=(A+L)\lambda=150$,$\sigma_{A+L}=\sqrt{A+L}\sigma=17.32$。查标准正态分布面积表,对应于 0.95 处的 $z=1.645$,故补货点为

$$s = \lambda_{A+L} + \sigma_{A+L}z = 150+17.32\times1.645 = 178.49$$

对应的安全库存 $I_s=\sigma_{A+L}z=17.32\times1.645=28.49$。

8.6.2　补货目标 S 的确定

关于补货目标,与连续性盘点 (r,Q) 策略的补货批量 Q 的确定原理是一样的,即参照基本经济补货批量来确定,采用期望值将随机需求处理为确定性的恒定需求。不过,由于 S 是补货目标,在盘点时刻如果要补货,则应使将有库存量达到 S,也就是说,每次补货批量并

不是固定不变的。可以将 s 作为货物补充的参照点,这样利用基本经济补货批量模型计算出来的补货批量就对应于 S 与 s 的差值,即

$$S - s = \sqrt{\frac{2\lambda K}{h}}$$

由此可得补货目标为

$$S = s + \sqrt{\frac{2\lambda K}{h}} \tag{8.43}$$

显然,上式的近似效果与需求的随机性有关。如果需求的波动并不是太大,比较接近确定性的恒定需求,则所得结果还是比较理想的;如果需求的波动很大,则上式所得结果就不一定太理想。

例 8-12   继续例 8-11,假设补货启动费用 $K = 120$,持货成本系数 $h = 10$,试分别计算它们的补货目标。

解:对于离散类型货物库存系统,单位时间的需求量 $\lambda = 1.5$,在例 8-11 中已求得 $s = 6$,故补货目标为

$$S = 6 + \sqrt{\frac{2 \times 1.5 \times 120}{10}} = 12$$

对于连续类型货物库存系统,单位时间的需求量 $\lambda = 50$,在例 8-11 中已求得 $s = 178.49$,故补货目标为

$$S = 178.49 + \sqrt{\frac{2 \times 50 \times 120}{10}} = 213.13$$

如果补货不带来启动费用,则可容易得知 $s = S$。此时的 S 仿佛是一个基准线,应理解为只要在前一期产生了需求,就在本期将将有库存量补充到 S。这一策略也被称为基准库存策略,实质上是 (s, S) 策略的特例。

小结与讨论

对于单期库存系统,报童模型的目标函数是使运作成本的期望值最小化。可以证明,如果目标函数是使收益的期望值最大化,则可得到相同的决策结果。另外,对于单期库存系统,没有必要考虑补货提前期,因为完全可以在需求到来之前就备好货。

对于有限期离散类型货物库存系统,可建立动态规划模型求解,实质上是马尔科夫决策模型的一种。如果是有限期连续类型货物库存系统,虽然可以建立动态规划模型,但求解非常困难,感兴趣的读者可以参考有关的文献资料。

在计算服务水平时,是针对单个补货提前期内不缺货的概率,或单个补货提前期内被即时满足的需求量占总需求量的比例,大多数实际的库存系统的运行过程与上述服务水平的计算原理是基本吻合的。另一种情况是可能会出现在某些时间段同时有多个批次的在途库存,如图 3.4 所示。如果系统频繁出现同时有多个批次的在途库存,这时单个补货提前期内不缺货的概率或单个补货提前期内被即时满足的需求量占总需求量的比例就比较复杂,不

同的补货提前期重叠在一起,相互有影响,8.1 节介绍的原理和方法不能适用于这种情况,可考虑用其他方法如排队理论来分析库存管理策略。

对于无限期库存系统,本章介绍了近似求解方法。实际上,可以建立相应的优化模型,并可求解最优的(r,Q)策略和最优的(s,S)策略,但分析过程比较复杂,感兴趣的读者可以参考有关的文献资料。

当补货启动费用为零时,最优策略呈现出基准库存策略的形式,即只要产生了需求,就将库存量补充到基准值。这种情况是合理的,因为补货不需要启动费用,频繁地补货并不会带来成本的增加。

习题

8-1　简述安全库存与服务水平的关系。

8-2　简述安全库存与补货提前期的关系。

8-3　列举 3 种影响安全库存的因素。

8-4　某品牌服装专卖店的一款上衣在补货提前期内的市场需求服从均值为 100、标准差为 40 的正态分布。专卖店经理要求第一类服务水平 $\alpha \geqslant 90\%$,试计算在开始补货的时刻,现有库存量 r 至少应为多少? 又如果要求第二类服务水平 $\beta \geqslant 98\%$,r 至少应为多少?

8-5　假设某产品在补货提前期内的市场需求服从参数为 10 的泊松分布。在开始补货时,现有库存量 $r=18$。试求系统的服务水平。

8-6　某鲜虾店每天从渔场买进鲜虾。根据经验,市场需求量服从如表 8-6 所示的概率分布。

表　8-6

需求量/斤	19	20	21	22	23	24	25	26	27	28	29
概率	0.05	0.05	0.08	0.08	0.13	0.14	0.10	0.12	0.10	0.10	0.05

假设进货单价为 14.5 元/斤,销售单价为 22 元/斤,如果当天没有卖出,则第二天回收单价为 8.5 元/斤。试求最优的进货量 Q^* 和相应的服务水平。

8-7　某商店拟在圣诞节期间出售一批圣诞彩灯,假设彩灯的进货单价 10 元,销售单价为 15 元。如果在该圣诞期间没有卖出,则回收单价为 5 元。假设市场预测显示需求满足正态分布,且均值为 10 000、标准差为 1000,试求最优的进货量 Q^*。

8-8　某商店销售一种季节性产品,进货单价为 8 元,销售单价为 10 元,在季节内没有卖出的产品以销售价格的一半在季节末甩卖。假设该产品的需求服从均匀分布 $U(200,800)$,试计算最优的进货量 Q^* 以及相应的缺货概率。

8-9　假设某库存系统采用无限期连续性盘点 (r,Q) 策略进行管理。市场需求服从正态分布,且每周需求平均值为 400,标准差为 60,补货提前期为 3 周。若希望保持 95% 的服务水平,试计算补货点和安全库存。又假设补货启动费用为 300 元/次,持货成本系数为

0.5 元/（单位货物·周），试计算补货批量和安全库存。

8-10　某公司的无限期周期性盘点(s,S)库存系统，盘点周期为 1 周，补货提前期为 2 天。假设市场需求服从正态分布且每天的平均需求为 20，标准差为 4。在服务水平为 95% 的要求下，试计算补货点。又假设补货启动费用为 100 元/次，持货成本系数为 5 元/（单位货物·周），试计算补货目标。

第 9 章 单级随机补货提前期库存系统

一个库存系统,其补货过程可以有不同的形式,有的是由企业内部完成,有的是由集团内不同企业完成,有的是由第三方物流服务商完成。不同的形式,对于完成补货所需要的时间可能会有很大的不同。一般来说,如由企业内部完成补货过程,则补货提前期容易得到控制,而由企业外部完成补货过程,相对来说补货提前期就较难控制。这里所说的控制并不完全是指补货提前期的时间长短,更重要的是补货提前期的稳定性。比如说,虽然补货提前期很长,但很稳定,能够做到准时到货,那么系统的运作就可以按照确定性的补货提前期来进行。

对于一个库存系统来说,如果补货过程是不稳定的,我们可以将其模拟为随机变量,在随机补货提前期条件下,分析系统的性能,进一步讨论补货点及补货批量的确定。另一方面,随机市场需求也是常见的形式,第 8 章已分析了确定性补货提前期及随机需求库存系统,本章将重点分析随机补货提前期库存系统,问题的复杂性和分析的难度有所增加。为此,本章将主要针对离散类型货物的库存系统进行分析,在补货提前期随机变量的假设方面也有所限制。

9.1 服 务 水 平

第 8 章针对确定性补货提前期,介绍了服务水平的概念,并讨论了应用服务水平来确定补货点的方法。

当补货提前期为不确定性时,如何分析服务水平,如何确定补货点,分析的思路与第 8 章中确定性补货提前期的情况下是类似的,但分析的过程要复杂些。

9.1.1 确定性的恒定需求

假设市场需求是确定性的且是恒定的,单位时间的需求量为 λ。

补货提前期 L 为随机变量,用 $F(x)$ 表示 L 的概率分布函数,$f(x)$ 表示其概率密度函数。

在补货提前期内市场需求量 $D_L = \lambda L$ 亦为随机变量。

在开始补货的时刻,现有库存量为 r,也就是将用 r 单位的货物量来应对补货提前期内市场的需求,可维持的时间是 $\dfrac{r}{\lambda}$ 时间单位。

按照第一类服务水平的定义,不缺货的概率为

$$\alpha = P\left\{L \leqslant \frac{r}{\lambda}\right\} = F\left(\frac{r}{\lambda}\right) = \int_0^{\frac{r}{\lambda}} f(x)\mathrm{d}x \tag{9.1}$$

而按照第二类服务水平的定义,补货提前期内的总需求量可设定为 D_L 的期望值 $E(D_L) = \lambda E(L) = \lambda \int_0^{\infty} x f(x)\mathrm{d}x$,补货提前期内被即时满足的需求量为 $\min\{r, \lambda L\}$,用 $N(r)$ 表示其期望值,有

$$N(r) = E(\min\{r, \lambda L\}) = \int_0^{\infty} \min\{r, \lambda x\} f(x)\mathrm{d}x$$

$$= \int_0^{\frac{r}{\lambda}} \lambda x f(x)\mathrm{d}x + \int_{\frac{r}{\lambda}}^{\infty} r f(x)\mathrm{d}x = r - \int_0^{\frac{r}{\lambda}}(r - \lambda x)f(x)\mathrm{d}x \tag{9.2}$$

则第二类服务水平为

$$\beta = \frac{N(r)}{E(D_L)} \tag{9.3}$$

作为特例,如果补货提前期 L 服从均值为 μ、标准差为 σ 的正态分布,我们可以借助标准正态分布来近似估算服务水平,用 $g(x)$ 表示标准正态分布的概率密度函数,对于给定的 $\frac{r}{\lambda}$,对应于标准正态分布的 z 可通过以下变换得到:

$$z = \frac{\frac{r}{\lambda} - \mu}{\sigma} \tag{9.4}$$

则第一类服务水平可以表达为标准正态分布的关联表达形式

$$\alpha = F\left(\frac{r}{\lambda}\right) = \int_{-\infty}^{z} g(x)\mathrm{d}x \tag{9.5}$$

式(9.5)的结果可以通过查标准正态分布面积表来获得。

对于第二类服务水平,关于补货提前期内被满足的需求量,基于式(9.2),有

$$N(r) = \int_0^{\frac{r}{\lambda}} \lambda x f(x)\mathrm{d}x + \int_{\frac{r}{\lambda}}^{\infty} r f(x)\mathrm{d}x$$

$$= \int_0^{\infty} \lambda(x - 0)f(x)\mathrm{d}x - \int_{\frac{r}{\lambda}}^{\infty} \lambda\left(x - \frac{r}{\lambda}\right)f(x)\mathrm{d}x$$

$$= \lambda\sigma\left(\int_{z_0}^{\infty}(x - z_0)g(x)\mathrm{d}x - \int_{z_{\frac{r}{\lambda}}}^{\infty}\left(x - z_{\frac{r}{\lambda}}\right)g(x)\mathrm{d}x\right) \tag{9.6}$$

式中,$z_0 = \dfrac{0 - \mu}{\sigma}$,$z_{\frac{r}{\lambda}} = \dfrac{\frac{r}{\lambda} - \mu}{\sigma}$。上式的结果可以通过查标准正态分布损失表来获得。

有了 $N(r)$ 值后,就可以利用式(9.3)计算第二类服务水平了。

例 9-1　在开始补货的时刻,现有库存量为 $r = 100$,单位时间的需求量 $\lambda = 1$,补货提前期服从参数为 $\mu = 60, \sigma = 40$ 的正态分布。试求系统的服务水平。

解:因为补货提前期服从正态分布,首先作如下的变换:

$$z = \frac{\frac{r}{\lambda} - \mu}{\sigma} = \frac{\frac{100}{1} - 60}{40} = 1$$

查标准正态分布面积表,可知对应于 $z=1$ 处所覆盖的面积 $\int_{-\infty}^{1} g(x)\mathrm{d}x = 0.8413$,故第一类服务水平为

$$\alpha = 0.8413 = 84.13\%$$

对于第二类服务水平,首先计算补货提前期内被满足的需求量,因

$$z_0 = \frac{0-60}{40} = -1.5$$

查标准正态分布损失表,可知对应于 $z_0 = -1.5$ 处有 $\int_{-1.5}^{\infty}(x-(-1.5))g(x)\mathrm{d}x = 1.5293$,又因

$$z_{\frac{r}{\lambda}} = \frac{\dfrac{100}{1}-60}{40} = 1$$

查标准正态分布损失表,可知对应于 $z_{\frac{r}{\lambda}} = 1$ 处有 $\int_{1}^{\infty}(x-1)g(x)\mathrm{d}x = 0.0833$,所以由式(9.6)可得

$$N(100) = 1\times 40 \times (1.5293 - 0.0833) = 57.84$$

故第二类服务水平为

$$\beta = \frac{57.84}{60} = 0.964 = 96.4\%$$

以上介绍了连续类型的需求和连续类型的补货提前期时服务水平的计算方法,对于离散类型的需求和离散类型的补货提前期,分析的原理和方法是一样的。

9.1.2　需求服从泊松过程

如果补货提前期和市场需求都是随机变量,则分析过程非常复杂。这里,我们讨论特殊的情形,就是针对离散类型货物,且假设市场需求服从泊松过程,补货提前期服从指数分布。

补货提前期 L 服从参数为 μ 的指数分布,概率分布函数为

$$F_L(t) = 1 - \mathrm{e}^{-\mu t} \tag{9.7}$$

其概率密度函数为

$$f_L(t) = \mu \mathrm{e}^{-\mu t} \tag{9.8}$$

市场需求服从参数为 λ 的泊松过程,在给定的时间 t 内产生的需求量 D_t 服从泊松分布,即

$$P\{D_t = n\} = \frac{(\lambda t)^n}{n!}\mathrm{e}^{-\lambda t} \tag{9.9}$$

在开始补货的时刻,现有库存量为 r,也就是将用 r 单位的货物量来应对补货提前期内市场的需求,可维持的时间 T 是随机变量,由于市场需求服从参数为 λ 的泊松过程,故 T 服从 r 阶爱尔朗分布,其概率密度函数为

$$f_T(t) = \frac{\lambda^r t^{r-1}}{(r-1)!}\mathrm{e}^{-\lambda t} \tag{9.10}$$

按照第一类服务水平的定义,不缺货的概率为

$$\alpha = P\{L \leqslant T\} = \int_0^\infty P\{L \leqslant t\} f_T(t)\mathrm{d}t = \int_0^\infty F_L(t) f_T(t)\mathrm{d}t$$

$$= \int_0^\infty (1 - \mathrm{e}^{-\mu t}) \frac{\lambda^r t^{r-1}}{(r-1)!} \mathrm{e}^{-\lambda t}\mathrm{d}t = 1 - \left(\frac{\lambda}{\lambda+\mu}\right)^r \tag{9.11}$$

对于第二类服务水平，补货提前期内的总需求量 D_L 的期望值

$$E(D_L) = \sum_{n=1}^\infty n P\{D_L = n\} = \sum_{n=1}^\infty \int_0^\infty n P\{D_L = n \mid L = t\} f_L(t)\mathrm{d}t$$

$$= \sum_{n=1}^\infty \int_0^\infty \frac{(\lambda t)^n}{(n-1)!} \mathrm{e}^{-\lambda t} \mu \mathrm{e}^{-\mu t}\mathrm{d}t = \frac{\lambda}{\mu} \tag{9.12}$$

补货提前期内被即时满足的需求量为 $\min\{r, D_L\}$，用 $N(r)$ 表示其期望值，有

$$N(r) = E(\min\{r, D_L\}) = \sum_{n=1}^\infty \min\{r, n\} P\{D_L = n\}$$

$$= \sum_{n=1}^\infty \int_0^\infty \min\{r, n\} P\{D_L = n \mid L = t\} f_L(t)\mathrm{d}t$$

$$= \sum_{n=1}^r \int_0^\infty \frac{(\lambda t)^n}{(n-1)!} \mathrm{e}^{-\lambda t} \mu \mathrm{e}^{-\mu t}\mathrm{d}t + \sum_{n=r+1}^\infty \int_0^\infty r \frac{(\lambda t)^n}{n!} \mathrm{e}^{-\lambda t} \mu \mathrm{e}^{-\mu t}\mathrm{d}t$$

$$= \sum_{n=1}^r \int_0^\infty \frac{(\lambda t)^n}{(n-1)!} \mu \mathrm{e}^{-(\lambda+\mu)t}\mathrm{d}t - \sum_{n=0}^r \int_0^\infty r \frac{(\lambda t)^n}{n!} \mu \mathrm{e}^{-(\lambda+\mu)t}\mathrm{d}t +$$

$$\sum_{n=0}^\infty \int_0^\infty r \frac{(\lambda t)^n}{n!} \mu \mathrm{e}^{-(\lambda+\mu)t}\mathrm{d}t$$

$$= \sum_{n=1}^r \frac{n\lambda^n \mu}{(\lambda+\mu)^{n+1}} - \sum_{n=1}^r \frac{r\lambda^n \mu}{(\lambda+\mu)^{n+1}} + r$$

$$= r - \sum_{n=0}^r \frac{(r-n)\lambda^n \mu}{(\lambda+\mu)^{n+1}} \tag{9.13}$$

则第二类服务水平为

$$\beta = \frac{N(r)}{E(D_L)} \tag{9.14}$$

例 9-2　在开始补货的时刻，现有库存量为 $r = 10$，市场需求服从参数 $\lambda = 4$ 的泊松过程，补货提前期服从参数为 $\mu = 1$ 指数分布。试求系统的服务水平。

解：由式（9.11）可得第一类服务水平为

$$\alpha = 1 - \left(\frac{4}{4+1}\right)^{10} = 0.8926 = 89.26\%$$

由式（9.12）可得补货提前期内的总需求量的期望值

$$E(D_L) = \frac{4}{1} = 4$$

由式（9.13）可得补货提前期内被即时满足的需求量的期望值

$$N(10) = 10 - \sum_{n=0}^{10} \frac{(10-n)4^n \times 1}{(4+1)^{n+1}} = 3.5705$$

故第二类服务水平为

$$\beta = \frac{3.5705}{4} = 0.8926 = 89.26\%$$

9.1.3　一般随机需求

在 9.1.2 节,假设市场需求服从泊松过程、补货提前期服从指数分布。

本小节将取消这些假设,考虑市场需求是一般的随机过程、补货提前期是一般的随机变量。这种情况下很难进行精确分析,下面给出一种近似的分析方法。

补货提前期 L 为随机变量,其期望值为 $E(L)$,方差为 $\mathrm{var}(L)$。

市场单位时间的需求量 D 为随机变量,其期望值为 $E(D)$,方差为 $\mathrm{var}(D)$。

补货提前期内的需求量 D_L 为随机变量,通过分析可知其期望值为

$$E(D_L) = E(L)E(D) \tag{9.15}$$

其方差为

$$\mathrm{var}(D_L) = E(L)\mathrm{var}(D) + \mathrm{var}(L)E^2(D) \tag{9.16}$$

然后,近似分析的原理是将补货提前期内的需求量 D_L 看成是服从均值为 $E(D_L)$、方差为 $\mathrm{var}(D_L)$ 的正态分布,接下来的分析就与 8.1 节中的方法是一样的,在此不再重述。

基于服务水平和安全库存,就可以确定库存系统的补货点。

在计算服务水平时,是针对单个补货提前期内不缺货的概率或单个补货提前期内被即时满足的需求量占总需求量的比例,大多数实际的库存系统的运行过程与上述服务水平的计算原理和方法是基本吻合的。

不过,也会有另外一些情况,就是在某些时间段同时有多个批次的在途库存。这时,单个补货提前期内不缺货的概率或单个补货提前期内被即时满足的需求量占总需求量的比例就比较复杂,不同的补货提前期重叠在一起,相互影响,前面介绍的原理和方法不能适用于这种情况,尤其是对于随机补货提前期的库存系统,理论上有可能后面批次的在途库存比前面批次的在途库存更早到货。

对于频繁出现同一时刻有多个批次的在途库存的库存系统,接下来的几节将利用排队理论的分析方法来讨论库存管理策略。

9.2　无限期连续性盘点基准库存策略

系统由一个供应商和一个库存点组成,市场随机产生需求消耗库存点的货物,系统采用连续性盘点方式,管理者根据当前库存量作出补货决策,供应商收到补货请求后准备开始补货工作,每次补货工作从开始至完成所需时间是随机的。

第 8 章已介绍了基准库存策略的含义,就是只要产生了需求后,就进行货物补充。对于离散类型货物的库存系统,当需求是一件一件的形式的时候,基准库存策略的运作方式是:一有需求,库存量就下降一个单位,管理者马上向供应商发出一个单位的补货请求。

9.2.1 单一供应商

由于补货时间长短的不确定性，有可能出现如下情况，就是在当前的补货工作还未完成时又陆续收到后面的补货请求。因此，供应商每次收到补货请求后并不一定是立即开始履行补货工作，而是按照收到补货请求的先后顺序逐一履行补货工作。实质上，在供应商处的运作过程构成了一个排队系统。

由于补货提前期的时间长短的不确定，有可能造成对需求的缺货。当出现缺货时，是采取缺货回补，还是缺货不补，两种不同的处理方式会产生不同的效果，下面分别进行讨论。

1. 缺货回补

如图 9.1 所示，库存点按照基准库存策略来管理库存，假设基准值为 r，初始库存量为 r，市场需求到达库存点，且每次需求取走一个单位的货物。在基准库存策略下，只要一有需求，管理者就向供应商发出一个单位货物量的补货订单。因此，供应商收到补货订单与市场需求的到达在时间和量上正好是一一对应的。

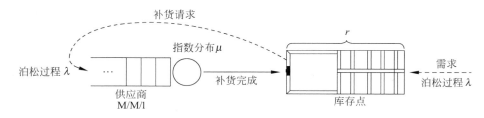

图 9.1 单一供应商及库存点系统（缺货回补）

假设市场需求的到达过程服从参数为 λ 的泊松过程，每次一个需求到达，供应商就同时收到一个单位货物的补货订单。如果将供应商处模拟为一个排队系统，则订单到达该排队系统的过程也服从参数为 λ 的泊松过程，假设供应商完成一个单位货物的补充所需要的时间是随机变量，服从参数为 μ 的指数分布，由供应商完成的货物被补充到库存点，以满足市场需求。

从库存点与供应商的对应关系可知，当库存点处的库存量降为零时，供应商处的排队系统中等待处理的订单数正好为 r，在有货物补充到库存点之前，若后续的需求到达，则库存点处就处在缺货状态。在采取缺货回补的处理方式下，库存点处记录缺货信息，同时供应商处的排队系统中等待处理的订单数相应增加，增加的量正好与缺货的量相等。

定义以下符号：

X——供应商处的排队系统中等待处理的订单数，随机变量；

Y——库存点处的库存水平，随机变量，可正可负，为正时表示现有库存量，为负时表示缺货量，显然有 $-\infty < Y \leqslant r$。

注意库存点处的将有库存量始终为 r。

根据库存点与供应商的运作模式，下列关系成立：

$$X + Y = r \tag{9.17}$$

因此，我们有 $0 \leqslant X < \infty$。

从以上可以判断,供应商处的排队系统实质上是一个 M/M/1 排队系统,该系统的稳定性条件为

$$\frac{\lambda}{\mu} < 1 \tag{9.18}$$

由排队理论可知,M/M/1 的平稳状态概率分布为

$$P\{X = n\} = \left(1 - \frac{\lambda}{\mu}\right)\left(\frac{\lambda}{\mu}\right)^n \tag{9.19}$$

当 $X \geqslant r$ 时,表明库存点处处在缺货状态。

设定系统的服务水平为 α,这里服务水平参照第一类服务水平,即库存点处不发生缺货的概率为 α,则最优的基准库存策略的基准值是满足下式的最小的 r 值:

$$\sum_{n=0}^{r-1} P\{X = n\} \geqslant \alpha \tag{9.20}$$

例 9-3　某汽车维修点通过对发动机的需求进行统计分析,发现基本上服从参数 $\lambda = 5$ 的泊松过程,该维修点采用基准库存策略来管理发动机的库存,发动机生产厂家供应单台发动机的补货提前期服从参数 $\mu = 8$ 的指数分布,如缺货则采取回补的处理方式,现维修点对顾客希望达到 95% 的服务水平,即 $\alpha = 0.95$,试确定维修点的最优基准库存策略的基准值 r。

解:先判断稳定性条件(9.18)是否得到满足,有

$$\frac{\lambda}{\mu} = \frac{5}{8} = 0.625 < 1$$

所以,系统长期运行下可以达到平稳,由式(9.20)经计算可知

$$\sum_{n=0}^{5} P\{X = n\} = 0.94 < \alpha$$

$$\sum_{n=0}^{6} P\{X = n\} = 0.96 > \alpha$$

因此,维修点的最优基准库存策略的基准值 $r = 7$ 台。

2. 缺货不补

图 9.2 所示为缺货不补的情形,与 9.2.1 节缺货回补的符号及参数的含义相同,主要区别在于缺货的处理方式上。

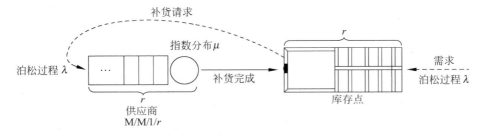

图 9.2　单一供应商及库存点系统(缺货不补)

当库存点处的库存量降为零时,供应商处的排队系统中等待处理的订单数正好为 r,在有货物补充到库存点之前,若后续的需求到达,则库存点处就处在缺货状态。在采取缺货不

补的处理方式下,库存点处并不记录缺货信息,因此供应商处的排队系统中等待处理的订单数并不增加。

定义以下符号:

X——供应商处的排队系统中等待处理的订单数,随机变量;

Y——库存点处的库存水平,随机变量,因是缺货不补,所以有 $0 \leqslant Y \leqslant r$。

注意库存点处的将有库存量始终为 r。

根据库存点与供应商的运作模式,下列关系成立:

$$X + Y = r \tag{9.21}$$

因此,我们有 $0 \leqslant X \leqslant r$。

从以上可以判断,供应商处的排队系统实质上是一个 M/M/1/r 排队系统,相当于有限排队容量 r 的排队系统,系统中最多可以容纳 r 个订单。

由排队理论可知,M/M/1/r 排队系统无条件达到平稳,且系统的平稳状态概率分布为

$$P\{X = n\} = \begin{cases} \dfrac{1 - \dfrac{\lambda}{\mu}}{1 - \left(\dfrac{\lambda}{\mu}\right)^{r+1}} \left(\dfrac{\lambda}{\mu}\right)^{n}, & \dfrac{\lambda}{\mu} \neq 1 \\[4mm] \dfrac{1}{r+1}, & \dfrac{\lambda}{\mu} = 1 \end{cases} \tag{9.22}$$

当 $X = r$ 时,表明库存点处处在缺货状态。

设定系统的服务水平为 α,即库存点处不发生缺货的概率为 α,则最优的基准库存策略的基准值是满足下式的最小的 r 值:

$$\sum_{n=0}^{r-1} P\{X = n\} \geqslant \alpha$$

因 $\sum_{n=0}^{r} P\{X = n\} = 1$,故上式即为

$$P\{X = r\} \leqslant 1 - \alpha \tag{9.23}$$

例 9-4   继续例 9-3,如缺货则采取不补的处理方式,试确定维修点的最优基准库存策略的基准值 r。

解:由式(9.22)和式(9.23)经计算可知

$$P\{X = 4\} = 0.063 > 1 - \alpha = 0.05$$
$$P\{X = 5\} = 0.038 < 1 - \alpha = 0.05$$

因此,维修点的最优基准库存策略的基准值 $r = 5$ 台。

9.2.2 无限供应商

假设供应商的补货能力很大,每次只要一收到补货订单就能立即开始履行补货工作,也就是说供应商可以并行履行多个订单,或者如果是有很多个供应商,每次需要进行补货时都可以找到一个能立即开始履行补货工作的供应商。我们可以将这一模式称为无限供应商,即有无限多个供应商。

在库存点处,采用基准库存策略的运作方式来管理该处的库存。

因此,在供应商处的运作过程就构成了一个排队系统。

由于补货提前期的时间长短的不确定,有可能造成对需求的缺货,当出现缺货时,是采取缺货回补还是缺货不补,两种不同的处理方式会产生不同的效果,下面分别进行讨论。

1. 缺货回补

如图 9.3 所示,库存点处按照基准库存策略来管理库存,假设基准值为 r,初始库存量为 r,市场需求到达库存点,且每次需求取走一个单位的货物。

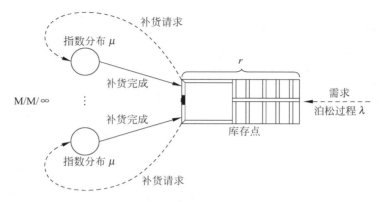

图 9.3　无限供应商及库存点系统(缺货回补)

市场需求的到达过程服从参数为 λ 的泊松过程,每次一个需求到达,供应商就同时收到一个单位货物的补货订单。供应商处可以被模拟为一个排队系统,订单到达过程也服从参数为 λ 的泊松过程,假设供应商完成一个单位货物的补充所需要的时间服从参数为 μ 的指数分布。由于是无限供应商,因此补货工作是被并行履行的,相当于有无限多个服务台,不需要额外的排队,订单一到达,马上就可以安排一个服务台进行处理。从以上可以判断,供应商处的排队系统实质上是一个 M/M/∞ 排队系统。

定义以下符号:

X——供应商处的排队系统中等待处理的订单数,随机变量;

Y——库存点处的库存水平,随机变量,可正可负,为正时表示现有库存量,为负时表示缺货量,显然有 $-\infty < Y \leqslant r$。

显然,库存点处的将有库存量始终为 r。

根据库存点与供应商的运作模式,下列关系成立:

$$X + Y = r \tag{9.24}$$

因此,我们有 $0 \leqslant X < \infty$。

由排队理论可知,M/M/∞ 无条件达到平稳,且平稳状态概率分布为

$$P\{X = n\} = \frac{\left(\frac{\lambda}{\mu}\right)^n}{n!} e^{-\frac{\lambda}{\mu}} \tag{9.25}$$

当 $X \geqslant r$ 时,表明库存点处处在缺货状态。

设定系统的服务水平为 α,则最优的基准库存策略的基准值是满足下式的最小的 r 值:

$$\sum_{n=0}^{r-1} P\{X = n\} \geqslant \alpha \tag{9.26}$$

例 9-5　继续例 9-3,发动机生产厂家为无限供应商,如缺货则采取回补的处理方式,试确定维修点的最优基准库存策略的基准值 r。

解：由式(9.25)和式(9.26)经计算可知

$$\sum_{n=0}^{1} P\{X = n\} = 0.87 < \alpha = 0.95$$

$$\sum_{n=0}^{2} P\{X = n\} = 0.97 > \alpha = 0.95$$

因此,维修点的最优基准库存策略的基准值 $r=3$ 台。

与 9.2.1 节中的结果比较,可知最优基准库存策略的基准值有了下降。

2. 缺货不补

图 9.4 所示为缺货不补的情形,与 9.2.2 节缺货回补的符号及参数的含义相同,主要区别在于缺货的处理方式上。

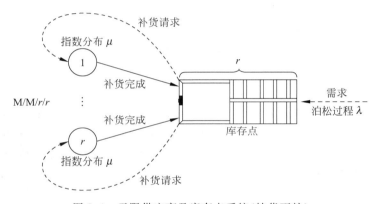

图 9.4　无限供应商及库存点系统(缺货不补)

当库存点处的库存量降为零时,供应商处的排队系统中正好有 r 个服务台在处理各自的订单,在有货物补充到库存点之前,若后续的需求到达,则库存点处就处在缺货状态。在采取缺货不补的处理方式下,库存点并处不记录缺货信息,因此供应商处的排队系统中仍然是 r 个服务台在处理各自的订单。

定义以下符号：

X——供应商处的排队系统中等待处理的订单数,随机变量;

Y——库存点处的库存量,随机变量,因是缺货不补,所以有 $0 \leqslant Y \leqslant r$。

显然,库存点处的将有库存量始终为 r。

根据库存点与供应商的运作模式,下列关系成立：

$$X + Y = r \tag{9.27}$$

因此,有 $0 \leqslant X \leqslant r$。

从以上可以判断,供应商处的排队系统实质上是一个 M/M/r/r 排队系统,相当于有 r 个服务台、无额外排队空间的排队系统,系统中最多可以容纳 r 个订单。

由排队理论可知,M/M/r/r 排队系统无条件达到平稳,且系统的平稳状态概率分布为

$$P\{X = n\} = \cfrac{1}{\sum\limits_{m=0}^{r} \cfrac{\left(\frac{\lambda}{\mu}\right)^m}{m!}} \cdot \cfrac{\left(\frac{\lambda}{\mu}\right)^n}{n!} \tag{9.28}$$

当 $X = r$ 时,表明库存点处处在缺货状态。

设定系统的服务水平为 α,则最优的基准库存策略的基准值是满足下式的最小的 r 值:

$$P\{X = r\} \leqslant 1 - \alpha \tag{9.29}$$

例 9-6　继续例 9-3,发动机生产厂家为无限供应商,如缺货则采取不补的处理方式,试确定维修点的最优基准库存策略的基准值 r。

解:由式(9.28)和式(9.29)经计算可知

$$P\{X = 2\} = 0.107 > 1 - \alpha = 0.05$$
$$P\{X = 3\} = 0.022 < 1 - \alpha = 0.05$$

因此,维修点的最优基准库存策略的基准值 $r = 3$ 台。

9.3　无限期连续性盘点（r，Q）策略

第 8 章已介绍了连续性盘点 (r, Q) 策略的含义,其中 r 是补货点,Q 是补货批量。随着市场需求的产生,库存量逐渐下降,当将有库存量下降到 r 或 r 以下时,就进行货物补充,且补充的批量为 Q。

9.3.1　单一供应商

供应商陆续收到补货请求,并按照收到补货请求的先后顺序来逐一履行补货工作。

由于补货提前期的时间长短的不确定,有可能造成对需求的缺货,下面分别针对两种不同的缺货处理方式进行讨论。

1. 缺货回补

参照图 9.1,库存点按照 (r, Q) 策略来管理库存,假设初始库存量为 $r + Q$,市场需求到达库存点,且每次需求取走一个单位的货物。

市场需求的到达过程服从参数为 λ 的泊松过程,当累计需求达到 Q 时,库存点处的库存量就变为 r,此时库存点处向供应商发出一个批量 Q 的补货请求,假设供应商完成一个批量 Q 货物的补充所需要的时间服从参数为 μ 的指数分布,在整个批量到货之前,库存点处就用 r 单位的货物量来满足接下来的市场需求。

库存点处的补货决策是按照将有库存量来进行的,这里将有库存量是现有库存量与供应商处待履行的补货量之和,由于采取缺货回补的处理方式,现有库存量可正可负。库存点处的补货决策是每当将有库存量下降到 r 时,就向供应商发出一个批量 Q 的补货请求。实质上,供应商处待履行的补货量相当于在途库存量,而且可以有多个批次的在途库存。

补货批量 Q 可以近似参照基本经济补货批量来确定,假设每次补货时的启动费用为

K,持货成本系数为 h,库存点处市场需求的到达过程服从参数为 λ 的泊松过程,则单位时间的平均需求为 λ,故补货批量为

$$Q = \sqrt{\frac{2\lambda K}{h}} \tag{9.30}$$

供应商处可以被模拟为一个排队系统,但订单到达过程并不服从参数为 λ 的泊松过程,当在库存点处产生一个需求时,并不是在供应商处的排队系统中对应一个订单的到达,而是在库存点处累积产生 Q 个需求后才在供应商处的排队系统中产生一个订单的到达。因此,在排队系统中订单到达的时间间隔是市场产生 Q 个需求的总时间,由于市场需求的到达过程服从参数为 λ 的泊松过程,产生 Q 个需求的总时间就服从 Q 阶爱尔朗分布。

因此,在排队系统中,每个订单就代表一个批次的货物量 Q 待履行补充,一个订单处理的完成对应于一个批次货物补充的完成,也就是在排队系统中每当一个订单处理完成,则在库存点处现有库存量立即增加 Q 个单位。

从以上可以判断,供应商处的排队系统实质上是一个 $E_Q/M/1$ 排队系统,此处,E_Q 是指订单到达服从 Q 阶爱尔朗分布。

对于 $E_Q/M/1$ 排队系统,虽然可以进行精确分析,但分析过程比较复杂,见本章结尾处的小结与讨论中的说明。我们将进行近似分析,就是用 $M/M/1$ 排队系统来代替 $E_Q/M/1$ 排队系统,即假设供应商处的排队系统中订单到达服从参数为 $\frac{\lambda}{Q}$ 的泊松过程,之所以参数为 $\frac{\lambda}{Q}$,是因为库存点处的市场需求是参数为 λ 的泊松过程,且累积 Q 个需求后才在排队系统中产生一个订单的到达。

定义以下符号:

X——供应商处的排队系统中等待处理的订单数,随机变量,显然有 $0 \leqslant X < \infty$;

Y——库存点处的库存水平,随机变量,可正可负,为正时表示现有库存量,为负时表示缺货量,显然有 $-\infty < Y \leqslant r+Q$;

I——库存点处的将有库存量,随机变量。

根据库存点与供应商的运作模式,下列关系成立:

$$I = XQ + Y \tag{9.31}$$

例如,当 $X=0$ 时,说明排队系统中没有订单,则库存点处的库存量在 $r+1$ 与 $r+Q$ 之间,即 $r+1 \leqslant Y \leqslant r+Q$,此时将有库存量也为 $r+1 \leqslant I \leqslant r+Q$。当 $X=1$ 时,说明排队系统中有一个订单,则库存点处的库存量在 $r-Q$ 与 r 之间,即 $r-Q < Y \leqslant r$,此时由式(9.31)可知,将有库存量也为 $r+1 \leqslant I \leqslant r+Q$。依此类推,无论排队系统中有多少订单,即无论 X 取何值,总有

$$r+1 \leqslant I \leqslant r+Q \tag{9.32}$$

用符号 $\lfloor \ \rfloor$ 表示向下取整,定义

$$N = \left\lfloor \frac{r}{Q} \right\rfloor$$

当排队系统中的订单数变为 $X=N+1$ 时,表明在库存点处还剩下不够一个批次 Q 的零头货物量,实际上是 $\frac{r}{Q}$ 的余额,用 U 表示该零头余额,则有

$$U = r - NQ$$

当排队系统中的订单数为 $X \geqslant N+2$ 时,则表明库存点处处在缺货状态。

当排队系统中的订单数 $X = N+1$ 时,因库存点处还有零星货物量 U,由于补货提前期是随机的,市场需求也是随机的,故在下一个批次的货物到货的时刻,库存点处既有可能是有货状态,也有可能是处在缺货状态。如果在零星货物量 U 被市场需求消耗完之前一个批次的货物补充到位,则不发生缺货,反之在下一个批次的货物补充到位之前零星货物量 U 已被市场需求消耗完,则发生缺货。因此,不产生缺货的概率是排队系统中一个订单处理时间小于等于市场产生 U 个需求的总时间的概率。当市场需求为泊松过程时,市场产生 U 个需求的总时间就服从 U 阶爱尔朗分布。

假设供应商处的排队系统 M/M/1 对单个订单的处理时间服从参数为 μ 的指数分布。

定义下述符号:

V——排队系统中单个订单的处理时间,随机变量,服从参数为 μ 的指数分布;

B_U——市场产生 U 个需求的总时间,随机变量,服从参数为 (U, λ) 的爱尔朗分布。

当排队系统中的订单数 $X = N+1$ 时,不产生缺货状态的概率为

$$P\{V \leqslant B_U\} = \int_0^\infty (1 - e^{-\mu t}) \frac{(\lambda t)^{U-1}}{(U-1)!} \lambda e^{-\lambda t} \, dt = 1 - \left(\frac{\lambda}{\lambda + \mu}\right)^U \qquad (9.33)$$

假设系统满足下列条件:

$$\frac{\frac{\lambda}{Q}}{\mu} = \frac{\lambda}{Q\mu} < 1 \qquad (9.34)$$

则 M/M/1 的平稳状态概率分布为

$$P\{X = n\} = \left(1 - \frac{\lambda}{Q\mu}\right) \left(\frac{\lambda}{Q\mu}\right)^n \qquad (9.35)$$

当 $X \leqslant N$ 时,表明库存点处处在有货的状态。

设定系统的服务水平为 α,先找出满足下式的最大的 N 值:

$$\sum_{n=0}^N P\{X = n\} \leqslant \alpha \qquad (9.36)$$

然后再补上当 $X = N+1$ 时也不缺货的概率,即找出满足下式的最小的 U 值:

$$\sum_{n=0}^N P\{X = n\} + P\{X = N+1\} P\{V \leqslant B_U\} \geqslant \alpha \qquad (9.37)$$

最后,按照下式确定补货点:

$$r = NQ + U \qquad (9.38)$$

在正常情况下,零星货物量 U 应小于批量 Q,但在应用上述原理进行计算时,由于是将 $E_Q/M/1$ 排队系统近似为 M/M/1 排队系统,因此有可能出现 U 大于 Q,当出现此类情形时,可将 N 和 U 进行修正,将 N 增加 1,即取为 $N+1$,并令 $U=0$。

例 9-7　某品牌电视机经销店,市场需求服从参数 $\lambda = 10$ 的泊松过程,补货启动费用 $K = 10$,持货成本系数 $h = 2$,补货提前期服从参数 $\mu = 2$ 的指数分布,如缺货则采取回补的处理方式,现经销店对顾客希望达到 90% 的服务水平,即 $\alpha = 0.90$,试确定经销店的补货批量 Q 及补货点 r。

解：参照基本经济补货批量(式(9.30))，可得经销店的补货批量

$$Q = \sqrt{\frac{2 \times 10 \times 10}{2}}\,台 = 10\,台$$

然后判断稳定性条件(式(9.34))是否得到满足，有

$$\frac{\lambda}{Q\mu} = \frac{10}{10 \times 2} = 0.5 < 1$$

所以，系统长期运行下可以达到平稳，由式(9.36)经计算可知：

$$\sum_{n=0}^{2} P\{X = n\} = 0.875 < \alpha$$

$$\sum_{n=0}^{3} P\{X = n\} = 0.9375 > \alpha$$

故有 $N = 2$，再由式(9.37)经计算可知：

$$\sum_{n=0}^{2} P\{X = n\} + P\{X = 3\}P\{V \leqslant B_2\} = 0.894 < \alpha$$

$$\sum_{n=0}^{2} P\{X = n\} + P\{X = 3\}P\{V \leqslant B_3\} = 0.901 > \alpha$$

因此 $U = 3$ 台，由式(9.38)可得补货点为

$$r = (2 \times 10 + 3)\,台 = 23\,台$$

2. 缺货不补

对于缺货不补的情形，与 9.3.1 节缺货回补的符号及参数的含义相同，主要区别在于缺货的处理方式上。

补货批量 Q 仍然参照基本经济补货批量来确定。

当库存点处的库存量降为零时，供应商处的排队系统中等待处理的订单数为 $N+1$，或者说，供应商处的排队系统中等待处理的订单数最多为 $N+1$。反过来讲，当供应商处的排队系统中等待处理的订单数变为 $N+1$ 时，库存点处的库存量不一定为零，现有库存量是还剩下不够一个批次 Q 的零星货物量 U。

定义以下符号：

X——供应商处的排队系统中等待处理的订单数，随机变量，显然有 $0 \leqslant X \leqslant N+1$；

Y——库存点处的库存水平，随机变量，因是缺货不补，所以有 $0 \leqslant Y \leqslant r+Q$；

I——库存点处的将有库存量，随机变量。

根据库存点与供应商的运作模式，下列关系成立：

$$I = XQ + Y \qquad (9.39)$$

从以上可以判断，供应商处的排队系统实质上是一个 $E_Q/M/1/N+1$ 排队系统，由于 $E_Q/M/1/N+1$ 排队系统的分析比较复杂，我们将用 $M/M/1/N+1$ 排队系统来代替 $E_Q/M/1/N+1$ 排队系统，即假设供应商处的排队系统中订单到达服从参数为 $\dfrac{\lambda}{Q}$ 的泊松过程，系统的平稳状态概率分布为

$$P\{X = n\} = \begin{cases} \dfrac{1 - \dfrac{\lambda}{Q\mu}}{1 - \left(\dfrac{\lambda}{Q\mu}\right)^{N+2}}\left(\dfrac{\lambda}{Q\mu}\right)^n, & \dfrac{\lambda}{Q\mu} \neq 1 \\[4mm] \dfrac{1}{N+2}, & \dfrac{\lambda}{Q\mu} = 1 \end{cases} \qquad (9.40)$$

当 $X = N+1$ 时,库存点处既有可能是有货状态,也有可能是缺货状态。

设定系统的服务水平为 α,先找出满足下式的最大的 N 值:

$$\sum_{n=0}^{N} P\{X = n\} \leqslant \alpha$$

因 $\sum_{n=0}^{N+1} P\{X = n\} = 1$,故上式即为

$$P\{X = N+1\} \geqslant 1 - \alpha \qquad (9.41)$$

然后再补上当 $X = N+1$ 时也不缺货的概率,即找出满足下式的最小的 U 值:

$$\sum_{n=0}^{N} P\{X = n\} + P\{X = N+1\} P\{V \leqslant B_U\} \geqslant \alpha$$

因 $\sum_{n=0}^{N+1} P\{X = n\} = 1$,故上式即为

$$P\{X = N+1\}(1 - P\{V \leqslant B_U\}) \leqslant 1 - \alpha \qquad (9.42)$$

最后,按照下式确定补货点:

$$r = NQ + U \qquad (9.43)$$

在应用上述原理进行计算时,由于是将 $E_Q/M/1/N+1$ 排队系统近似为 M/M/1/ $N+1$ 排队系统,因此有可能出现 U 大于 Q,当出现此类情形时,可将 N 和 U 进行修正,将 N 增加 1,即取为 $N+1$,并令 $U = 0$。

例 9-8　继续例 9-7,如缺货则采取不补的处理方式,试确定经销店的补货批量 Q 及补货点 r。

解:补货批量与例 9-7 中结果一样,即 $Q = 10$。由式(9.41)经计算可知

$$P\{X = 1\} = \frac{1}{3} > 1 - \alpha = 0.1$$

故有 $N = 0$,再由式(9.42)经计算可知

$$P\{X = 1\}(1 - P\{V \leqslant B_6\}) = 0.11 > 1 - \alpha = 0.1$$
$$P\{X = 1\}(1 - P\{V \leqslant B_7\}) = 0.09 < 1 - \alpha = 0.1$$

因此 $U = 7$ 台,由式(9.43)可得补货点为

$$r = (0 \times 10 + 7) \text{ 台} = 7 \text{ 台}$$

与例 9-7 中的结果比较,可知补货点有了较大幅度的下降。

9.3.2　无限供应商

在无限供应商的情形下,供应商可以并行履行多个订单,或者是有很多个并行的供应商。因此,每次发出补货请求时都可以立即开始履行补货工作。

在库存点处,采用 (r,Q) 策略的运作方式来管理该处的库存。

因此,在供应商处的运作过程就构成了一个排队系统。

当出现缺货时,可采取缺货回补或缺货不补两种不同的处理方式,下面分别进行讨论。

1. 缺货回补

库存点处按照 (r,Q) 策略来管理库存,假设初始库存量为 $r+Q$,市场需求到达库存点,

且每次需求取走一个单位的货物。

市场需求的到达过程服从参数为 λ 的泊松过程,当库存点处的将有库存量下降到 r 时,就向供应商发出一个批量 Q 的补货请求。

关于补货批量 Q,可以近似参照基本经济补货批量来确定,即

$$Q = \sqrt{\frac{2\lambda K}{h}} \tag{9.44}$$

供应商处可以被模拟为一个排队系统,每当库存点处发出一个批量 Q 的补货请求时,供应商处的排队系统中就产生一个订单的到达,因此订单到达过程服从 Q 阶爱尔朗分布。从以上可以判断,供应商处的排队系统实质上是一个 $E_Q/M/\infty$ 排队系统。

由于 $E_Q/M/\infty$ 排队系统的分析比较复杂,我们将进行近似分析,就是用 $M/M/\infty$ 排队系统来代替 $E_Q/M/\infty$ 排队系统,即假设供应商处的排队系统中订单到达服从参数为 $\dfrac{\lambda}{Q}$ 的泊松过程。

定义以下符号:

X——供应商处的排队系统中等待处理的订单数,随机变量,显然有 $0 \leqslant X < \infty$;

Y——库存点处的库存水平,随机变量,可正可负,为正时表示现有库存量,为负时表示缺货量,显然有 $-\infty < Y \leqslant r + Q$;

I——库存点处的将有库存量,随机变量。

根据库存点与供应商的运作模式,下列关系成立:

$$I = XQ + Y \tag{9.45}$$

并且,总有

$$r + 1 \leqslant I \leqslant r + Q \tag{9.46}$$

用符号 $\lfloor\ \rfloor$ 表示向下取整,定义

$$N = \left\lfloor \frac{r}{Q} \right\rfloor$$

当排队系统中的订单数变为 $X = N + 1$ 时,表明在库存点处还剩下不够一个批次 Q 的零星货物量,实际上是 $\dfrac{r}{Q}$ 的余额,用 U 表示该零头余额。当排队系统中的订单数为 $X \geqslant N + 2$ 时,则表明库存点处处在缺货状态。而当排队系统中的订单数 $X = N + 1$ 时,在下一个批次的货物到货的时刻,库存点处既有可能是有货状态,也有可能是处在缺货状态,不产生缺货的概率是排队系统中一个订单处理时间小于等于市场产生 U 个需求的总时间的概率。当市场需求为泊松过程时,市场产生 U 个需求的总时间就服从 U 阶爱尔朗分布。

假设供应商处的排队系统 $M/M/\infty$ 对单个订单的处理时间服从参数为 μ 的指数分布。

定义下述符号:

V——排队系统中有 $N + 1$ 个订单时最先完成处理的订单的处理时间,随机变量,服从参数为 $(N+1)\mu$ 的指数分布;

B_U——市场产生 U 个需求的总时间,随机变量,服从参数为 (U, λ) 的爱尔朗分布。

当排队系统中的订单数 $X = N + 1$ 时,不产生缺货状态的概率为

$$P\{V \leqslant B_U\} = \int_0^\infty (1 - e^{-(N+1)\mu t}) \frac{(\lambda t)^{U-1}}{(U-1)!} \lambda e^{-\lambda t} dt$$

$$= 1 - \left(\frac{\lambda}{\lambda + (N+1)\mu} \right)^{U} \tag{9.47}$$

M/M/∞ 排队系统无条件达到平稳,且平稳状态概率分布为

$$P\{X = n\} = \frac{\left(\frac{\lambda}{Q\mu} \right)^{n}}{n!} e^{-\frac{\lambda}{Q\mu}} \tag{9.48}$$

当 $X \leqslant N$ 时,表明库存点处处在有货的状态。

设定系统的服务水平为 α,先找出满足下式的最大的 N 值:

$$\sum_{n=0}^{N} P\{X = n\} \leqslant \alpha \tag{9.49}$$

然后再补上当 $X = N+1$ 时也不缺货的概率,即找出满足下式的最小的 U 值:

$$\sum_{n=0}^{N} P\{X = n\} + P\{X = N+1\} P\{V \leqslant B_{U}\} \geqslant \alpha \tag{9.50}$$

最后,按照下式确定补货点:

$$r = NQ + U \tag{9.51}$$

在应用上述原理进行计算时,由于是将 $E_Q/M/\infty$ 排队系统近似为 M/M/∞ 排队系统,因此有可能出现 U 大于 Q,当出现此类情形时,可将 N 和 U 进行修正,将 N 增加 1,即取为 $N+1$,并令 $U = 0$。

例 9-9 继续例 9-7,假设电视机供应商为无限供应商,如缺货则采取回补的处理方式,试确定经销店的补货批量 Q 及补货点 r。

解:经销店的补货批量与例 9-7 中的结果相同,即

$$Q = \sqrt{\frac{2 \times 10 \times 10}{2}} \text{ 台} = 10 \text{ 台}$$

由式(9.48)经计算可知

$$\sum_{n=0}^{0} P\{X = n\} = 0.607 < \alpha = 0.9$$

$$\sum_{n=0}^{1} P\{X = n\} = 0.91 > \alpha = 0.9$$

故有 $N = 0$,再由式(9.50)经计算可知

$$\sum_{n=0}^{0} P\{X = n\} + P\{X = 1\} P\{V \leqslant B_{18}\} = 0.898 < \alpha = 0.9$$

$$\sum_{n=0}^{0} P\{X = n\} + P\{X = 1\} P\{V \leqslant B_{19}\} = 0.900 \geqslant \alpha = 0.9$$

因此 $U = 19$ 台 $> Q$,需要对 N 和 U 进行修正,应取 $N = 1, U = 0$ 台,故可得补货点为

$$r = (1 \times 10 + 0) \text{ 台} = 10 \text{ 台}$$

2. 缺货不补

对于缺货不补的情形,与 9.3.2 节缺货回补的符号及参数的含义相同,主要区别在于缺货的处理方式上。

补货批量 Q 仍然参照基本经济补货批量来确定。

当库存点的库存量降为零时,供应商处的排队系统中等待处理的订单数为 $N+1$,或者

说,供应商处的排队系统中等待处理的订单数最多为 $N+1$。反过来讲,当供应商处的排队系统中等待处理的订单数变为 $N+1$ 时,库存点处的库存量不一定为零,现有库存量是还剩下不够一个批次 Q 的零星货物量 U。

定义以下符号:

X——供应商处的排队系统中等待处理的订单数,随机变量,显然有 $0 \leqslant X \leqslant N+1$;

Y——库存点处的库存水平,随机变量,因是缺货不补,所以有 $0 \leqslant Y \leqslant r+Q$;

I——库存点处的将有库存量,随机变量。

根据库存点与供应商的运作模式,下列关系成立:

$$I = XQ + Y \tag{9.52}$$

从以上可以判断,供应商处的排队系统实质上是一个 $E_Q/M/N+1/N+1$ 排队系统,由于 $E_Q/M/N+1/N+1$ 排队系统的分析比较复杂,我们将用 $M/M/N+1/N+1$ 排队系统来代替 $E_Q/M/N+1/N+1$ 排队系统,即假设供应商处的排队系统中订单到达服从参数为 $\frac{\lambda}{Q}$ 的泊松过程,系统的平稳状态概率分布为

$$P\{X = n\} = \frac{1}{\sum_{m=0}^{N+1} \frac{\left(\frac{\lambda}{Q\mu}\right)^m}{m!}} \frac{\left(\frac{\lambda}{Q\mu}\right)^n}{n!} \tag{9.53}$$

当 $X = N+1$ 时,库存点处既有可能是有货状态,也有可能是缺货状态。

设定系统的服务水平为 α,先找出满足下式的最大的 N 值:

$$\sum_{n=0}^{N} P\{X = n\} \leqslant \alpha$$

因 $\sum_{n=0}^{N+1} P\{X = n\} = 1$,故上式即为

$$P\{X = N+1\} \geqslant 1-\alpha \tag{9.54}$$

然后再补上当 $X = N+1$ 时也不缺货的概率,即找出满足下式的最小的 U 值:

$$\sum_{n=0}^{N} P\{X = n\} + P\{X = N+1\}P\{V \leqslant B_U\} \geqslant \alpha$$

因 $\sum_{n=0}^{N+1} P\{X = n\} = 1$,故上式即为

$$P\{X = N+1\}(1 - P\{V \leqslant B_U\}) \leqslant 1-\alpha \tag{9.55}$$

最后,按照下式确定补货点:

$$r = NQ + U \tag{9.56}$$

在应用上述原理进行计算时,由于是将 $E_Q/M/N+1/N+1$ 排队系统近似为 $M/M/N+1/N+1$ 排队系统,因此有可能得到的 U 大于 Q,当出现此类情形时,可将 N 和 U 进行修正,将 N 增加 1,即取为 $N+1$,并令 $U=0$。

例 9-10   继续例 9-7,假设电视机供应商为无限供应商,如缺货则采取不补的处理方式,试确定经销店的补货批量 Q 及补货点 r。

解:补货批量与例 9-7 中结果一样,即 $Q=10$ 台。由式(9.54)经计算可知

$$P\{X=1\} = \frac{1}{3} > 1 - \alpha = 0.1$$

故有 $N=0$，再由式(9.55)经计算可知

$$P\{X=1\}(1 - P\{V \leqslant B_6\}) = 0.11 > 1 - \alpha = 0.1$$

$$P\{X=1\}(1 - P\{V \leqslant B_7\}) = 0.09 < 1 - \alpha = 0.1$$

因此 $U=7$ 台，由式(9.43)可得补货点为

$$r = (0 \times 10 + 7) \text{ 台} = 7 \text{ 台}$$

上述结果与例 9-8 中的结果是一样的，这只是一种巧合。

9.4　无限期周期性盘点（s，S）策略

周期性盘点是另一种常见的盘点形式，管理者只在盘点的时刻才会作出补货决策。

在周期性盘点时，通常采用 (s,S) 策略来管理库存，就是在盘点时刻，若将有库存量处在 s 或 s 以下，则进行货物补充，并使将有库存量达到 S。

在周期性盘点 (s,S) 策略下，如果市场需求和补货提前期都是随机变量，则分析过程非常复杂。为简单起见，假设市场需求是确定且恒定的，单位时间的需求量为 λ。

我们可以将 s 作为货物补充的基准值，这样利用基本经济补货批量计算出来的补货批量就对应于 s 与 S 的差值，即

$$S - s = \sqrt{\frac{2\lambda K}{h}} \tag{9.57}$$

如果盘点周期的时间长度为 A，则在一个盘点周期内，市场的总需求为 $A\lambda$，不失一般性，假设 $A\lambda \geqslant S - s$。这样，在每次盘点时刻，库存点处都会向供应商发出一个批量为 $A\lambda$ 的补货请求。

用符号 $\lfloor\ \rfloor$ 表示向下取整，定义

$$N = \left\lfloor \frac{S}{A\lambda} \right\rfloor$$

当排队系统中的订单数变为 N 时，表明在库存点处还剩下不够一个批次 $A\lambda$ 的零星货物量，用 U 表示该零头余额，则有

$$U = S - NA\lambda$$

9.4.1　单一供应商

按照对缺货的两种不同处理方式分别进行讨论。

1. 缺货回补

若将供应商处模拟为一个排队系统，则订单的到达过程是确定性的，即每间隔 A 时间单位就有一个订单到达，每一个订单代表一个批次的货物要被履行补充，假设单个订单的处理时间服从参数为 μ 的指数分布，则供应商处的排队系统是一个 D/M/1 排队系统，此处 D 表示订单到达是确定性的。

由于 D/M/1 排队系统分析过程比较复杂，我们将用 M/M/1 排队系统来代替 D/M/1 排队系统，即假设供应商处的排队系统中订单到达服从参数为 λ 的泊松过程。

定义以下符号：

X——供应商处的排队系统中等待处理的订单数，随机变量，显然有 $0 \leqslant X < \infty$；

Y——库存点处的库存水平，随机变量，可正可负，为正时表示现有库存量，为负时表示缺货量，显然有 $-\infty < Y \leqslant S$；

I——库存点处的将有库存量，随机变量。

根据库存点与供应商的运作模式，下列关系成立

$$I = XA\lambda + Y \tag{9.58}$$

当排队系统中的订单数 $X = N$ 时，库存点处还有零星货物量 U，如果在零星货物量 U 被市场需求消耗完之前一个批次的货物补充到位，则不发生缺货；反之，在下一个批次的货物补充到位之前零星货物量 U 已被市场需求消耗完，则发生缺货。因此，不产生缺货的概率是排队系统中一个订单处理时间小于等于市场产生 U 个需求的总时间的概率。

当市场需求为恒定且需求率为 λ 时，市场产生 U 个需求的总时间就为 $\dfrac{U}{\lambda}$。

定义下述符号：

V——排队系统中单个订单的处理时间，随机变量，服从参数为 μ 的指数分布。

当排队系统中的订单数 $X = N$ 时，不产生缺货状态的概率为

$$P\left\{V \leqslant \frac{U}{\lambda}\right\} = 1 - \mathrm{e}^{-\mu \frac{U}{\lambda}} \tag{9.59}$$

假设系统满足下列平稳条件

$$\frac{\dfrac{1}{A}}{\mu} = \frac{1}{A\mu} < 1 \tag{9.60}$$

则 M/M/1 的平稳状态概率分布为

$$P\{X = n\} = \left(1 - \frac{1}{A\mu}\right)\left(\frac{1}{A\mu}\right)^{n} \tag{9.61}$$

当 $X \leqslant N-1$ 时，表明库存点处处在有货的状态。

设定系统的服务水平为 α，先找出满足下式的最大的 N 值：

$$\sum_{n=0}^{N-1} P\{X = n\} \leqslant \alpha \tag{9.62}$$

再补上当 $X = N$ 时也不缺货的概率，即找出满足下式的最小的 U 值：

$$\sum_{n=0}^{N-1} P\{X = n\} + P\{X = N\}P\left\{V \leqslant \frac{U}{\lambda}\right\} \geqslant \alpha \tag{9.63}$$

然后，按照下式确定补货目标：

$$S = NA\lambda + U \tag{9.64}$$

最后，根据式（9.57）确定补货点

$$s = S - \sqrt{\frac{2\lambda K}{h}} \tag{9.65}$$

在正常情况下，零星货物量 U 应小于批量 $A\lambda$，但在应用上述原理进行计算时，由于是将 D/M/1 排队系统近似为 M/M/1 排队系统，因此有可能出现 U 大于 $A\lambda$，当出现此类情形

时,可将 N 和 U 进行修正,将 N 增加 1,即取为 $N+1$,并令 $U=0$。

例 9-11　某机械制造厂对某类机床刀具的消耗是确定且恒定的,单位时间的消耗量 $\lambda=25$,盘点周期 $A=1$,刀具供应商的补货提前期服从参数为 $\mu=3$ 的指数分布,补货启动费用 $K=16$,持货成本系数 $h=2$,对刀具消耗希望达到 90% 的服务水平,即 $\alpha=0.90$,且采取缺货回补的处理方式,试确定补货目标 S 及补货点 s。

解: 参照基本经济补货批量(式(9.57)),可得

$$S-s=\sqrt{\frac{2\times25\times16}{2}}\text{件}=20\text{件}$$

然后判断稳定性条件(式(9.60))是否得到满足,有

$$\frac{1}{A\mu}=\frac{1}{1\times3}<1$$

所以,系统长期运行下可以达到平稳,由式(9.61)和式(9.62)经计算可知

$$\sum_{n=0}^{1}P\{X=n\}=0.889<\alpha$$

$$\sum_{n=0}^{2}P\{X=n\}=0.963>\alpha$$

故有 $N=2$,再由式(9.59)、式(9.61)和式(9.63)经计算可知

$$\sum_{n=0}^{1}P\{X=n\}+P\{X=2\}P\left\{V\leqslant\frac{1}{25}\right\}=0.897<\alpha$$

$$\sum_{n=0}^{1}P\{X=n\}+P\{X=2\}P\left\{V\leqslant\frac{2}{25}\right\}=0.905>\alpha$$

因此 $U=2$ 件,由式(9.64)可得补货目标为

$$S=(2\times1\times25+2)\text{件}=52\text{件}$$

最后,根据式(9.65)可得补货点为

$$s=(52-20)\text{件}=32\text{件}$$

2. 缺货不补

若将供应商处模拟为一个排队系统,则订单的到达过程是确定性的,即每间隔 A 时间单位就有一个订单到达,每一个订单代表一个批次的货物要被履行补充,假设单个订单的处理时间服从参数为 μ 的指数分布,则供应商处的排队系统是一个 D/M/1/N 排队系统,此处 D 表示订单到达是确定性的。

由于 D/M/1/N 排队系统分析过程比较复杂,我们将用 M/M/1/N 排队系统来代替 D/M/1/N 排队系统,即假设供应商处的排队系统中订单到达服从参数为 λ 的泊松过程。

定义以下符号:

X——供应商处的排队系统中等待处理的订单数,随机变量,显然有 $0\leqslant X<N$;

Y——库存点处的库存水平,随机变量,因是缺货不补,所以有 $0\leqslant Y\leqslant S$;

I——库存点处的将有库存量,随机变量。

根据库存点与供应商的运作模式,下列关系成立:

$$I=XA\lambda+Y \tag{9.66}$$

当排队系统中的订单数 $X=N$ 时,库存点处还有零星货物量 U,如果在零星货物量 U

被市场需求消耗完之前一个批次的货物补充到位,则不发生缺货;反之,在下一个批次的货物补充到位之前零星货物量 U 已被市场需求消耗完,则发生缺货。因此,不产生缺货的概率是排队系统中一个订单处理时间小于等于市场产生 U 个需求的总时间的概率。

当市场需求为恒定且需求率为 λ 时,市场产生 U 个需求的总时间就为 $\dfrac{U}{\lambda}$。

定义下述符号:

V——排队系统中单个订单的处理时间,随机变量,服从参数为 μ 的指数分布。

当排队系统中的订单数 $X=N$ 时,不产生缺货状态的概率为

$$P\left\{V\leqslant \frac{U}{\lambda}\right\}=1-\mathrm{e}^{-\mu\frac{U}{\lambda}} \tag{9.67}$$

$M/M/1/N$ 的平稳状态概率分布为

$$P\{X=n\}=\begin{cases}\dfrac{1-\dfrac{1}{A\mu}}{1-\left(\dfrac{1}{A\mu}\right)^{N+1}}\left(\dfrac{1}{A\mu}\right)^{n}, & \dfrac{1}{A\mu}\neq 1\\[6pt]\dfrac{1}{N+1}, & \dfrac{1}{A\mu}=1\end{cases} \tag{9.68}$$

当 $X\leqslant N-1$ 时,表明库存点处处在有货的状态。

设定系统的服务水平为 α,先找出满足下式的最大的 N 值:

$$\sum_{n=0}^{N-1}P\{X=n\}\leqslant \alpha$$

因 $\displaystyle\sum_{n=0}^{N}P\{X=n\}=1$,故上式即为

$$P\{X=N\}\geqslant 1-\alpha \tag{9.69}$$

再补上当 $X=N$ 时也不缺货的概率,即找出满足下式的最小的 U 值:

$$\sum_{n=0}^{N-1}P\{X=n\}+P\{X=N\}P\left\{V\leqslant \frac{U}{\lambda}\right\}\geqslant \alpha$$

因 $\displaystyle\sum_{n=0}^{N}P\{X=n\}=1$,故上式即为

$$P\{X=N\}\left(1-P\left\{V\leqslant \frac{U}{\lambda}\right\}\right)\leqslant 1-\alpha \tag{9.70}$$

然后,按照下式确定补货目标:

$$S=NA\lambda +U \tag{9.71}$$

最后,根据式(9.57)确定补货点:

$$s=S-\sqrt{\frac{2\lambda K}{h}} \tag{9.72}$$

在正常情况下,零星货物量 U 应小于批量 $A\lambda$,但在应用上述原理进行计算时,由于是将 $D/M/1/N$ 排队系统近似为 $M/M/1/N$ 排队系统,因此有可能出现 U 大于 $A\lambda$,当出现此类情形时,可将 N 和 U 进行修正,将 N 增加 1,即取为 $N+1$,并令 $U=0$。

例 9-12　继续例 9-11,若采取缺货不补的处理方式,试确定补货目标 S 及补货点 s。

解:参照基本经济补货批量(式(9.57)),可得

$$S - s = \sqrt{\frac{2 \times 25 \times 16}{2}} \text{ 件} = 20 \text{ 件}$$

根据式(9.69),经计算可知

$$P\{X = 1\} = 0.25 > 1 - \alpha = 0.1$$
$$P\{X = 2\} = 0.077 < 1 - \alpha = 0.1$$

故有 $N = 1$,由式(9.70),有

$$P\{X = 1\}\left(1 - P\left\{V \leqslant \frac{7}{25}\right\}\right) = 0.108 > 1 - \alpha = 0.1$$

$$P\{X = 1\}\left(1 - P\left\{V \leqslant \frac{8}{25}\right\}\right) = 0.096 < 1 - \alpha = 0.1$$

因此 $U = 8$ 件,由式(9.71)可得补货目标为

$$S = (1 \times 1 \times 25 + 8) \text{ 件} = 33 \text{ 件}$$

最后,根据式(9.72)可得补货点为

$$s = (33 - 20) \text{ 件} = 13 \text{ 件}$$

与例 9-11 中的结果比较,可知补货目标及补货点有了较大幅度的下降。

9.4.2　无限供应商

与 9.4.1 节的区别是将单一供应商改为无限供应商,其他符号及含义相同。

利用基本经济补货批量计算出来的补货批量就对应于 S 与 s 的差值,即

$$S - s = \sqrt{\frac{2\lambda K}{h}} \tag{9.73}$$

1. 缺货回补

若将供应商处模拟为一个排队系统,当采取缺货回补的处理方式时,则其为一个 D/M/∞ 排队系统,假设单个订单的处理时间服从参数为 μ 的指数分布。

由于 D/M/∞ 排队系统分析过程比较复杂,我们将用 M/M/∞ 排队系统来代替 D/M/∞ 排队系统,即假设供应商处的排队系统中订单到达服从参数为 λ 的泊松过程。

定义以下符号:

X——供应商处的排队系统中等待处理的订单数,随机变量,显然有 $0 \leqslant X < \infty$;

Y——库存点处的库存水平,随机变量,可正可负,为正时表示实物库存量,为负时表示缺货量,显然有 $-\infty < Y \leqslant S$;

I——库存点处的将有库存量,随机变量。

根据库存点与供应商的运作模式,下列关系成立:

$$I = XA\lambda + Y \tag{9.74}$$

当排队系统中的订单数 $X = N$ 时,库存点处还有零星货物量 U,不产生缺货的概率是排队系统中最先完成处理的订单的处理时间小于等于市场产生 U 个需求的总时间的概率。

当市场需求为恒定且需求率为 λ 时,市场产生 U 个需求的总时间就为 $\dfrac{U}{\lambda}$。

定义以下符号：

V——排队系统中有 N 个订单时最先完成处理的订单的处理时间，随机变量，服从参数为 $N\mu$ 的指数分布。

当排队系统中的订单数 $X = N$ 时，不产生缺货状态的概率为

$$P\left\{V \leqslant \frac{U}{\lambda}\right\} = 1 - \mathrm{e}^{-N\mu\frac{U}{\lambda}} \tag{9.75}$$

M/M/∞ 排队系统无条件达到平稳，且平稳状态概率分布为

$$P\{X = n\} = \frac{\left(\frac{1}{A\mu}\right)^n}{n!}\mathrm{e}^{-\frac{1}{A\mu}} \tag{9.76}$$

当 $X \leqslant N-1$ 时，表明库存点处处在有货的状态。

设定系统的服务水平为 α，先找出满足下式的最大的 N 值：

$$\sum_{n=0}^{N-1} P\{X = n\} \leqslant \alpha \tag{9.77}$$

再补上当 $X = N$ 时也不缺货的概率，即找出满足下式的最小的 U 值：

$$\sum_{n=0}^{N-1} P\{X = n\} + P\{X = N\}P\left\{V \leqslant \frac{U}{\lambda}\right\} \geqslant \alpha \tag{9.78}$$

然后，按照下式确定补货目标：

$$S = NA\lambda + U \tag{9.79}$$

最后，根据式（9.73）确定补货点：

$$s = S - \sqrt{\frac{2\lambda K}{h}} \tag{9.80}$$

在正常情况下，零星货物量 U 应小于批量 $A\lambda$，但在应用上述原理进行计算时，由于是将 D/M/∞ 排队系统近似为 M/M/∞ 排队系统，因此有可能出现 U 大于 $A\lambda$，当出现此类情形时，可将 N 和 U 进行修正，将 N 增加 1，即取为 $N+1$，并令 $U=0$。

例 9-13 继续例 9-11，假设刀具供应商为无限供应商，如采取缺货回补的处理方式，试确定补货目标 S 及补货点 s。

解：参照基本经济补货批量式（9.73），可得

$$S - s = \sqrt{\frac{2 \times 25 \times 16}{2}} \ 件 = 20 \ 件$$

由式（9.76）和式（9.77）经计算可知

$$\sum_{n=0}^{0} P\{X = n\} = 0.717 < \alpha = 0.9$$

$$\sum_{n=0}^{1} P\{X = n\} = 0.955 > \alpha = 0.9$$

故有 $N=1$，再由式（9.75）、式（9.76）和式（9.78）经计算可知

$$\sum_{n=0}^{0} P\{X = n\} + P\{X = 1\}P\left\{V \leqslant \frac{12}{25}\right\} = 0.899 < \alpha = 0.9$$

$$\sum_{n=0}^{0} P\{X = n\} + P\{X = 1\}P\left\{V \leqslant \frac{13}{25}\right\} = 0.905 > \alpha = 0.9$$

因此 $U=13$ 件,由式(9.79)可得补货目标为
$$S = (1 \times 1 \times 25 + 13) \text{ 件} = 38 \text{ 件}$$
最后,根据式(9.80)可得补货点为
$$s = (38 - 20) \text{ 件} = 18 \text{ 件}$$

2. 缺货不补

若将供应商处模拟为一个排队系统,当采取缺货不补的处理方式时,则其为一个 D/M/N/N 排队系统,假设单个订单的处理时间服从参数为 μ 的指数分布。

由于 D/M/N/N 排队系统分析过程比较复杂,我们将用 M/M/N/N 排队系统来代替 D/M/N/N 排队系统,即假设供应商处的排队系统中订单到达服从参数为 λ 的泊松过程。

定义以下符号:

X——供应商处的排队系统中等待处理的订单数,随机变量,显然有 $0 \leqslant X < N$;

Y——库存点处的库存水平,随机变量,因是缺货不补,所以有 $0 \leqslant Y \leqslant S$;

I——库存点处的将有库存量,随机变量。

根据库存点与供应商的运作模式,下列关系成立:
$$I = XA\lambda + Y \tag{9.81}$$

当排队系统中的订单数 $X=N$ 时,库存点处还有零星货物量 U,不产生缺货的概率是排队系统中最先完成处理的订单的处理时间小于等于市场产生 U 个需求的总时间的概率。

当市场需求为恒定且需求率为 λ 时,市场产生 U 个需求的总时间就为 $\dfrac{U}{\lambda}$。

定义以下符号:

V——排队系统中有 N 个订单时最先完成处理的订单的处理时间,随机变量,服从参数为 $N\mu$ 的指数分布。

当排队系统中的订单数 $X=N$ 时,不产生缺货状态的概率为
$$P\left\{V \leqslant \frac{U}{\lambda}\right\} = 1 - e^{-N\mu \frac{U}{\lambda}} \tag{9.82}$$

M/M/N/N 的平稳状态概率分布为
$$P\{X=n\} = \frac{1}{\sum_{m=0}^{N} \frac{\left(\frac{1}{A\mu}\right)^m}{m!}} \frac{\left(\frac{1}{A\mu}\right)^n}{n!} \tag{9.83}$$

当 $X \leqslant N-1$ 时,表明库存点处处在有货的状态。

设定系统的服务水平为 α,先找出满足下式的最大的 N 值:
$$\sum_{n=0}^{N-1} P\{X=n\} \leqslant \alpha$$

因 $\sum_{n=0}^{N} P\{X=n\} = 1$,故上式即为
$$P\{X=N\} \geqslant 1-\alpha \tag{9.84}$$

再补上当 $X=N$ 时也不缺货的概率,即找出满足下式的最小的 U 值:
$$\sum_{n=0}^{N-1} P\{X=n\} + P\{X=N\}P\left\{V \leqslant \frac{U}{\lambda}\right\} \geqslant \alpha$$

因 $\sum_{n=0}^{N} P\{X = n\} = 1$，故上式即为

$$P\{X = N\} \left(1 - P\left\{ V \leqslant \frac{U}{\lambda} \right\} \right) \leqslant 1 - \alpha \qquad (9.85)$$

然后，按照下式确定补货目标：

$$S = NA\lambda + U \qquad (9.86)$$

最后，根据式（9.73）确定补货点：

$$s = S - \sqrt{\frac{2\lambda K}{h}} \qquad (9.87)$$

在正常情况下，零星货物量 U 应小于批量 $A\lambda$，但在应用上述原理进行计算时，由于是将 D/M/N/N 排队系统近似为 M/M/N/N 排队系统，因此有可能出现 U 大于 $A\lambda$。当出现此类情形时，可将 N 和 U 进行修正，将 N 增加 1，即取为 $N+1$，并令 $U=0$。

例 9-14　继续例 9-11，假设刀具供应商为无限供应商，如采取缺货不补的处理方式，试确定补货目标 S 及补货点 s。

解：参照基本经济补货批量式（式（9.73）），可得

$$S - s = \sqrt{\frac{2 \times 25 \times 16}{2}} \text{ 件} = 20 \text{ 件}$$

根据式（9.83）和式（9.84），经计算可知

$$P\{X = 1\} = 0.25 > 1 - \alpha = 0.1$$
$$P\{X = 2\} = 0.04 < 1 - \alpha = 0.1$$

故有 $N=1$，由式（9.82）、式（9.83）和式（9.85），有

$$P\{X = 1\} \left(1 - P\left\{ V \leqslant \frac{7}{25} \right\} \right) = 0.108 > 1 - \alpha = 0.1$$

$$P\{X = 1\} \left(1 - P\left\{ V \leqslant \frac{8}{25} \right\} \right) = 0.096 < 1 - \alpha = 0.1$$

因此 $U=8$ 件，由式（9.86）可得补货目标为

$$S = (1 \times 1 \times 25 + 8) \text{ 件} = 33 \text{ 件}$$

最后，根据式（9.87）可得补货点为

$$s = (33 - 20) \text{ 件} = 13 \text{ 件}$$

与例 9-13 中的结果比较，可知补货目标及补货点有所下降。

小结与讨论

如果库存系统长期运行过程中在同一时刻基本上最多只有单个批次的在途库存，则可以利用 9.1 节的方法计算服务水平，并可进一步确定库存管理策略。

当补货提前期是随机变量且频繁出现同一时刻有多个批次的在途库存时，可将补货过程模拟为排队系统。本章主要是利用 M/M/· 类型的排队系统来进行分析，即假设订单到达排队系统服从泊松过程、服务台对订单处理的时间服从指数分布。我们知道，对于泊松过程，两两事件发生的时间间隔服从指数分布，而指数分布具有无记忆性，这种无记忆性质与

许多实际情况是不相符的,因此将随机补货提前期的库存系统模拟为 M/M/· 类型的排队系统只是近似的分析方法。

就排队系统而言,对于一般订单到达的 G/M/1 类型的排队系统可以得到精确的平稳状态概率分布,对于一般订单处理的 M/G/1 类型的排队系统也可以得到精确的平稳状态概率分布,如果利用它们来分析随机补货提前期的库存系统,有可能得到比利用 M/M/· 类型的排队系统更好的结果,感兴趣的读者可以参考有关文献。

对于排队系统,一般都是分析无限长时间运行后的平稳结果,而有限时间的瞬态结果的分析比较复杂,本章只对无限长时间的平稳结果进行了讨论,对有限时间的瞬态结果感兴趣的读者可以参考有关文献。

习题

9-1　讨论补货提前期的不确定对库存决策的影响。

9-2　某产品的市场需求是确定且恒定的,需求率 $\lambda = 5$。在开始补货的时刻,现有库存量为 280。补货提前期服从参数 $\mu = 40, \sigma = 30$ 的正态分布。系统长期运行过程中在同一时刻最多只有单个批次的在途库存,试分别计算系统的第一类服务水平和第二类服务水平。

9-3　某家具店对沙发采用无限期连续性盘点基准库存策略来管理库存,市场需求服从参数 $\lambda = 2$ 的泊松过程,如缺货则采取缺货回补的处理方式。沙发生产厂家按照订单先到先生产的方式进行补货,补货提前期服从参数 $\mu = 3$ 的指数分布。如果家具店经理要求服务水平达到 98%,试确定最优基准库存策略的基准值 r。

9-4　在习题 9-3 中如果家具店对缺货采取缺货不补的处理方式,试求其最优基准库存策略的基准值 r。

9-5　某产品需求服从参数为 $\lambda = 8$ 的泊松过程。补货提前期服从参数 $\mu = 10$ 的指数分布,且供应商能力无限。采用基准库存策略来管理库存,服务水平要求为 95%。试分别计算在缺货回补与缺货不补的处理方式下,最优基准库存策略的基准值 r。

9-6　某洗衣机直销店采用无限期连续性盘点 (r, Q) 策略进行库存管理,并希望服务水平达到 95%。假设市场需求服从参数为 $\lambda = 15$ 的泊松过程,补货启动费用为 20,持货成本系数为 1,补货提前期服从参数为 $\mu = 3$ 的指数分布,试分别计算在缺货回补和缺货不补的处理方式下直销店的补货点 r 及补货批量 Q。

9-7　在习题 9-6 中,如果洗衣机的供应商为无限供应商,试分别计算在缺货回补和缺货不补的处理方式下直销店的补货点 r 及补货批量 Q。

9-8　某零售店中一种玩具电动车的需求服从 $\lambda = 20$ 的泊松过程。该玩具的进货来源唯一。商店采用无限期周期性盘点 (s, S) 策略来管理库存,且盘点周期为 1。补货提前期服从参数为 $\mu = 2$ 的指数分布,补货启动费用为 25,持货成本系数为 1。商店希望达到 95% 的服务水平,试分别计算在缺货回补和缺货不补的处理方式下商店的补货点 s 及补货目标 S。

9-9　在习题 9-8 中,如果玩具进货来源是无限的,试分别计算在缺货回补和缺货不补的处理方式下商店的补货点 s 及补货目标 S。

第 10 章 多级随机库存系统简介

大多数现实的库存系统,从物流和信息流的角度来看,可以被处理为多级库存系统。对于多级库存系统,各节点可以独立地进行决策,管理者根据下游的需求和上游的供货情况来确定自身的库存管理策略。这种分散独立决策的方式只是考虑自身的局部利益,并没有考虑整个供应链的效益,由此可能会产生一些问题。

另一方面,也有一些多级库存系统,各节点独立决策并不一定合理。例如,一个制造企业,从原材料到在制品再到成品的各个库存节点都属于企业的内部,一个连锁经营的公司,配送中心及所有的销售店都属于同一个企业集团,一个供应商管理库存的模式中,客户的库存管理已授权给了供应商。对于这类多级库存系统,可以采取比分散独立决策更有效的管理方法,使整个供应链的效益得到提高。

对于多级库存系统,终端市场需求一般是不确定的,可以被处理为随机市场需求。这样,终端销售店在管理自身的库存时,对上游供应商产生的需求一般也是不确定的。依此类推,在整个供应链上,下游节点对上游节点所产生的需求均被处理为随机的需求。

本章主要讨论随机需求下多级库存系统的管理,且以周期性盘点方式为主。

10.1 分散独立决策

终端市场产生随机需求,根据需求规律,终端销售店确定库存管理策略。在执行该库存管理策略的同时就产生了对上游节点的需求,上游节点通过对来自终端销售店的历史需求数据进行统计分析,识别其需求规律,并确定自身的库存管理策略。依此类推,得到整个供应链上所有节点的库存管理策略。

下面以两级系统为例,简单介绍几种典型结构的库存系统的分析。

10.1.1 串型结构

如图 10.1 所示为两节点的串型结构系统,考虑运行时间为无限期,系统的运作方式及有关参数如下:

节点 2:终端市场的随机需求发生在该节点,每次向节点 1 发出补货请求时的启动费用为 K_2,持货成本系数为 h_2,从节点 1 向节点 2 供货时无提前期,若节点 2 对终端顾客缺货则不补。

图 10.1 两级串型系统

节点 1:需求是来自节点 2 的补货请求,需求的形式与节点 2 的库存管理策略有关,属于随机需求。假设节点 1 每次进行货物补充时的启动费用为 K_1,持货成本系数为 h_1,货物补充时无提前期,若节点 1 对节点 2 缺货则不补。

对于节点 2 来说,可以采用周期性盘点 (s_2, S_2) 策略,其中,s_2 是补货点,可参照要求的服务水平来确定;S_2 是补货目标,可参照基本经济补货批量来确定。在每期开始时刻,若库存量在 s_2 以上,则不补充;若在 s_2 以下,则将库存量补充到 S_2。

由此可见,节点 2 对节点 1 所产生的需求是不确定的,有的时候可能没有需求,有的时候会有一定量的需求,还有的时候可能是很大的需求。

将节点 2 对节点 1 所产生的需求模拟为随机需求,可以根据过去的历史数据来估计需求的概率分布。在此基础上,节点 1 可以采用周期性盘点 (s_1, S_1) 策略,在每期开始时刻,若库存量在 s_1 以上,则不补充,若在 s_1 以下,则将库存量补充到 S_1。

各节点在利用服务水平确定补货点时,可参照第一类服务水平来进行计算。

例 10-1　某产品的专卖店处,单位时间终端市场需求服从参数 $\mu_2 = 0.05$ 的指数分布,向供应商发出补货请求时的启动费用为 $K_2 = 100$ 元/次,持货成本系数为 $h_2 = 10$ 元/(单位货物·单位时间)。供应商处,通过统计分析,认为来自专卖店的需求比较符合均值 $\lambda_1 = 20$、标准差 $\sigma_1 = 25$ 的正态分布,向厂家发出补货请求时的启动费用为 $K_1 = 200$ 元/次,持货成本系数为 $h_1 = 6$ 元/(单位货物·单位时间)。假设专卖店和供应商希望达到 90% 的服务水平,试确定各自的库存管理策略。

解:对于专卖店,单位时间终端市场需求服从参数 $\mu_2 = 0.05$ 的指数分布,由 90% 的服务水平,可从下列关系来求补货点:

$$1 - e^{-0.05 s_2} = 0.9$$

解上述方程可得 $s_2 = 46.05$。参数为 μ_2 的指数分布的均值为 $\lambda_2 = \dfrac{1}{\mu_2}$,由基本经济补货批量,有

$$Q_2 = \sqrt{\frac{2\lambda_2 K_2}{h_2}} = \sqrt{\frac{2\left(\dfrac{1}{\mu_2}\right) K_2}{h_2}} = \sqrt{\frac{2 \times \left(\dfrac{1}{0.05}\right) \times 100}{10}} \text{ 单位货物} = 20 \text{ 单位货物}$$

故补货目标为

$$S_2 = s_2 + Q_2 = (46.05 + 20) \text{ 单位货物} = 66.05 \text{ 单位货物}$$

对于供应商,由 90% 的服务水平,查标准正态分布面积表,可得对应的 $z_1 = 1.28$,因此,补货点为

$$s_1 = \lambda_1 + \sigma_1 z_1 = (20 + 25 \times 1.28) \text{ 单位货物} = 52 \text{ 单位货物}$$

由基本经济补货批量,有

$$Q_1 = \sqrt{\frac{2\lambda_1 K_1}{h_1}} = \sqrt{\frac{2 \times 20 \times 200}{6}} \text{ 单位货物} = 36.51 \text{ 单位货物}$$

故补货目标为

$$S_1 = s_1 + Q_1 = (52 + 36.51) \text{ 单位货物} = 88.51 \text{ 单位货物}$$

10.1.2　合流型结构

如图 10.2 所示为三节点的合流型结构系统,考虑运行时间为无限期,系统的运作方式

及有关参数如下：

节点 3：终端市场的随机需求发生在该节点，每次
向节点 1 和节点 2 发出补货请求时的启动费用为 K_3，
持货成本系数为 h_3，从节点 1 和节点 2 向节点 3 供货
时无提前期，若节点 3 对终端顾客缺货则不补。

节点 1 和节点 2：需求是来自节点 3 的补货请求，
需求的形式与节点 3 的库存管理策略有关，属于随机
需求。假设节点 1 每次进行货物补充时的启动费用为
K_1，持货成本系数为 h_1，货物补充时无提前期。假设节点 2 每次进行货物补充时的启动费
用为 K_2，持货成本系数为 h_2，货物补充时无提前期。若两节点对节点 3 缺货则不补。

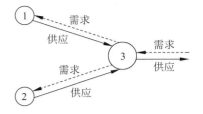

图 10.2　两级合流型系统

3 个节点分别采用周期性盘点 (s_1, S_1) 策略、(s_2, S_2) 策略和 (s_3, S_3) 策略来管理各自的
库存，可利用与 10.1.1 节相同的方法来确定各自的补货点及补货目标。

例 10-2　某家电产品，两个核心部件分别由两个不同的零部件厂家供货，组装时间可
忽略不计，单位时间终端市场需求服从参数 $\lambda_3 = 20$ 的泊松分布，组装厂向节点 1 和节点 2
发出补货请求时的启动费用 $K_3 = 270$ 元/次，持货成本系数为 $h_3 = 15$ 元/（单位货物·单位
时间）。通过统计分析，两零部件厂家认为来自组装厂的需求比较符合均值 $\mu_1 = \lambda_2 = 20$、标
准差 $\sigma_1 = \sigma_2 = 6$ 的正态分布，零部件厂 1 进行生产补充时的启动费用为 $K_1 = 240$ 元/次，持
货成本系数为 $h_1 = 6$ 元/（单位货物·单位时间），零部件厂 2 进行生产补充时的启动费用为
$K_2 = 360$ 元/次，持货成本系数为 $h_2 = 4$ 元/（单位货物·单位时间）。假设所有厂家希望达
到 95% 的服务水平，试确定各自的库存管理策略。

解：对于组装厂，单位时间终端市场需求服从参数 $\lambda_3 = 20$ 的泊松分布，故需求为 n 的
概率为 $\dfrac{(\lambda_3)^n}{n!} e^{-\lambda_3}$，按 95% 的服务水平，进行下列计算：

$$\sum_{n=0}^{27} \frac{(20)^n}{n!} e^{-20} = 0.948 < 0.95$$

$$\sum_{n=0}^{28} \frac{(20)^n}{n!} e^{-20} = 0.966 > 0.95$$

因此，补货点为 $s_3 = 28$ 单位货物。参数为 λ_3 的泊松分布的均值为 λ_3，由基本经济补货批
量，有

$$Q_3 = \sqrt{\frac{2\lambda_3 K_3}{h_3}} = \sqrt{\frac{2 \times 20 \times 270}{15}} \text{ 单位货物} = 26.83 \text{ 单位货物} = 27 \text{ 单位货物（取整）}$$

故补货目标为

$$S_3 = s_3 + Q_3 = (28 + 27) \text{ 单位货物} = 55 \text{ 单位货物}$$

对于零部件厂 1，由 95% 的服务水平，查标准正态分布面积表，可得对应的 $z_1 = 1.645$，因此，
补货点为

$$s_1 = \lambda_1 + \sigma_1 z_1 = (20 + 6 \times 1.645) \text{ 单位货物} = 29.87 \text{ 单位货物} = 30 \text{ 单位货物（取整）}$$

由基本经济补货批量，有

$$Q_1 = \sqrt{\frac{2\lambda_1 K_1}{h_1}} = \sqrt{\frac{2 \times 20 \times 240}{6}} \text{ 单位货物} = 40 \text{ 单位货物}$$

故补货目标为

$$S_1 = s_1 + Q_1 = (30 + 40)\text{单位货物} = 70\text{单位货物}$$

对于零部件厂2,由95%的服务水平,查标准正态分布面积表,可得对应的$z_2 = 1.645$,因此,补货点为

$$s_2 = \lambda_2 + \sigma_2 z_2 = (20 + 6 \times 1.645)\text{单位货物} = 29.87\text{单位货物} = 30\text{单位货物(取整)}$$

由基本经济补货批量,有

$$Q_2 = \sqrt{\frac{2\lambda_2 K_2}{h_2}} = \sqrt{\frac{2 \times 20 \times 360}{4}}\text{单位货物} = 60\text{单位货物}$$

故补货目标为

$$S_2 = s_2 + Q_2 = (30 + 60)\text{单位货物} = 90\text{单位货物}$$

10.1.3　分支型结构

如图10.3所示为三节点的分支型结构系统,考虑运行时间为无限期,系统的运作方式及有关参数如下:

节点1和节点2:终端市场的随机需求发生在该两节点,每次节点1向节点0发出补货请求时的启动费用为K_1,持货成本系数为h_1;每次节点2向节点0发出补货请求时的启动费用为K_2,持货成本系数为h_2。从节点0向节点1和节点2供货时无提前期,若节点1和节点2对终端顾客缺货则不补。

节点0:需求是来自节点1和节点2的补货请求,需求的形式与节点1和节点2的库存管理策略

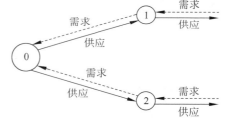

图 10.3　两级分支型系统

有关,属于随机需求。假设节点0每次进行货物补充时的启动费用为K_0,持货成本系数为h_0,货物补充时无提前期,若节点0对节点1和节点2缺货则不补。

3个节点分别采用周期性盘点(s_0, S_0)策略、(s_1, S_1)策略和(s_2, S_2)策略来管理各自的库存,可利用与10.1.1节和10.1.2节相同的方法来确定各自的补货点及补货目标。

例 10-3　某连锁企业,配送中心负责向两个销售店供货。销售店1处的单位时间终端市场需求服从均值$\lambda_1 = 450$、标准差$\sigma_1 = 78$的正态分布,向配送中心发出补货请求时的启动费用为$K_1 = 300$元/次,持货成本系数为$h_1 = 5.5$元/(单位货物·单位时间);销售店2处的单位时间终端市场需求服从均值$\lambda_2 = 630$、标准差$\sigma_2 = 85$的正态分布,向配送中心发出补货请求时的启动费用为$K_2 = 420$元/次,持货成本系数为$h_2 = 5.5$元/(单位货物·单位时间)。配送中心处,通过统计分析,认为来自销售店1的需求符合均值$\lambda_0^1 = 450$、标准差$\sigma_0^1 = 108$的正态分布,来自销售店2的需求符合均值$\lambda_0^2 = 630$、标准差$\sigma_0^2 = 122$的正态分布,向厂家发出补货请求时的启动费用为$K_0 = 2890$元/次,持货成本系数为$h_0 = 4$元/(单位货物·单位时间)。假设配送中心和销售店希望达到90%的服务水平,试确定各自的库存管理策略。

解:对于销售店1,由90%的服务水平,查标准正态分布面积表,可得对应的$z_1 = 1.28$,因此,补货点为

$$s_1 = \lambda_1 + \sigma_1 z_1 = (450 + 78 \times 1.28)\text{单位货物} = 549.84\text{单位货物}$$

由基本经济补货批量，有

$$Q_1 = \sqrt{\frac{2\lambda_1 K_1}{h_1}} = \sqrt{\frac{2 \times 450 \times 300}{5.5}} \text{ 单位货物} = 221.56 \text{ 单位货物}$$

故补货目标为

$$S_1 = s_1 + Q_1 = (549.84 + 221.56) \text{ 单位货物} = 771.4 \text{ 单位货物}$$

对于销售店 2，由 90% 的服务水平可得对应的 $z_2 = 1.28$，因此，补货点为

$$s_2 = \lambda_2 + \sigma_2 z_2 = (630 + 85 \times 1.28) \text{ 单位货物} = 738.8 \text{ 单位货物}$$

由基本经济补货批量，有

$$Q_2 = \sqrt{\frac{2\lambda_2 K_2}{h_2}} = \sqrt{\frac{2 \times 630 \times 420}{5.5}} \text{ 单位货物} = 310.19 \text{ 单位货物}$$

故补货目标为

$$S_2 = s_2 + Q_2 = (738.8 + 310.19) \text{ 单位货物} = 1048.99 \text{ 单位货物}$$

对于配送中心，需求来自销售店 1 和销售店 2，因销售店 1 所产生的需求服从正态分布，销售店 2 所产生的需求也服从正态分布，由概率理论知道，两个独立的正态分布的合成也是正态分布，故配送中心处的需求服从正态分布且均值 $\lambda_0 = \lambda_0^1 + \lambda_0^2 = (450 + 630)$ 单位货物 $= 1080$ 单位货物，标准差 $\sigma_0 = \sqrt{(\sigma_0^1)^2 + (\sigma_0^2)^2} = \sqrt{108^2 + 122^2}$ 单位货物 $= 162.94$ 单位货物，由 90% 的服务水平可得对应的 $z_0 = 1.28$，因此，补货点为

$$s_0 = \lambda_0 + \sigma_0 z_0 = (1080 + 162.94 \times 1.28) \text{ 单位货物} = 1288.56 \text{ 单位货物}$$

由基本经济补货批量，有

$$Q_0 = \sqrt{\frac{2\lambda_0 K_0}{h_0}} = \sqrt{\frac{2 \times 1080 \times 2890}{4}} \text{ 单位货物} = 1249.24 \text{ 单位货物}$$

故补货目标为

$$S_0 = s_0 + Q_0 = (1288.56 + 1249.24) \text{ 单位货物} = 2537.80 \text{ 单位货物}$$

以上介绍了几种常见的多级库存系统在分散独立决策方式下的分析与计算。这里需要指出的是，由于各节点所面临的需求具有随机性，理论上就有可能出现上游节点对下游节点缺货的情形，此时下游的需求就不能完全得到满足。而我们在参照服务水平来确定各节点的补货点时，并未考虑上游节点会产生不能满足下游节点需求的情况，实质上是将上游节点看成了具有无限货源的节点，时时刻刻都能满足来自下游的需求。如果按照前面的计算方法来确定补货点和补货目标，就会出现实际的服务水平低于要求的服务水平。因此，可考虑将各节点的补货点和补货目标适当放大，使服务水平达到要求的服务水平。

当不存在补货提前期时，若对终端顾客采取缺货回补的处理方式，也可用相同的方法进行分析。

10.2　长鞭效应

在由多级节点组成的库存系统中，如果各节点以分散独立决策的方式进行运作，则决策的目标是使各自局部的利益达到最优，而系统整体并不一定处在最优的运作状态。

　　这种情况下,常会出现如下现象:需求从终端向上游逐步传递时,需求的波动将逐级放大,如图 10.4 所示。销售商面临的终端市场需求只有少许波动;批发商的需求是来自销售商的补货请求,需求的波动比终端市场需求的波动有了放大;生产商的需求是来自批发商的补货请求,需求的波动又有了放大;零部件供应商的需求是来自生产商的补货请求,需求的波动进一步放大。

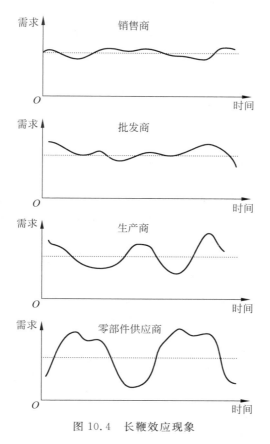

图 10.4　长鞭效应现象

　　这种需求波动放大的现象如同一根甩起的长鞭,将处于下游的节点比作根部、上游的节点比作梢部,一旦根部抖动,传递到末梢端就会出现很大的波动,因此被形象地称为长鞭效应。

　　长鞭效应是供应链系统中比较普遍存在的一种现象,数十年来,许多学者与实践者开展了大量的工作,旨在揭示和克服长鞭效应。例如,早期的"啤酒游戏",就是在实验室里模拟啤酒的生产与销售过程中需求波动的放大现象,也有很多文献对长鞭效应进行了深入的理论分析。

　　长鞭效应产生的原因主要有以下几方面。

　　(1)需求预测的数据更新:现时的决策是为了满足未来的需求,未来的需求一般是通过预测来把握的。无论是用时间序列方法还是其他方法来进行预测,都是对过去的历史数据进行分析来推测未来的需求。如果上一期需求很大,预测下一期的需求时就可能得出较高的结果,由此可能会作出补货批量较大的决策。而实际的需求是有波动的,因此下一期的真实需求有可能是较小。这样，下一期运行结束后，可能会形成过多的剩余库存，这将影响到接下来的决策。由此可见，虽然终端市场需求的波动不一定很大，但销售商向批发商的需求的波动就可能被放大了，即造成需求的波动被逐级放大。

（2）批量补货：实际的库存系统大多采取批量补货，只要补货会带来启动费用，批量补货就具有规模效益的好处。有很多原因说明批量补货是合理的，如采购量越大，价格会越优惠；运输时满载的运费率比零担运费率更低；批量越大，则单位库存量消耗资源的边际成本就下降等。批量补货实际上是将较长时间的需求累积起来，一次性地补充到位。但由于需求是有波动的，至下一次补货无论是时间上还是量上，都有很大的不确定性。因此，销售商向批发商的补货的波动就可能被放大了，即造成需求的波动被逐级放大。

（3）价格波动：许多销售商经常开展促销活动，活动期间，商品价格会有一定的优惠，消费者在这期间就大量购买。促销活动结束后，价格恢复正常，这时，消费者就消耗先前已购买的货物，直至货物被消耗完，然后进行正常的按需求购买。这种促销活动人为地加大了需求的波动，这种终端市场需求波动的加大，将导致供应链上需求的波动被逐级进一步放大。

（4）限量供应和短缺博弈：通常情况下，一个供应商会对多个需求点供货，有时在供应商处会出现货物短缺。当出现货物短缺的时候，供应商一般是通过比例配货的方式来处理，即向各需求点发送的货物量与各需求点所提出的补货批量占总补货批量的比例是一致的。各需求点为了得到充足的货物，会采取向供应商虚报补货批量，即向供应商提出高于真实需求的补货批量，以期通过按比例配货后，能尽可能地得到接近于真实需求的补货批量，这就形成了短缺博弈。供应商汇总所有需求点的需求信息后，就会加大向上游的补货请求，而一旦终端市场需求下降时，供应商处就会囤积大量的库存，从而向上游的补货请求就变得很小，即造成需求的波动被逐级放大。

（5）补货提前期：如果供应链上所有环节都无补货提前期，那么只要终端一产生需求，就可以立即从供应链的最上游将货物瞬间转移到最下游。如果能这样适时地满足市场需求，则需求的波动就不可能被逐级放大。但实际的供应链系统，补货不可能没有提前期，无论是生产还是运输，都需要一定的时间才能完成。补货提前期越长，则补货提前期内需求的波动就越大。为了满足一定的服务水平，下游节点就有可能提出较大的补货批量请求，但补货提前期内的真实需求有可能出现较小的时候，这样下游节点就会提出较小的补货批量请求甚至无补货请求，因此造成需求的波动被逐级放大。

长鞭效应对供应链整体来讲是一种不利的现象，它会增加企业的经营成本，尤其是处在上游的企业。针对长鞭效应产生的原因，可以从以下几方面采取措施来降低长鞭效应的影响。

（1）避免所有节点都进行需求预测的更新。如果供应链上的企业都独立地进行决策，那么它必须对下游企业的需求进行预测。如前所述，需求预测要进行数据的更新，这就可能会造成需求波动的逐级放大。一个有效的办法是让上游企业直接获得终端市场的需求预测结果，这样就可避免各级独立进行预测而带来的需求波动的逐级放大。从技术上是可以实现这一目的的，如可以通过电子数据交换（EDI）系统或因特网来使上游企业获得其下游企业的需求信息。还有的企业采取绕过下游企业来获得终端市场需求信息的策略，例如戴尔计算机公司就绕过传统的分销渠道，实行全球网上订货，这样戴尔公司就可以直接了解其产品的终端市场需求情况。

　　(2) 缩小补货批量。补货批量越大,就越有可能造成需求波动的放大,应鼓励企业调整补货策略,实行小批量、多频次的采购或供应模式。当然,这又带来另一个问题,就是缩小补货批量后,如何继续获得运作的规模效益。有一些切实可行的方法来解决这一问题。许多实际的系统中,下游企业会从供应商处购进多种品目的物料,因此,货车一次就可从同一供应商处满载多品种的产品,而不是满载同一品种的产品。这样,对每一产品来说其补货的频率增大了,但总体上的送货频率并没有改变,仍可获得运输的规模效益。例如,宝洁公司对愿意进行这种混合订购的顾客给予折扣优惠。还有,可以考虑使用第三方物流公司,也可使小批订购实现规模效益。

　　(3) 稳定价格。前面已分析,促销等价格波动会导致长鞭效应现象,可以设法控制提前购买,尽量减少价格折扣的频率和幅度。还可以通过精确计算库存、特殊处理和运输等成本,使企业实行天天低价的价格策略。

　　(4) 消除短缺情况下的博弈行为。当供应商面临货源不足时,可以根据下游企业以前的销售记录来进行限额供应,而不是根据当前的订购数量来按比例配货。例如,通用汽车,还有惠普等公司,就采取这种方式来处理货源不足时的配货问题。还有,也可以与下游企业共享生产能力和库存状况的有关信息,来减轻下游企业的忧虑,从而减少它们参与博弈的主动性。此外,上游企业给下游企业的退货政策也会鼓励博弈行为,如果缺乏惩罚约束,下游企业会不断夸大它们的需求,在供给过剩的时候再退货或取消订单。因此,应合理制定退货约束机制。

　　(5) 缩短补货提前期。最理想的状况是消除所有的补货提前期,这样可以使长鞭效应现象得到抑制。但实际的供应链系统中,不可能做到所有的企业都无补货提前期,企业的目标是努力缩短补货提前期,将补货提前期内需求的不确定性限制在最小的范围。

10.3　多级协同决策

　　对于多级库存系统,各节点分散独立决策不仅容易出现长鞭效应现象,而且还会造成库存量偏高。因此,这种运作方式一般不能使系统整体处在最优的运作状态。

　　一个普遍的共识是供应链上的所有成员应开放各自的相关信息,在充分掌握供应链上的整体信息的前提下,各节点进行决策,以达到提高效率、降低成本、增强供应链整体竞争实力的目的。

　　从库存管理的角度来讲,就是各节点在了解供应链上某些成员的库存信息的情况下,来确定自身节点的库存管理策略。

　　为此,先回顾一下第 7 章中的两个基本概念。

　　多级库存量(multi-echelon inventory):是多级库存管理中的一个重要概念,某节点的多级库存量是指该节点及所有下游节点的将有库存量的总和。

　　增值持货成本系数:是多级库存管理中的另一个重要概念,某节点的增值持货成本系数是指该节点的持货成本系数与紧邻的上游节点的持货成本系数之差。节点 i 的增值持货成本系数用 h_i' 表示。

各节点在制定自身的库存管理策略时,可以参照多级库存量和增值持货成本系数来进行分析。之所以参照多级库存量和增值持货成本系数,一个比较直观的道理是:对于多级库存系统,有时尽管自身节点的库存量很低,但多级库存量却很高,此时不一定要向上游节点发出补货请求;相反,有时尽管自身节点的库存量很高,但多级库存量却很低,此时应考虑向上游节点发出补货请求。

下面以两级系统为例,简介几种典型结构的库存系统的分析。

10.3.1　串型结构

考虑运行时间为无限期,系统的运作方式及有关参数如下:

节点 2:终端市场的随机需求发生在该节点,每次向节点 1 发出补货请求时的启动费用为 K_2,持货成本系数为 h_2,从节点 1 向节点 2 供货时的提前期为 L_2,若节点 2 对终端顾客缺货则回补。

节点 1:每次进行货物补充时的启动费用为 K_1,持货成本系数为 h_1,补货提前期为 L_1,若对节点 2 缺货则不补。

对于节点 2 来说,可以采用周期性盘点 (s_2, S_2) 策略,其中,s_2 是补货点,可参照要求的服务水平来确定;S_2 是补货目标,可参照基本经济补货批量来确定。但在分析时,应取多级库存量,该节点的多级库存量即该节点的将有库存量,等于该节点的现有库存量与补货提前期 L_2 内的在途库存量之和。在缺货回补的处理方式下,补货点 s_2 是参照 $L_2 + 1$ 期内的总需求所要达到的服务水平来确定的。例如,假设单期终端市场需求服从正态分布,补货提前期为 2 期,这意味着当前决策的影响一直持续到 3 期后的结束时刻,而 3 期的总需求是 3 个服从正态分布的随机变量之和,因此,补货点 s_2 是对应于多级库存量满足 3 期的总需求所要达到的服务水平。关于补货目标 S_2 的确定,在利用基本经济补货批量进行计算时,持货成本系数可取该节点的增值持货成本系数。

在每期开始时刻,若多级库存量在 s_2 以上,则不补充;若在 s_2 以下,则将多级库存量补充到 S_2。

节点 1 可以采用周期性盘点 (s_1, S_1) 策略,但不用统计来自节点 2 的需求的概率分布规律,而是用确定节点 2 管理策略相同的方法,直接利用节点的多级库存量来分析管理策略。补货点 s_1 参照要求的服务水平来确定,要注意当前的决策对终端市场的影响一直持续到 $L_1 + L_2 + 1$ 期后的结束时刻,因此,服务水平是指对应于 $L_1 + L_2 + 1$ 期内的需求总和所要达到的服务水平,S_1 是多级库存量的补货目标,可参照基本经济补货批量来确定,其中,持货成本系数可取该节点的增值持货成本系数。

在每期开始时刻,若多级库存量在 s_1 以上,则不补充;若在 s_1 以下,则将多级库存量补充到 S_1。

各节点在利用服务水平确定补货点时,可参照第一类服务水平来进行计算,且假设不存在同一时刻有多个批次在途库存重叠的情形。

例 10-4 继续例 10-1,假设专卖店的补货提前期 $L_2 = 1$,供应商的补货提前期 $L_1 = 1$,试确定各自的库存管理策略。

解：对于专卖店，补货提前期 $L_2 = 1$，单位时间终端市场需求服从参数 $\mu_2 = 0.05$ 的指数分布，因此，在 $L_2 + 1$ 期内的总需求服从参数为 $(2, \mu_2)$ 的爱尔朗分布。由 90% 的服务水平，可从下列关系来求多级库存量的补货点：

$$1 - e^{-0.05s_2} - \mu_2 s_2 e^{-0.05s_2} = 0.9$$

解上述方程可得 $s_2 = 77.8$ 单位货物。参数为 μ_2 的指数分布的均值为 $\lambda_2 = \dfrac{1}{\mu_2}$，由基本经济补货批量，有

$$Q_2 = \sqrt{\frac{2\lambda_2 K_2}{h_2'}} = \sqrt{\frac{2\left(\dfrac{1}{\mu_2}\right)K_2}{h_2'}} = \sqrt{\frac{2\left(\dfrac{1}{\mu_2}\right)K_2}{h_2 - h_1}} = \sqrt{\frac{2 \times \left(\dfrac{1}{0.05}\right) \times 100}{10 - 6}} \text{ 单位货物}$$

$$= 31.62 \text{ 单位货物}$$

故多级库存量的补货目标为

$$S_2 = s_2 + Q_2 = (77.8 + 31.62) \text{ 单位货物} = 109.42 \text{ 单位货物}$$

对于供应商，补货提前期 $L_1 = 1$，因此，在 $L_1 + L_2 + 1$ 期内的总需求服从参数为 $(3, \mu_2)$ 的爱尔朗分布，由 90% 的服务水平，可从下列关系来求多级库存量的补货点：

$$1 - e^{-0.05s_1} - 0.05s_1 e^{-0.05s_1} - \frac{(0.05s_1)^2}{2!} e^{-0.05s_1} = 0.9$$

解上述方程可得 $s_1 = 106.45$ 单位货物。参数为 μ_2 的指数分布的均值为 $\lambda_2 = \dfrac{1}{\mu_2}$，由经济补货批量，有

$$Q_1 = \sqrt{\frac{2\lambda_2 K_1}{h_1'}} = \sqrt{\frac{2\left(\dfrac{1}{\mu_2}\right)K_1}{h_1'}} = \sqrt{\frac{2\left(\dfrac{1}{\mu_2}\right)K_1}{h_1}} = \sqrt{\frac{2 \times \left(\dfrac{1}{0.05}\right) \times 200}{6}} \text{ 单位货物}$$

$$= 36.51 \text{ 单位货物}$$

故多级库存量的补货目标为

$$S_1 = s_1 + Q_1 = (106.45 + 36.51) \text{ 单位货物} = 142.96 \text{ 单位货物}$$

10.3.2　合流型结构

考虑运行时间为无限期，系统的运作方式及有关参数如下：

节点 3：终端市场的随机需求发生在该节点，每次向节点 1 和节点 2 发出补货请求时的启动费用为 K_3，持货成本系数为 h_3，从节点 1 和节点 2 向节点 3 供货时的补货提前期为 L_3^1 和 L_3^2，若节点 3 对终端顾客缺货则回补。

节点 1 和节点 2：节点 1 每次进行货物补充时的启动费用为 K_1，持货成本系数为 h_1，货物补充时的提前期为 L_1。节点 2 每次进行货物补充时的启动费用为 K_2，持货成本系数为 h_2，货物补充时的提前期为 L_2。该两节点若对节点 3 缺货则不补。

3 个节点分别采用周期性盘点 (s_1, S_1) 策略、(s_2, S_2) 策略和 (s_3, S_3) 策略来管理各自的库存，可利用与 10.3.1 节相同的方法来确定各自的补货点及补货目标。

一般合流系统多出现在生产领域，如零部件供应与成品组装，对于这类系统，只有当所有的零部件到货后才能开始组装作业。因此，节点 3 的补货提前期可以取 L_3^1 和 L_3^2 的

大者，即

$$L_3 = \max\{L_3^1, L_3^2\}$$

例 10-5　继续例 10-2，假设组装厂向两个零部件厂发出补货请求时的补货提前期分别为 $L_3^1=1$ 和 $L_3^2=2$，零部件厂 1 的补货提前期 $L_1=1$，零部件厂 2 的补货提前期 $L_2=1$，试确定各自的库存管理策略。

解：对于组装厂，补货提前期 $L_3=\max\{L_3^1, L_3^2\}=\max\{1,2\}=2$，单位时间终端市场需求服从参数 $\lambda_3=20$ 的泊松分布，因此，在 L_3+1 期内的总需求服从参数为 $3\lambda_3$ 的泊松分布，故需求为 n 的概率为 $\dfrac{(3\lambda_3)^n}{n!}e^{-3\lambda_3}$，按 95% 的服务水平，可知

$$\sum_{n=0}^{72} \frac{(3 \times 20)^n}{n!}e^{-3 \times 20} = 0.943$$

$$\sum_{n=0}^{73} \frac{(3 \times 20)^n}{n!}e^{-3 \times 20} = 0.956$$

因此，多级库存量的补货点为 $s_3=73$ 单位货物。参数为 λ_3 的泊松分布的均值为 λ_3，由基本经济补货批量，有

$$Q_3 = \sqrt{\frac{2\lambda_3(K_3^1 + K_3^2)}{h_3'}} = \sqrt{\frac{2\lambda_3(K_3^1 + K_3^2)}{h_3 - (h_1 + h_2)}} = \sqrt{\frac{2 \times 20 \times (150 + 120)}{15 - (6 + 4)}} \text{ 单位货物}$$

$$= 46.48 \text{ 单位货物} = 46 \text{ 单位货物（取整）}$$

故多级库存量的补货目标为

$$S_3 = s_3 + Q_3 = (73 + 46) \text{ 单位货物} = 119 \text{ 单位货物}$$

对于零部件厂 1，补货提前期 $L_1=1$，因此，在 $L_1+L_3^1+1$ 期内的总需求服从参数为 $3\lambda_3$ 的泊松分布，多级库存量的补货点与组装厂的多级库存量的补货点相等，即 $s_1=73$ 单位货物。参数为 λ_3 的泊松分布的均值为 λ_3，由基本经济补货批量，有

$$Q_1 = \sqrt{\frac{2\lambda_3 K_1}{h_1'}} = \sqrt{\frac{2\lambda_3 K_1}{h_1}} = \sqrt{\frac{2 \times 20 \times 240}{6}} \text{ 单位货物} = 40 \text{ 单位货物}$$

故多级库存量的补货目标为

$$S_1 = s_1 + Q_1 = (73 + 40) \text{ 单位货物} = 113 \text{ 单位货物}$$

对于零部件厂 2，补货提前期 $L_2=1$，因此，在 $L_2+L_3^2+1$ 期内的总需求服从参数为 $4\lambda_3$ 的泊松分布，由 95% 的服务水平，可知

$$\sum_{n=0}^{94} \frac{(4 \times 20)^n}{n!}e^{-4 \times 20} = 0.945$$

$$\sum_{n=0}^{95} \frac{(4 \times 20)^n}{n!}e^{-4 \times 20} = 0.955$$

因此，多级库存量的补货点为 $s_2=95$ 单位货物。由基本经济补货批量，有

$$Q_2 = \sqrt{\frac{2\lambda_3 K_2}{h_2'}} = \sqrt{\frac{2\lambda_3 K_2}{h_2}} = \sqrt{\frac{2 \times 20 \times 360}{4}} \text{ 单位货物} = 60 \text{ 单位货物}$$

故多级库存量的补货目标为

$$S_2 = s_2 + Q_2 = (95 + 60) \text{ 单位货物} = 155 \text{ 单位货物}$$

上例中,实际操作上,每期组装厂向两个零部件厂的补货批量并不一定相等,由于两个零部件厂的补货提前期不相等,相差 1 个时间单位,因此,每期组装厂向两个零部件厂的补货批量正好也有 1 个时间单位的错位。例如,在第 t 期,零部件厂 2 向组装厂的补货批量是 B_t,则在第 $t+1$ 期,零部件厂 1 向组装厂的补货批量是 B_t,在第 $t+1$ 期,零部件厂 2 向组装厂的补货批量是 B_{t+1},则在第 $t+2$ 期,零部件厂 1 向组装厂的补货批量是 B_{t+1},依此类推。

10.3.3　分支型结构

考虑运行时间为无限期,系统的运作方式及有关参数如下:

节点 1 和节点 2:终端市场的随机需求发生在该两节点。每次节点 1 向节点 0 发出补货请求时的启动费用为 K_1,补货提前期为 L_1,持货成本系数为 h_1;每次节点 2 向节点 0 发出补货请求时的启动费用为 K_2,补货提前期为 L_2,持货成本系数为 h_2。若节点 1 和节点 2 对终端顾客缺货则回补。

节点 0:每次进行货物补充时的启动费用为 K_0,持货成本系数为 h_0,货物补充时的提前期为 L_0,若对节点 1 和节点 2 缺货则不补。

3 个节点分别采用周期性盘点 (s_0, S_0) 策略、(s_1, S_1) 策略和 (s_2, S_2) 策略来管理各自的库存,可利用与 10.3.1 节和 10.3.2 节相同的方法来确定各自的补货点及补货目标。

对于节点 0,当前的决策对节点 1 终端市场的影响一直持续到 L_0+L_1+1 期后的结束时刻,对节点 2 终端市场的影响一直持续到 L_0+L_2+1 期后的结束时刻。因此,服务水平是指对应于节点 1 在 L_0+L_1+1 期内与节点 2 在 L_0+L_2+1 期内的总需求所要达到的服务水平。

例 10-6　继续例 10-3,假设销售店 1 的补货提前期为 $L_1=1$,销售店 2 的补货提前期为 $L_2=2$,配送中心的补货提前期为 $L_0=3$,试确定各自的库存管理策略。

解:对于销售店 1,补货提前期 $L_1=1$,单位时间终端市场需求服从均值 λ_1 和标准差 σ_1 的正态分布,因此,在 L_1+1 期内的总需求服从均值 $2\lambda_1$ 和标准差 $\sqrt{2}\sigma_1$ 的正态分布,由 90% 的服务水平,查标准正态分布面积表,可得对应的 $z_1=1.28$,故多级库存量的补货点为

$$s_1 = 2\lambda_1 + \sqrt{2}\sigma_1 z_1 = (2 \times 450 + \sqrt{2} \times 78 \times 1.28) \text{单位货物} = 1041.2 \text{单位货物}$$

由基本经济补货批量,有

$$Q_1 = \sqrt{\frac{2\lambda_1 K_1}{h_1'}} = \sqrt{\frac{2\lambda_1 K_1}{h_1 - h_0}} = \sqrt{\frac{2 \times 450 \times 300}{5.5 - 4}} \text{单位货物} = 424.26 \text{单位货物}$$

故补货目标为

$$S_1 = s_1 + Q_1 = (1041.2 + 424.26) \text{单位货物} = 1465.46 \text{单位货物}$$

对于销售店 2,补货提前期 $L_2=2$,单位时间终端市场需求服从均值 λ_2 和标准差 σ_2 的正态分布,因此,在 L_2+1 期内的总需求服从均值 $3\lambda_2$ 和标准差 $\sqrt{3}\sigma_2$ 的正态分布,由 90% 的服务水平,查标准正态分布面积表,可得对应的 $z_2=1.28$,故多级库存量的补货点为

$$s_2 = 3\lambda_2 + \sqrt{3}\sigma_2 z_2 = (3 \times 630 + \sqrt{3} \times 85 \times 1.28) \text{单位货物} = 2078.45 \text{单位货物}$$

由基本经济补货批量，有

$$Q_2 = \sqrt{\frac{2\lambda_2 K_2}{h'_2}} = \sqrt{\frac{2\lambda_2 K_2}{h_2 - h_0}} = \sqrt{\frac{2 \times 630 \times 420}{5.5 - 4}} \text{ 单位货物} = 593.97 \text{ 单位货物}$$

故多级库存量的补货目标为

$$S_2 = s_2 + Q_2 = (2078.45 + 593.97) \text{ 单位货物} = 2672.42 \text{ 单位货物}$$

对于配送中心，销售店 1 在 $L_0 + L_1 + 1$ 期内产生的需求服从均值 $5\lambda_1$ 和标准差 $\sqrt{5}\sigma_1$ 的正态分布，销售店 2 在 $L_0 + L_2 + 1$ 期内产生的需求服从均值 $6\lambda_2$ 和标准差 $\sqrt{6}\sigma_2$ 的正态分布，因此，总需求服从均值 $5\lambda_1 + 6\lambda_2$ 和标准差 $\sqrt{5\sigma_1^2 + 6\sigma_2^2}$ 的正态分布，由 90% 的服务水平所对应的 $z_0 = 1.28$，故多级库存量的补货点为

$$s_0 = (5\lambda_1 + 6\lambda_2) + \sqrt{5\sigma_1^2 + 6\sigma_2^2} \times z_0$$
$$= [(5 \times 450 + 6 \times 630) + \sqrt{5 \times 78^2 + 6 \times 85^2} \times 1.28] \text{ 单位货物}$$
$$= 6377.66 \text{ 单位货物}$$

由基本经济补货批量，有

$$Q_0 = \sqrt{\frac{2(\lambda_1 + \lambda_2) K_0}{h'_0}} = \sqrt{\frac{2(\lambda_1 + \lambda_2) K_0}{h_0}}$$
$$= \sqrt{\frac{2 \times (450 + 630) \times 2890}{4}} \text{ 单位货物} = 1249.24 \text{ 单位货物}$$

故多级库存量的补货目标为

$$S_0 = s_0 + Q_0 = (6377.66 + 1249.24) \text{ 单位货物} = 7626.9 \text{ 单位货物}$$

上例中，实际操作上，当配送中心处出现货源不充足而无法同时满足两个销售店的补货批量时，为了防止短缺博弈行为，可采取如同 10.2 节中所介绍的方法进行限额供应。

以上简介了几种常见的多级库存系统在多级协同决策方式下的分析与计算。这里需要指出的是，在理论上，有可能出现上游节点对下游节点缺货的情形，此时下游的需求就不能完全得到满足。在参照服务水平来确定各节点的多级库存量的补货点时，并未考虑上游节点会产生不能满足下游节点需求的情况。如果按照前面的计算方法来确定多级库存量的补货点和多级库存量的补货目标，就会出现实际的服务水平低于要求的服务水平。因此，可考虑将各节点的多级库存量的补货点和多级库存量的补货目标适当放大，使服务水平达到要求的服务水平。

当存在补货提前期时，若对终端顾客采取缺货不补的处理方式，则当前的决策对补货提前期以后的影响难以准确刻画，分析过程就会变得非常复杂。

小结与讨论

多级随机库存系统的分析是非常复杂的，本章只是粗浅地简介随机需求且周期性盘点下如何确定各级的库存管理策略。

对于分散独立决策，各节点可以参照历史的统计数据先估计来自下游的需求概率分布，然后，应用常规的单级随机需求库存系统的分析方法来确定各节点的库存管理策略。当各

节点分散独立决策时,系统整体并不一定处在最佳的运行状态,且容易导致长鞭效应现象。有效地克服长鞭效应的方法之一是开放供应链上所有成员的相关信息,在充分掌握供应链上的整体信息的前提下,各节点进行决策,以达到提高效率、降低成本的目的。当开放供应链上所有成员的相关信息后,各节点可采取多级协同决策,利用多级库存量和服务水平的概念来确定多级库存量的补货点,利用增值持货成本系数的概念来确定多级库存量的补货目标。

对于连续性盘点的多级随机库存系统,各节点可采取 (r, Q) 策略来管理自身节点的库存。如果是分散独立决策,则各节点的管理策略可利用与 10.1 节相类似的方法确定。如果是多级协同决策,则各节点的管理策略可利用与 10.3 节相类似的方法确定。

对于多级库存系统,如果目标函数是系统长期运行下单位时间的总成本最小化,则可以建立相应的优化模型,且存在多级库存量下的最优的 (s, S) 策略或最优的 (r, Q) 策略,但分析过程比较复杂,感兴趣的读者可以参考有关的文献资料。

习题

10-1　考虑运行时间为无限期的两级串行系统,采用周期性盘点 (s, S) 策略管理库存。终端市场在节点 2 处所产生的需求服从 $\lambda_2 = 30, \sigma_2 = 10$ 的正态分布,节点 2 的补货启动费用为 200 元/次,持货成本系数为 5 元/(单位货物·单位时间)。节点 2 对节点 1 所产生的需求服从 $\lambda_1 = 30, \sigma_1 = 15$ 的正态分布,节点 1 的补货启动费用为 250 元/次,持货成本系数为 4 元/(单位货物·单位时间)。假设两节点的服务水平均要求 95%,缺货不补,无补货提前期。试确定在分散独立决策方式下各自的 (s, S) 策略。

10-2　考虑一运行时间为无限期的合流型系统,采用周期性盘点 (s, S) 策略管理库存。假设系统中各节点采用缺货不补的处理方式,无补货提前期。终端市场在节点 3 处所产生的需求为 $\lambda_3 = 50, \sigma_3 = 15$ 的正态分布,节点 3 的补货启动费用为 180 元/次,持货成本系数为 10 元/(单位货物·单位时间)。节点 3 对节点 1 和节点 2 所产生的需求均为 $\lambda = 50, \sigma = 20$ 的正态分布,节点 1 的生产启动费用为 150 元/次,持货成本系数为 4 元/(单位货物·单位时间),节点 2 的生产启动费用为 180 元/次,持货成本系数为 5 元/(单位货物·单位时间)。假设所有节点均要求 95% 的服务水平,试确定在分散独立决策方式下各自的库存管理策略。

10-3　试解释长鞭效应的成因并阐述应对的策略。

10-4　在习题 10-1 中,假设系统中所有补货提前期均为 1,试确定在多级协同决策方式下各自的库存管理策略。

10-5　在习题 10-2 中,假设系统中所有补货提前期均为 1,试确定在多级协同决策方式下各自的库存管理策略。

第 11 章 基于库存管理的供应链协调

现实中的大多数库存系统,都是以供应链的形式运作的多级库存系统。在前面的章节中已提到,对于多级库存系统,如果各级节点只是根据自身的下游需求和上游供货情况独立地作出对自身最优的库存管理决策,那么这样的最优只是局部的。如果从整个系统的全局效益来看,大多数情况下这种分散独立决策都不会是最优的,从而导致效率的缺失。因此,如何提升供应链的全局效率,是库存管理以及供应链管理中的一个重要课题。

为了实现整个库存系统的全局效益最大化,一种常用的方法是各级节点之间通过合同的形式建立激励机制,从而使供应链整体在分散独立决策下向全局最优决策靠近甚至直接达到全局最优决策,并实现利益的重新分割。这种情形被称为供应链协调。

为便于理解实现供应链协调的原理,本章将以最基本的两级串型库存系统为例,分别介绍确定性需求和随机需求下的常用合同形式。

11.1 供应链协调的概念

在第 6 章和第 7 章中,我们分别讨论了多级确定性库存系统的分散独立决策问题和集中决策问题;在第 10 章中,我们讨论了多级随机需求库存系统的分散独立决策问题和集中决策问题。从分析结果可以看到,对于多级库存系统,如果各级节点都以自身的利益为决策目标进行分散独立决策,所产生的系统总利润一般不会是最优的。为了便于分析,我们以图 11.1 所示的两级串型库存系统为基本的供应链结构,讨论供应链在运作过程中可能存在的问题,以及改进的方法。

图 11.1　两级串型供应链系统

首先,考虑确定性的库存系统,即经销商面对的终端市场需求恒定且需求率为 λ。此时,经销商的补货决策是基于基本经济补货批量模型而获得的。假设供应商按照批量对批量的方式安排生产,即经销商每提交一次订单,供应商便进行一次生产。经销商补货启动费用为 K_2,供应商的生产启动成本为 K_1。供应商的生产成本为 c_1,批发价为 c_2,资本回报率为 I。两级节点都不考虑补货提前期。

在分散独立决策模式下,经销商独立决策自己的补货批量 Q,其成本为

$$C_2(Q) = c_2\lambda + \frac{Q}{2}Ic_2 + \frac{K_2\lambda}{Q} \tag{11.1}$$

根据基本经济订货批量模型,经销商的最优补货批量 Q^* 为

$$Q^* = \sqrt{\frac{2\lambda K_2}{Ic_2}} \tag{11.2}$$

对应的成本为

$$C_2(Q^*) = c_2\lambda + \sqrt{2\lambda K_2 Ic_2}$$

此时,供应商的成本为

$$C_1(Q^*) = c_1\lambda + \frac{K_1\lambda}{Q^*} - c_2\lambda$$

系统总成本为

$$\begin{aligned} C(Q^*) &= C_1(Q^*) + C_2(Q^*) \\ &= c_1\lambda + \frac{(K_1+K_2)\lambda}{Q^*} + \frac{Q^*}{2}Ic_2 \end{aligned} \tag{11.3}$$

如果系统按照集中模式进行运作,则供应商的成本为

$$C_1(Q) = c_1\lambda + \frac{K_1\lambda}{Q} - c_2\lambda$$

经销商的成本为

$$C_2(Q) = c_2\lambda + \frac{Q}{2}Ic_2 + \frac{K_2\lambda}{Q}$$

系统总成本可以表示为

$$C(Q) = C_1(Q) + C_2(Q) = c_1\lambda + \frac{(K_1+K_2)\lambda}{Q} + \frac{Q}{2}Ic_2 \tag{11.4}$$

可容易求出使上述成本达到最小的系统的全局最优订货批量 Q^{**} 为

$$Q^{**} = \sqrt{\frac{2\lambda(K_1+K_2)}{Ic_2}} \tag{11.5}$$

对应地,系统的总成本为

$$C(Q^{**}) = C_1(Q^{**}) + C_2(Q^{**}) = c_1\lambda + \sqrt{2\lambda(K_1+K_2)Ic_2} \tag{11.6}$$

对比 Q^{**} 和 Q^*,显然有 $Q^{**} > Q^*$,进一步有 $C(Q^*) > C(Q^{**})$。因此,分散独立决策会导致经销商订货量偏低,从而使得系统总成本上升。

例 11-1　继续例 6-1 和例 6-2。经销商所面对的终端市场需求恒定且需求率 $\lambda = 189$ 千克/天。供应商的生产成本 $c_1 = 30$ 元/千克,批发价 $c_2 = 73$ 元/千克,经销商向供应商补货时的启动费用 $K_2 = 120$ 元/次,供应商的生产启动成本 $K_1 = 700$ 元/次,资本的年度回报率 $I = 30\%$。试在分散独立决策和集中决策下确定经销商的最优订货批量,并比较两种情况下的系统总库存成本。

解:在分散决策下,经销商的最优订货批量为

$$Q^* = \sqrt{\frac{2 \times 189 \times 120}{0.3 \times 73/365}} \text{ 千克} = 869.5 \text{ 千克}$$

此时,经销商的成本为

$$C_2(Q^*) = (73 \times 189 + \sqrt{2 \times 189 \times 120 \times 0.3 \times 73/365}) \; 元/天$$
$$= 13\,849.17 \; 元/天$$

对应的系统总成本为

$$C(Q^*) = \left[30 \times 189 + \frac{869.5}{2} \times 0.3 \times \frac{73}{365} + \frac{(700+120) \times 189}{869.5}\right] 元/天$$
$$= 5874.33 \; 元/天$$

在集中决策下,经销商的最优订货批量为

$$Q^{**} = \sqrt{\frac{2 \times 189 \times (700+120)}{0.3 \times 73/365}} \; 千克 = 2272.9 \; 千克$$

此时,经销商的成本为

$$C_2(Q^{**}) = \left(73 \times 189 + \frac{2272.9}{2} \times 0.3 \times \frac{73}{365} + \frac{189 \times 120}{2272.9}\right) 元/天$$
$$= 13\,875.17 \; 元/天$$

对应的系统的总库存成本为

$$C(Q^{**}) = \left[30 \times 189 + \sqrt{2 \times 189 \times (700+120) \times 0.3 \times 73/365}\right] 元/天$$
$$= 5806.37 \; 元/天$$

因此,由于分散独立决策而增加的系统总成本为

$$C(Q^*) - C(Q^{**}) = 67.96 \; 元$$

再看随机需求的例子。考虑一个简单的单期报童问题。经销商从供应商处进货,并销往随机需求的市场。供应商的生产成本为 c_1,批发价为 c_2,经销商的市场售价为 p,期末剩余产品的回收价格为 w,市场需求服从概率分布函数 F。假设两级节点都不考虑补货提前期,也没有生产启动费和订货启动费。

在分散独立决策模式下,根据报童模型,可以得到经销商的最优订货批量为

$$Q^* = F^{-1}\left(\frac{p-c_2}{p-w}\right) \tag{11.7}$$

对应的经销商的成本的期望值为

$$E\left[C_2(Q^*)\right] = -(p-c_2)Q^* + (p-w)\int_0^{Q^*}(Q^*-x)f(x)\mathrm{d}x$$

供应商的成本为

$$C_1(Q^*) = (c_1-c_2)Q^*$$

系统总成本的期望值为

$$E\left[C(Q^*)\right] = -(p-c_1)Q^* + (p-w)\int_0^{Q^*}(Q^*-x)f(x)\mathrm{d}x \tag{11.8}$$

在集中决策模式下,系统的边际成本为 c_1。于是根据报童模型,可以得到系统的全局最优订货批量为

$$Q^{**} = F^{-1}\left(\frac{p-c_1}{p-w}\right) \tag{11.9}$$

此时,供应商的成本为

$$C_1(Q^{**}) = (c_1-c_2)Q^{**}$$

而经销商的期望成本为

$$E[C_2(Q^{**})] = -(p-c_2)Q^{**} + (p-w)\int_0^{Q^{**}}(Q^{**}-x)f(x)\mathrm{d}x$$

对应的系统总成本的期望值为

$$E[C(Q^{**})] = -(p-c_1)Q^{**} + (p-w)\int_0^{Q^{**}}(Q^{**}-x)f(x)\mathrm{d}x \tag{11.10}$$

从上面的分析可以看到,只要批发价格大于供应商的生产成本,即 $c_2 > c_1$,则有 $\dfrac{p-c_2}{p-w} < \dfrac{p-c_1}{p-w}$,从而 $Q^* < Q^{**}$,进一步有系统总期望成本 $E[C(Q^*)] > E[C(Q^{**})]$。因此,分散独立决策会导致经销商订货量偏低,从而使得系统期望总成本上升。

例 11-2　某出版社发行一种杂志,并通过经销商进行销售。每份杂志的生产成本 $c_1 = 10$ 元/本,批发价格 $c_2 = 15$ 元/本,市场售价 $p = 20$ 元/本。根据历史数据,市场需求符合 0 到 1000 的均匀分布。过期的杂志只能通过废品回收,且回收收入可忽略不计,即 $w = 0$。试计算集中决策下和分散独立决策下经销商的最优订货量,并比较两种决策模式下系统的总成本。

解：在分散独立决策模式下,经销商的最优订货批量为

$$Q^* = F^{-1}\left(\frac{20-15}{20}\right) = 250 \text{ 本}$$

此时,经销商的期望成本为

$$E[C_2(Q^*)] = \left[-(20-15)\times 250 + 20 \times \int_0^{250}(250-x)\frac{1}{1000}\mathrm{d}x\right]元 = -625 \text{ 元}$$

系统的期望总成本为

$$E[C(Q^*)] = \left[-(20-10)\times 250 + 20 \times \int_0^{250}(250-x)\frac{1}{1000}\mathrm{d}x\right]元 = -1875 \text{ 元}$$

在集中决策模式下,经销商的最优订货批量为

$$Q^{**} = F^{-1}\left(\frac{20-10}{20}\right) = 500 \text{ 本}$$

于是,经销商的期望成本为

$$E[C_2(Q^{**})] = \left[-(20-15)\times 500 + 20 \times \int_0^{500}(500-x)\frac{1}{1000}\mathrm{d}x\right]元 = 0 \text{ 元}$$

系统的期望总成本为

$$E[C(Q^{**})] = \left[-(20-10)\times 500 + 20 \times \int_0^{500}(500-x)\frac{1}{1000}\mathrm{d}x\right]元 = -2500 \text{ 元}$$

由此可见,与集中决策相比,分散独立决策时系统的期望总成本上升了 625 元。

从以上两个例子可看出,分散独立决策确实会带来系统总成本的上升,使得供应链效率降低。为了实现整个库存系统的全局效益最大化,一种直观的方法是采用多级协同决策的模式,以全局总效益为目标,集中求解各节点对应的库存策略。但这种方法在现实中并不实用,原因在于多级库存系统中的各节点往往是不同的企业或利益个体。不同节点以各自的利益为驱动,很难站在统一的全局立场上进行决策。现实中也极少存在一个局外的管理者能从全局的角度对库存系统的各节点进行强制调控。

因此,应该考虑如何在各节点分散独立决策的模式下,使系统的总效益能够达到最大

化。如果各级节点的决策目标与全局总效益是统一的,那么各级节点的分散独立决策就能够自动实现全局效益最大化。此时,各级节点的分散独立决策与集中决策下的全局最优决策是一致的,这种现象称为供应链协调。

实现供应链协调的方法有很多,一种常用的方法是各级节点之间通过合同的形式建立激励机制,实现利益的重新分割以及行为的相互约束,从而达到在各节点分散独立决策下能自发地向全局最优决策靠近的目的。

合同的类型有很多,最常见的有批发价格合同。通过上面的两个例子可以看到,单纯的批发价合同并不能协调供应链,这是因为从计算结果显示出,经销商在分散独立决策下自身的成本是低于集中决策下自身的成本的,从而经销商就没有积极性去牺牲自身的利益来换取供应链整体的最优。造成这一结果的深层原因是,供应商为了保证自己的利润为正,一定会要求批发价 c_2 大于其自身的生产成本 c_1。这就使得供应商在决策时所面临的边际成本 c_2 与系统的边际成本 c_1 不一致,从而导致经销商在分散独立决策模式下与系统最优决策不一致。这种现象称为双重边际效应。双重边际效应本质上是上、下游在最大化自身利益时由于目标不一致而引发的渠道冲突,是造成供应链效率损失的根本原因。

为了避免双重边际效应,实现供应链协调,我们需要设计更加精细的合同,使得上、下游的利益统一起来。对于一个合同而言,如果它能协调整个供应链,那么它就能保证整个系统以最高的效率合作运行,而不会因为各个节点之间的利益冲突造成不必要的损耗。因此,从社会效益的角度来看,协调的合同是明显优于不协调的合同的。更重要的是,当系统总利润提升后,通过合理的分配,能够使得所有供应链成员的利润都得到提升,从而实现帕累托改进。因此,供应链协调也是每个供应链成员所乐见的。在此基础上,一个好的合同还必须满足以下要求:所设计的合同必须让系统利润能够灵活地在供应链的各个节点之间进行分配。在现实的库存系统中,系统所处的环境、所面临的需求以及各节点之间的相对地位都千差万别。因此,一个合同如果只能让利润在各节点之间以固定的形式进行分配,那么它所能适用的范围一定是非常窄的,无法得到广泛的应用。此外,只有当利润能灵活分配时,才能使得所有系统成员的利润都高于分散独立决策时的利润,从而保证每个成员都乐意接受合同,从而保持合作的动机。此外,有些合同形式虽然能协调供应链,却要求系统各节点之间共享过多的私有信息,比如生产成本等。这样的合同虽然理论上可行,但在现实中也是难以实现的,因为成员间共享过多的私有信息往往难以实现。

为了突出问题特征,简化分析,接下来的部分以图 11.2 所示最简单的两级串型供应链系统为例,分别在确定性需求和随机需求下,介绍几种常用的可协调供应链的合同形式。

图 11.2 两级节点供应链系统的协调

11.2　基于经济补货批量模型的供应链协调

本小节中,我们以无限期确定性需求为例,重点讨论数量折扣合同如何实现供应链协调。

经销商的策略可以按照基本经济订货批量模型进行处理。假设无补货提前期,不允许缺货,供应商的补充能力为无限大,系统参数如下。

市场需求:需求率恒定且其值为 λ;

经销商补货启动费用:K_2;

供应商生产启动费用:K_1;

供应商的单位生产成本:c_1;

资本的回报率:I;

经销商决策变量:订货批量 Q。

根据基本经济订货批量模型,经销商的单位时间成本可以表示为

$$C_2(Q) = \frac{\lambda}{Q}K_2 + \frac{Q}{2}Ic_2(Q) + \lambda c_2(Q)$$

其中,$c_2(Q)$是供应商提供的数量折扣合同下订货量 Q 所对应的平均批发价。一般来说,$c_2(Q)$应是关于 Q 的单调递减函数,也就是说,订货量越大,平均批发价越低。

供应商的单位时间成本可以表示为

$$C_1(Q) = \frac{\lambda}{Q}K_1 + \lambda c_1 - \lambda c_2(Q)$$

于是,系统的总成本为

$$C(Q) = C_2(Q) + C_1(Q) = \frac{\lambda}{Q}(K_2 + K_1) + \frac{Q}{2}Ic_2(Q) + \lambda c_1$$

如果要实现供应链协调,则需要 $C_2(Q)$ 与 $C(Q)$ 在同一点取得最小值,即存在订货量 Q^*,使得

$$\arg\min_Q C_2(Q) = \arg\min_Q C(Q) = Q^*$$

上式成立的必要条件是下述等式成立

$$C_2'(Q^*) = -\frac{\lambda K_2}{Q^{*2}} + \frac{I}{2}c_2(Q^*) + \frac{Q^*}{2}Ic_2'(Q^*) + \lambda c_2'(Q^*) = 0 \tag{11.11}$$

$$C'(Q^*) = -\frac{\lambda(K_1 + K_2)}{Q^{*2}} + \frac{I}{2}c_2(Q^*) + \frac{Q^*}{2}Ic_2'(Q^*) = 0 \tag{11.12}$$

现实中,最常见的数量折扣合同形式是供应商提供一个批发价格表 $P_0, P_1, \cdots, P_{m+1}$ 和对应的分段点 $Q_0, Q_1, \cdots, Q_m$,其中 $P_0 > P_1 > \cdots > P_{m+1}$,$Q_0 < Q_1 < \cdots < Q_m$。对任意订货量 Q,小于等于 Q_0 的部分批发价为 P_0;大于 Q_0 小于等于 Q_1 的部分批发价为 P_1;……;大于 Q_{m-1} 小于等于 Q_m 的部分批发价为 P_m;大于 Q_m 的部分批发价为 P_{m+1}。容易看到,在这样的合同下经销商的总采购成本是 Q 的分段线性函数,单位货物的平均批发价 $c_2(Q)$ 随订货量 Q 的变化趋势如图 11.3 所示。

可以证明,对于上述的分段数量折扣形式,无法仅通过两段式的定价策略实现供应链协

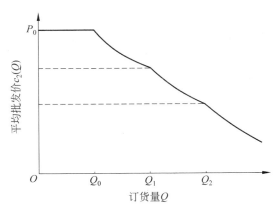

图 11.3　分段线性数量折扣合同

调，即一定要有 $m \geqslant 2$。而当 m 较大时，上述的分段计价形式在分析上比较繁琐。因此，自然的想法是设计一个连续的批发价格函数 $c_2(Q)$，既可以使分析简便，又可以实现供应链协调。一个可以满足要求的函数形式是

$$c_2(Q) = \begin{cases} P_0 e^{-a(Q-\bar{Q})}, & Q \geqslant \bar{Q} \\ P_0, & Q < \bar{Q} \end{cases}$$

其中 $a(>0)$ 和 $\bar{Q}(>0)$ 是供应商的决策变量，P_0 是已知量，代表未提供数量折扣之前的初始批发价。

于是方程（11.11）和方程（11.12）可以表示为

$$-\frac{\lambda K_2}{Q^{*2}} + \frac{I}{2} P_0 e^{-a(Q^*-\bar{Q})} - \frac{Q^*}{2} aI P_0 e^{-a(Q^*-\bar{Q})} - a\lambda P_0 e^{-a(Q^*-\bar{Q})} = 0 \qquad (11.13)$$

$$-\frac{\lambda(K_1+K_2)}{Q^{*2}} + \frac{I}{2} P_0 e^{-a(Q^*-\bar{Q})} - \frac{Q^*}{2} aI P_0 e^{-a(Q^*-\bar{Q})} = 0 \qquad (11.14)$$

上述方程组中有 $a, \bar{Q}, Q^*$ 三个参数，但方程只有两个。为了在协调供应链的基础上实现利益的灵活分配，假设供应商认为供应链协调后所带来的全局总利益中分配给经销商 r 部分是合理的，则有

$$r = \sqrt{2\lambda K_2 I P_0} + \lambda P_0 - C_2(Q^*)$$

$$= \sqrt{2\lambda K_2 I P_0} - \frac{\lambda}{Q^*} K_2 - \frac{Q^*}{2} I P_0 e^{-a(Q^*-\bar{Q})} + \lambda P_0 (1 - e^{-a(Q^*-\bar{Q})}) \qquad (11.15)$$

联立方程组（式（11.13）、式（11.14）和式（11.15）），可以解得合同参数 $a, \bar{Q}$ 和系统的最优订货量 Q^*。该方程组无法给出解析解，但可以通过数值方法求得数值解。

例 11-3　某农副产品经销商，面对恒定的市场需求且需求率 $\lambda = 3000$ 吨/周。经销商从供应商处进货，初始批发价 $P_0 = 100$ 元/吨。经销商每次补货的启动费用 $K_2 = 300$ 元/次，供应商每次处理经销商订单的费用 $K_1 = 500$ 元/次。资本的周回报率 $I = 1\%$。现供应商希望通过数量折扣合同来实现供应链的协调，以提高订货批量，降低自身成本。假设供应商认为将供应链协调后所增长的全局总利润中分配给经销商 $r = 400$ 元是合理的，试为供应商设计满足要求的数量折扣合同。

解：方程组（式（11.13）、式（11.14）和式（11.15））可以表示为

$$- \frac{3000 \times 300}{Q^{*2}} + \frac{0.01}{2} \times 100 \mathrm{e}^{-a(Q^* - \bar{Q})} - \frac{Q^*}{2} a \times 0.01 \times 100 \mathrm{e}^{-a(Q^* - \bar{Q})} -$$

$$a \times 3000 \times 100 \mathrm{e}^{-a(Q^* - \bar{Q})} = 0$$

$$- \frac{3000(500 + 300)}{Q^{*2}} + \frac{0.01}{2} \times 100 \mathrm{e}^{-a(Q^* - \bar{Q})} - \frac{Q^*}{2} a \times 0.01 \times 100 \mathrm{e}^{-a(Q^* - \bar{Q})} = 0$$

$$400 = \sqrt{2 \times 3000 \times 300 \times 0.01 \times 100} - \frac{3000}{Q^*} \times 300 - \frac{Q^*}{2} \times 0.01 \times 100 \mathrm{e}^{-a(Q^* - \bar{Q})} +$$

$$3000 \times 100 (1 - \mathrm{e}^{-a(Q^* - \bar{Q})})$$

数值方法解得：

$$a = 1.04 \times 10^{-6}$$
$$\bar{Q} = 384.95 \text{ 吨}$$
$$Q^* = 2195.46 \text{ 吨}$$

11.3　基于报童模型的供应链协调

本小节以最基本的两级单期随机需求库存系统为例，考察几种最常用的可以实现供应链协调的合同。

系统由单一供应商和单一经销商组成。经销商从供应商处进货，然后面向市场进行销售，市场需求是随机的。对于该系统，经销商的决策问题类似于单期报童模型。系统参数如下。

市场需求：是随机变量，用 D 表示，记 $f(x)$ 为 D 的概率密度函数，则概率分布函数为 $F(x) = \int_0^x f(x) \mathrm{d}x$，期望 $\mu = E(D) = \int_0^\infty x f(x) \mathrm{d}x$；

经销商销售单价：p；

经销商单件缺货惩罚成本：g；

经销商回收单价：w；

供应商生产成本：c_1；

转移支付：经销商需要转移给供应商的支付，用 T 表示，T 的具体形式取决于所采用的合同；

决策：进货量 Q。

类似 8.2 节中的推导，可以求解该两级单期随机需求库存问题。

期望销售量为

$$S(Q) = E\{\min(Q, D)\} = Q(1 - F(Q)) + \int_0^Q y(f(y)) \mathrm{d}y = Q - \int_0^Q F(y) \mathrm{d}y$$

期望剩余库存为

$$I(Q) = E\{\max(Q - D, 0)\} = Q - S(Q)$$

期望缺货数量为

$$L(Q) = E\{\max(D - Q, 0)\} = \mu - S(Q)$$

经销商的成本为

$$C_2(Q) = gL(Q) + T - pS(Q) - wI(Q) \tag{11.16}$$

供应商的成本为

$$C_1(Q) = c_1 Q - T \tag{11.17}$$

如果采用分散独立决策，则经销商的最优决策为

$$Q^* = \mathrm{argmin}\, C_2(Q) = \mathrm{argmin}\{gL(Q) + T - pS(Q) - wI(Q)\}$$

如果采用集中决策，则系统总成本为

$$C(Q) = C_1(Q) + C_2(Q) = (c_1 - w)Q + g\mu - (p - w + g)S(Q) \tag{11.18}$$

由于系统总成本与 T 无关，即与具体的合同形式无关，利用单期报童模型的求解方法，可以解得全局最优解为

$$Q^{**} = \mathrm{argmin}\, C(Q) = F^{-1}\left(1 - \frac{c_1 - w}{p - w + g}\right) \tag{11.19}$$

由于系统的总成本由订货量 Q 唯一决定，要判断一个合同能否协调供应链，需要比较 Q^* 是否等于 Q^{**}。如果 Q^* 等于 Q^{**}，则该合同能够协调供应链。

如同本章开始时的分析，我们已经看到最简单的批发价合同并不能协调供应链。因此，下面将分别考察供应链中其他几种常用的合同形式。

11.3.1 回购合同

回购合同是在批发价合同的基础上加入回购机制，即供应商将货物以确定的批发价 c_2^b 卖给经销商，同时承诺以回收价 b 从经销商处回收未售出的货物。回购合同对应的转移支付如下：

$$T_b(Q, c_2^b, b) = c_2^b Q - bI(Q) = bS(Q) + (c_2^b - b)Q$$

经销商的成本式(11.16)可以表示为

$$C_2(Q, c_2^b, b) = -(p - w + g - b)S(Q) + (c_2^b - b - w)Q + g\mu \tag{11.20}$$

对比经销商的成本式(11.20)和系统总成本式(11.18)，假设两式中 $S(Q)$ 与 Q 两项前的系数对应成比例，即

$$p - w + g - b = \lambda(p - w + g) \tag{11.21}$$
$$c_2^b - b - w = \lambda(c_1 - w) \tag{11.22}$$

其中 $0 \leqslant \lambda \leqslant 1$，是任意给定的一个参数。如果回购合同的参数满足上述条件，参照式(11.18)，经销商的成本可以表达为

$$C_2(Q, c_2^b, b) = -\lambda(p - c_1 + g)S(Q) + \lambda(c_1 - w)Q + g\mu = \lambda C(Q) - (\lambda - 1)g\mu$$

其中，第二项是常数。故当 $C_2(Q, c_2^b, b)$ 取得最小值时，对应的 Q 也将使 $C(Q)$ 取得最小值。因此，$Q^* = Q^{**}$ 恒成立。

通过上述分析，可知使供应链实现协调的回购合同不是唯一的。对于任意 $0 \leqslant \lambda \leqslant 1$，只要回购合同的参数满足式(11.21)和式(11.22)，就可以解得相应的合同参数 (c_2^b, b)，实现供应链协调。λ 的值可以近似看作经销商所得到的系统总利润的份额。设定不同的调节参数 λ 的值，就可以实现利润在上下游之间进行任意分配。因此回购合同是一种灵活的合同形式。

例 11-4　某品牌专卖店经营一种当季时装,并从专门的品牌供应商处进货。根据历史数据,估计该时装的市场需求服从 200 到 720 的均匀分布,单位为件。零售单价 $p=300$ 元/件,品牌供应商的生产成本 $c_1=110$ 元/件。剩余库存由于款式过季只能进行甩卖,甩卖单价 $w=80$ 元/件。如果出现缺货,经销商遭受口碑损失,$g=40$ 元/件。现品牌供应商希望实现供应链协调,并希望上下游双方的利润分配对应在 $\lambda=0.5$ 处。试为品牌供应商设计相应的回购合同,并计算此时的最优订货量。

解：由 $\lambda=0.5$,以及式(11.21)和式(11.22)可以解得

$$b = p - w + g - \lambda(p - w + g)$$
$$= [300 - 80 + 40 - 0.5(300 - 80 + 40)] \text{元/件}$$
$$= 130 \text{元/件}$$
$$c_2^b = \lambda(c_1 - w) + b + w$$
$$= [0.5(110 - 80) + 130 + 80] \text{元/件}$$
$$= 225 \text{元/件}$$

故满足品牌供应商需求的回购合同应为以 225 元/件的批发价向专卖店供货,同时承诺以 130 元/件的价格回收未卖出的剩余货物。此时,专卖店的最优订货量即系统的最优订货量,可计算其值为

$$Q^* = F^{-1}\left(1 - \frac{110 - 80}{300 - 80 + 40}\right) = 660 \text{件}$$

11.3.2　收入分享合同

收入分享合同是在批发价合同的基础上加入收入分享机制。供应商将货物以确定的批发价 c_2 卖给经销商,同时经销商承诺将所有收入总和以 $1-\phi$ 的比例返还给供应商。需要注意的是,这里的总和是扣除成本之前的收入,而不是扣除成本之后的利润。这样做的原因在于分享利润需要双方公开自己的成本信息,而成本是十分敏感的私有信息。相比之下,分享收入所需要的只是销售量和售价等公共信息,在实际操作中更容易实现。

收入分享合同对应的转移支付如下：
$$T_r(Q, c_2^r, \phi) = c_2^r Q + (1-\phi)(pS(Q) + w(Q - S(Q)))$$
$$= (c_2^r + (1-\phi)w)Q + (1-\phi)(p-w)S(Q)$$

经销商的成本可以表示为
$$C_2(Q, c_2^r, \phi) = -(\phi(p-w) + g)S(Q) + (c_2^r - \phi w)Q + g\mu \qquad (11.23)$$

类似 11.3.1 节中的方法,对比经销商的成本和系统总成本,假设两个式子中 $S(Q)$ 与 Q 两项前的系数对应成比例,即

$$\phi(p-w) + g = \lambda(p - w + g) \qquad (11.24)$$
$$c_2^r - \phi w = \lambda(c_1 - w) \qquad (11.25)$$

其中 $0 \leq \lambda \leq 1$,是任意给定的参数。如果回购合同的参数满足上述条件,经销商的成本可以表示为

$$C_2(Q, c_2^r, \phi) = -(\phi(p-w) + g)S(Q) + (c_2^r - \phi w)Q + g\mu = \lambda C(Q) - (\lambda - 1)g\mu$$

由于第二项是常数,故当 $C_2(Q, c_2^r, \phi)$ 取得最小值时,对应的 Q 也将使 $C(Q)$ 取得最小值。因

此，$Q^* = Q^{**}$ 恒成立。

通过上述分析，可知使供应链实现协调的收入分享合同不是唯一的。对于任意 $0 \leqslant \lambda \leqslant 1$，只要收入分享合同的参数满足式（11.24）和式（11.25），就可以解得相应的合同参数 (c_2^r, ϕ)，实现供应链协调。λ 的值可以近似看作经销商所得到的系统总利润的份额。λ 的值越大，经销商的利润就越高，而供应商的利润就越低。同样，收入分享合同也是一种灵活的合同形式。

基于 11.3.1 节和本小节中的分析，可以看到回购合同和收入分享合同在处理方法和结论上十分类似。实际上，对比式（11.21）、式（11.22）和式（11.24）与式（11.25），可以发现，只要回购合同的参数 (c_2^b, b) 和收入分享合同的参数 (c_2^r, ϕ) 满足

$$p - w + g - b = \phi(p - w) + g$$
$$c_2^b - b - w = c_2^r - \phi w$$

即

$$b = (1 - \phi)(p - w) \tag{11.26}$$
$$c_2^b = c_2^r + (1 - \phi)p \tag{11.27}$$

则两种合同是完全等价的。两种合同可以通过式（11.26）和式（11.27）进行转换。

例 11-5 继续例 11-4。试为品牌供应商设计相应的收入分享合同，并与例 11-3 中的回购合同进行比较，验证关系式（11.26）和式（11.27）的成立。

解：取 $\lambda = 0.5$，通过式（11.24）和式（11.25）可以解得

$$\phi = \frac{\lambda(p - w + g) - g}{p - w}$$
$$= \frac{0.5(300 - 80 + 40) - 40}{300 - 80}$$
$$\approx 40.9\%$$
$$c_2^r = \lambda(c_1 - w) + \phi w$$
$$= [0.5(110 - 80) + 0.409 \times 80] \ 元 / 件$$
$$\approx 47.7 \ 元 / 件$$

故满足品牌供应商需求的收入分享合同应为以 47.7 元/件的批发价向专卖店供货，同时要求专卖店将总收入的 40.9% 返还给供应商。又

$$130 = (1 - 0.409)(300 - 80)$$
$$225 = 47.7 + (1 - 0.409)300$$

因此，本例中的收入分享合同与例 11-3 中的回购合同满足关系式（11.26）和式（11.27）。

11.3.3　数量柔性合同

数量柔性合同是指供应商将货物以确定的批发价 c_2^q 卖给经销商，同时向经销商承诺会分担未卖出的剩余库存所造成的损失，但分担的剩余库存量不超过订货量 Q 的 δ 比例。因此，数量柔性合同中供应商所分担的经销商损失为 $(c_2^q - w)E\{\min[\max(Q - D, 0), \delta D)]\}$，对应的转移支付如下：

$$T_q(Q, c_2^q, \delta) = c_2^q Q - (c_2^q - w)E\{\min[\max(Q - D, 0), \delta D)]\}$$

$$= c_2^q Q - (c_2^q - w) \int_{(1-\delta)Q}^{Q} F(y) \mathrm{d}y$$

经销商的成本为

$$C_2(Q, c_2^q, \delta) = -(p - w + g) S(Q) - wQ + T_q(Q, c_2^q, \delta) + g\mu$$

$$= -(p - w + g) S(Q) + (c_2^q - w)\left(Q - \int_{(1-\delta)Q}^{Q} F(y) \mathrm{d}y\right) + g\mu \quad (11.28)$$

为了实现供应链协调，必要条件是 $Q^* = Q^{**}$，即式(11.28)在 Q^* 处取得最小值。对应的一阶导数条件为

$$C_2'(Q) \mid_{Q^*} = 0$$

求解该一阶导数条件，得到协调供应链所需要满足的合同参数条件：

$$c_2^q(\delta) = \frac{(p - w + g)(1 - F(Q^*))}{1 - F(Q^*) + (1 - \delta)F((1 - \delta)Q^*)} + w, \quad 0 \leqslant \delta \leqslant 1 \quad (11.29)$$

给定任意 δ，式(11.29)可以给出满足供应链协调必要条件的唯一批发价 c_2^q。通过改变 δ 的值，可以实现全局总利润在上下游之间的任意分配。当 $\delta = 0$ 时，经销商的利润不少于全局利润；而当 $\delta = 1$ 时，供应商的利润不少于全局利润。因此，数量柔性合同也是一种灵活的合同形式。

例 11-6　继续例 11-4。试为品牌供应商设计能协调供应链的数量柔性合同，取 $\delta = 0.5$。

解：首先，我们求解全局的最优订货量，有

$$Q^* = \left(1 - \frac{c_1 - w}{p - w + g}\right) = F^{-1}\left(1 - \frac{110 - 80}{300 - 80 + 40}\right) = 660 \text{ 件}$$

则

$$F((1 - \delta)Q^*) = F((1 - 0.5) \times 660) = \frac{1}{4}$$

根据式(11.29)，可以解得唯一的协调供应链的数量柔性合同的批发价 w_q 如下：

$$c_2^q = \left[\frac{(300 - 80 + 40)\left(1 - \frac{23}{26}\right)}{1 - \frac{23}{26} + (1 - 0.5)\frac{1}{4}} + 80\right] \text{元 / 件} = 204.8 \text{ 元 / 件}$$

故满足供应链协调的数量柔性合同应为以 204.8 元/件的批发价向专卖店供货，同时承诺承担未售出库存对专卖店造成的损失，但承担的数量不超过订货总量的一半。

11.3.4　价格折扣合同

价格折扣合同是指供应商将货物卖给经销商的批发价不再是确定不变的，而是根据订货量 Q 变化的函数 $c_2(Q)$。一般来说，订货量 Q 越大，单位货物的批发价 $c_2(Q)$ 就越低，即 $c_2(Q)$ 是关于 Q 单调递减的。该合同对应的转移支付如下：

$$T_d(Q) = c_2^d(Q)Q$$

经销商的成本式(11.16)可以表示为

$$C_2(Q) = -(p - w + g) S(Q) + (c_2^d(Q) - w)Q + g\mu \quad (11.30)$$

如果 $c_2^d(Q)$ 取任意的函数形式，则使得 $C_2(Q)$ 在 Q^* 处取得最小值的解显然有无穷多

个。因此，我们重点分析其中一种特殊形式的 $c_2^d(Q)$，其表达式为

$$c_2^d(Q) = (1-\lambda)(p-w+g)\frac{S(Q)}{Q} + \lambda(c_1-w) + w \tag{11.31}$$

其中，$\lambda(\leqslant 1)$ 是任意给定的一个参数，且可保证 $c_2^d(Q)$ 在 Q 的有效取值范围内是单调递减的。将式(11.31)带入式(11.30)，得到

$$C_2(Q, c_2^d(Q)) = -\lambda(p-w+g)S(Q) + \lambda(c_1-w)Q + g\mu$$
$$= \lambda C(Q) - (\lambda-1)g\mu$$

显然，$C_2(Q, c_2^d(Q))$ 与 $C(Q)$ 在同一点取得最小值，即 $c_2^d(Q)$ 可以协调供应链。且 λ 可以近似看作经销商所得利润占全局总利润的比例。通过改变 λ 的值，也可以实现全局总利润在上下游之间的任意分配。

例 11-7 继续例 11-4。试为品牌供应商设计能协调供应链的数量折扣合同，取 $\lambda = 0.5$。

解：首先，由已知条件可计算

$$S(Q) = Q - \int_0^Q F(y)\mathrm{d}y = Q - \int_{200}^Q \frac{y-200}{720-200}\mathrm{d}y = -\frac{1}{1040}Q^2 + \frac{18}{13}Q - \frac{500}{13}$$

将 $\lambda = 0.5$ 带入式(11.31)可以解得

$$c_2^d(Q) = (1-0.5)(300-80+40)\frac{-\dfrac{1}{1040}Q^2 + \dfrac{18}{13}Q - \dfrac{500}{13}}{Q} + 0.5(110-80) + 80$$

$$= 275 - \frac{1}{8}Q - \frac{5000}{Q}$$

由于市场需求服从 200 到 720 的均匀分布，合理的 Q 的取值范围应为 $200 \leqslant Q \leqslant 720$。显然，上述批发价函数 $c_2^d(Q)$ 在 Q 的取值范围内是单调递减的，因而满足要求。故满足品牌供应商要求的数量折扣合同应是提供形式为 $c_2^d(Q)$ 的批发价，专卖店订货量越大，单位产品的批发价越低。

小结与讨论

本章中，我们主要以两级库存系统为对象，分析如何在各级节点分散独立决策的前提下，通过合同约束的方式，让各级节点的库存策略自发地使得整个库存系统以最高的效率运作。换言之，在合同的约束下，各节点的分散独立决策能实现系统全局总利润的最大化。

对于最常见的批发价合同，由于双重边际效应，其不能达到协调供应链的目的。本章所介绍的其他几种合同，实际上都是通过不同的方式让供应商帮助经销商分担了部分成本，从而使得经销商的实际折合边际成本等于系统的边际成本。这种分担机制鼓励经销商提升自己的订货量，从而达到供应链的协调，而且还可以实现上下游间利润的灵活分割。

对于确定性需求的两级库存系统，虽然原理上可基于经济补货批量模型讨论供应链的协调，但从已有文献来看，可实现协调的方法并不多，基本上只有数量折扣合同一种形式。这是由于模型的分析过程比较复杂，很难获得简练且易操作的结果来应用于供应链的协调，就如同本章中所介绍的数量折扣合同，虽然函数形式看上去已经很简单了，可连解的唯一性

等都无法提供理论上的保障。

相比较而言,对于单期随机需求的报童模型,可实现供应链协调的合同形式就丰富得多,而且理论体系也完善得多。这些合同不仅适合本章的基本假设,还可以推广到更加一般化的系统。例如,当下游节点也有单位运作成本时,以及当下游缺货时上游节点也会招致惩罚成本时,这些合同也可以实现供应链的协调。此外,对于无限期随机需求问题,也可采用类似的分析原理来讨论供应链的协调问题。关于这些扩展的内容,感兴趣的读者可以参考有关的文献资料。

习题

11-1　试具体比较、总结本章中所介绍的各种合同分别通过何种形式解决了双重边际效应带来的供应链不协调。

11-2　某电子产品组装厂,从元器件厂商处采购元器件,组装后销往终端市场。终端市场对成品的要求恒定且需求率为 1000 件/年。组装厂的补货启动费用为 200 元/次,元器件厂商处理订单的成本为 400 元/次。资本的年度回报率 $I=30\%$。现已知元器件厂商的初始批发价为 100 元/件,但元器件厂商希望通过数量折扣合同进一步减小库存相关成本。试为元器件厂商设计合适的数量折扣合同参数,使得元器件厂商的利润提升量达到全链利润提升量的 70%。

11-3　试证明对于图 11.3 中所示的分段线性数量折扣合同,无法仅通过两段式的定价策略实现供应链协调,即至少应有三个不同的价格区间。

11-4　某报刊发行处发行一种报纸,并通过销售商进行销售。每份报纸的生产成本为 0.5 元,批发价为 1 元,市场售价为 2 元。根据历史数据,市场需求符合 0 到 2000 的均匀分布。每缺一件货销售商的信誉惩罚成本为 0.1 元。过期的报纸只能通过废纸回收,回收收入可忽略不计。试计算分散独立决策下销售商的最优订货量,并将此时的系统总利润与全局集中决策下的系统最优利润进行比较。计算由于供应链不协调所导致的系统利润损失和供应链的效率。

11-5　继续习题 11-4 的设定。若在分散独立决策下,报刊发行处先单独设计最大化自己收益的批发价,然后销售商在其基础上确定订货量。试计算分散独立决策下报刊发行处的最优批发价和销售商的最优订货量,并将此时的系统总利润与全局集中决策下的系统最优利润进行比较。计算由于供应链不协调所导致的系统利润损失和供应链的效率。

11-6　继续习题 11-4 的设定,试为报刊发行处设计合适的回购合同和收入分享合同,使得供应链协调。选择合适的 λ,保证报刊发行处和销售商双方的利润均较分散独立决策时有所提高。然后检验两种合同的参数是否满足式(11.26)和式(11.27)。

11-7　继续习题 11-4 的设定,试为报刊发行处设计合适的数量柔性合同,使得供应链协调。选择合适的 δ,保证报刊发行处和销售商双方的利润均较分散独立决策时有所提高。

11-8　继续习题 11-4 的设定,试为报刊发行处设计合适的价格折扣合同,使得供应链协调。选择合适的 λ,使得报刊发行处和销售商双方的利润较分散独立决策时的增长量相同。

第 12 章 其他库存系统简介

至此所讨论的是库存系统中的常规问题,都属于经典的库存模型。现实中,还存在一些其他类型的库存系统,有的是系统环境条件比较特殊,有的则是将库存管理与其他学科相结合而派生出来的新问题。

例如,补货时无论是供应商供货,还是生产补充,所收到的货物并不一定能保证是全部合格的,如果含有不合格品时,如何确定最优补货批量。再如,市场的需求可能会受销售价格的影响,当价格也成为一个决策变量时,如何确定最优价格和最优补货批量。还有,库存中的货物量随时间可能会发生变化,例如时鲜产品的变质或货物价值的贬损都会引起货物量随时间而变化,当货物量随时间发生变化时,如何确定最优补货批量。此外,运行一个库存系统,可利用的资源可能是有限的,当系统资源具有约束时,如何确定最优补货批量,尤其是当库存系统储存多种不同品目的货物的时候。

对上述问题的分析,有时需要将经典的库存模型进行扩展,有时需要建立新的模型及求解方法。

12.1 含不合格品经济补货批量

现实中,由供应商提供过来的货物不一定全是合格品。本节讨论当含有不合格品时如何确定最优的补货批量。

除货物中含有不合格品外,其他条件与基本经济补货批量模型相同。记 c 为补货单价,K 为补货启动费用,h 为持货成本系数,λ 为单位时间市场需求量。

假设货物的合格品率为 η,且该值为常数。

如果每次按批量供应过来的货物中含有废品,在分析最优补货批量时,要明确废品的发现时间以及对其处理的方式,下面就几种不同的情况分别进行讨论。

12.1.1 使用前发现并退款

对于每批送到的货物都进行合格品检验,并与供应商约定,检测出来的废品将由供应商退款。

在上述条件下,系统运行过程中,与基本经济补货批量模型相比,当补货批量为 Q 时,补货启动费用 K 无任何变化。因废品要被退款,所以与补货有关的费用 λc 也无任何变化。关于持货成本,因废品在到货后立即检查并被处理掉了,它们并未发生持货成本,所以持货成本也与基本经济补货批量中的持货成本是一样的。

从上面的分析可知,货物中含有废品时,若使用前进行合格品检验,并且废品按退款处理,则模型上与基本经济补货批量模型并无本质的差别,只要使检验后合格品的量正好与基本经济补货批量相等即可。为此,每次的补货批量应是基本经济补货批量放大 $\frac{1}{\eta}$ 倍,这样挑出废品后,可供使用的合格品量就正好是基本经济补货批量。

因此,对于使用前检验、废品按退款处理的情况下,最优补货批量 Q^* 为

$$Q^* = \frac{1}{\eta}\sqrt{\frac{2\lambda K}{h}} \tag{12.1}$$

对应的系统长期运行下单位时间的总成本为

$$C(Q^*) = \sqrt{2\lambda K h} + \lambda c \tag{12.2}$$

例 12-1 年度市场需求恒定且需求率 $\lambda=3428$ 件/年,补货单价 $c=136$ 元/件,产品的合格品率 $\eta=99\%$,补货启动费用 $K=2729$ 元/次,资本的年度回报率 $I=25\%$,试求最优补货批量。

解:持货成本系数为

$$h = 0.25/年 \times 136 元/件 = 34 元/(件·年)$$

按式(12.1),最优补货批量为

$$Q^* = \frac{1}{0.99}\sqrt{\frac{2 \times 3428 \times 2729}{34}} 件 = 749.3 件$$

按式(12.2),年度总成本为

$$C(Q^*) = (\sqrt{2 \times 3428 \times 2729 \times 34} + 3428 \times 136) 元/年 = 491\,429.83 元/年$$

12.1.2 使用前发现无退款

这一情形是对于每批送到的货物都进行合格品检验,但发现废品时供应商不退款,如何确定最优的补货批量。

当补货批量为 Q 时,补货可变费用为 Qc,而合格品的量为 $Q\eta$,市场需求率为 λ,故一个补货周期的时间长度为 $T=\frac{\eta Q}{\lambda}$。关于成本,因在一个补货周期内,花费补货可变费用 Qc 补进合格货物量 $Q\eta$,相当于合格品的补货单价为 $\frac{c}{\eta}$,所以合格品的持货成本系数就是 $I\frac{c}{\eta}=\frac{h}{\eta}$,对于废品,因在到货时就进行检验被挑出来并处理掉了,所以废品部分并不发生持货成本。

由上面的分析可知,在一个补货周期内,所发生的成本如下:

补货启动费用:K;

补货可变费用:cQ;

持货成本:$\frac{h}{\eta}\frac{TQ\eta}{2}=\frac{hTQ}{2}$。

因此,单位时间的总成本为

$$C(Q) = \frac{1}{T}\left(K + cQ + \frac{hTQ}{2}\right) = \frac{\lambda K}{Q\eta} + \frac{\lambda c}{\eta} + \frac{Q}{2}h \tag{12.3}$$

上式与基本经济补货批量模型具有相同的形式，于是可得最优补货批量为

$$Q^* = \sqrt{\frac{2\lambda K}{h\eta}} \tag{12.4}$$

对应的系统长期运行下单位时间的总成本为

$$C(Q^*) = \sqrt{\frac{2\lambda Kh}{\eta}} + \frac{\lambda c}{\eta} \tag{12.5}$$

例 12-2　继续例 12-1，如果废品不退款，则最优补货批量是多少？

解：由式（12.4）可得最优的补货批量为

$$Q^* = \sqrt{\frac{2 \times 3428 \times 2729}{34 \times 0.99}} 件 = 745.6 件$$

年度总成本为

$$C(Q^*) = \left(\sqrt{\frac{2 \times 3428 \times 2729 \times 34}{0.99}} + \frac{3428 \times 136}{0.99}\right) 元/年 = 496\,266.07 元/年$$

12.1.3　使用中发现并退款

对于每批送到的货物并不是马上对整批货物进行合格品检验，而是货物在被使用时才进行检验。因此，整批货物是在逐步消耗的过程中被检验的，当发现废品时由供应商退款。

市场对合格品产品的需求率为 λ，由于废品的存在，货物被消耗的真实速率应为 $\frac{\lambda}{\eta}$。如果补货批量为 Q，则一个补货周期的时间长度为 $T = \frac{\eta Q}{\lambda}$，在一个补货周期内所发生的成本如下：

补货启动费用：K；

补货可变费用：cQ；

持货成本：$\frac{Q}{2}hT$；

退款费用：$cQ(1-\eta)$。

因此，单位时间的总成本为

$$C(Q) = \frac{1}{T}\left(K + cQ + \frac{hTQ}{2} - cQ(1-\eta)\right) = \frac{\lambda K}{Q\eta} + \lambda c + \frac{Q}{2}h \tag{12.6}$$

上式与基本经济补货批量模型具有相同的形式，于是可得最优补货批量为

$$Q^* = \sqrt{\frac{2\lambda K}{\eta h}} \tag{12.7}$$

所得到的最优补货批量与式（12.4）的最优补货批量是一样的。对应的系统长期运行下单位时间的总成本为

$$C(Q^*) = \sqrt{\frac{2\lambda Kh}{\eta}} + \lambda c \tag{12.8}$$

例 12-3　继续例 12-1,如果货物是在消耗过程中发现废品并且由供应商退款,则最优补货批量是多少?

解:由式(12.7)可得最优补货批量为

$$Q^* = \sqrt{\frac{2 \times 3428 \times 2729}{0.99 \times 34}} \text{ 件} = 745.6 \text{ 件}$$

年度总成本为

$$C(Q^*) = \left(\sqrt{\frac{2 \times 3428 \times 2729 \times 34}{0.99}} + 3428 \times 136 \right) \text{元} / \text{年} = 491\,556.90 \text{ 元} / \text{年}$$

12.1.4　使用中发现无退款

该情形与 12.1.3 节一样,只是发现废品时供应商并不退款。因此,单位时间的总成本为

$$C(Q) = \frac{1}{T} \left(K + cQ + \frac{hTQ}{2} \right) = \frac{\lambda K}{Q\eta} + \frac{\lambda c}{\eta} + \frac{Q}{2} h \qquad (12.9)$$

比较式(12.9)与式(12.3)可发现,该情形与废品在到货时就被检验出来且供应商不退款时的模型完全一样,故最优补货批量为

$$Q^* = \sqrt{\frac{2\lambda K}{\eta h}} \qquad (12.10)$$

对应的系统长期运行下单位时间的总成本为

$$C(Q^*) = \sqrt{\frac{2\lambda Kh}{\eta}} + \frac{\lambda c}{\eta} \qquad (12.11)$$

12.2　定价与库存管理

在前面的章节中,需求不受系统补货单价、持货成本、缺货惩罚成本等内部参量的影响,也不受库存管理策略的影响。因此,在模型的处理上认为库存系统的内部参量与市场的需求是相互独立的。

通常,连接库存系统与市场需求的桥梁是销售价格,当价格偏高时,市场需求可能会下降,而当价格偏低时,市场需求就可能会上升。在以前的模型中,之所以将市场需求处理为独立的参量,是因为我们将销售价格假设为或默认为不变的常量。

如果销售价格不是给定的常量,而是一个待决策的变量,即管理者不仅要确定库存的管理策略,还要确定产品的销售价格,则要建立新的模型并进行分析。

当模型中不考虑销售价格时,一般目标函数可以是最小化系统的运作成本,如果引入销售价格这一参量后,只考虑系统的运作成本是不合理的,此时应考虑系统的利润,即销售收入减去运作成本,目标函数应是最大化系统的利润。

除市场需求受销售价格的影响外,其他条件与基本经济补货批量模型相同。记 c 为补货单价,K 为补货启动费用,h 为持货成本系数,λ 为单位时间市场需求量。

假设销售单价为 p。

显然，单位时间的销售收入是 λp，而单位时间的总成本是

$$\frac{\lambda K}{Q} + \lambda c + \frac{Q}{2}h$$

所以，当销售单价为 p、补货批量为 Q 时，系统单位时间的利润为

$$R(p,Q) = \lambda p - \left(\frac{\lambda K}{Q} + \lambda c + \frac{Q}{2}h\right) = \lambda(p-c) - \frac{\lambda K}{Q} - \frac{Q}{2}h \tag{12.12}$$

将上式对 Q 求偏导数并令其等于零，可得到

$$Q^* = \sqrt{\frac{2\lambda K}{h}} \tag{12.13}$$

将 Q^* 代入式(12.12)中，可得到系统单位时间的利润关于销售单价 p 的表达式

$$R(p) = \lambda(p-c) - \sqrt{2\lambda Kh} \tag{12.14}$$

接下来是要确定最优的 p，使上式达到最大。为此，首先要刻画市场需求与销售单价之间的关系。

当销售单价为 p 时，单位时间市场需求量 λ 可用两种形式进行刻画，一是线性递减规律，另一是指数递减规律。

对于线性递减规律，表达式如下：

$$\lambda = a - bp \tag{12.15}$$

式中，a 和 b 为正常数，显然 $\lambda \geq 0$，故有 $0 \leq p \leq \dfrac{a}{b}$。

将式(12.15)代入式(12.14)中，有

$$R(p) = (a-bp)(p-c) - \sqrt{2(a-bp)Kh} \tag{12.16}$$

将上式对 p 求导数并令其等于零，可得到

$$a + bc - 2bp + b\sqrt{\frac{Kh}{2(a-bp)}} = 0 \tag{12.17}$$

从上式中求出的 p 是式(12.16)的极值点，取其中的极大值点为销售单价，然后由式(12.15)得到对应的需求率 λ，进一步由式(12.13)得到补货批量。

例 12-4　某商品的补货单价 $c = 100$ 元，补货启动费用 $K = 500$ 元/次，持货成本系数 $h = 25$ 元/(单位货物·单位时间)，根据分析，单位时间市场需求量 λ 与商品的销售单价 p 呈现如下关系：

$$\lambda = 100\,000 - 200p$$

试确定销售单价和补货批量。

解：将有关参数代入式(12.17)中，求解得到销售单价 $p = 300.20$ 元，可验证该点是极大值点。因此，对应的需求率为

$$\lambda = (100\,000 - 200 \times 300.20)\ 单位货物 = 39\,960\ 单位货物$$

由式(12.13)可得补货批量为

$$Q^* = \sqrt{\frac{2 \times 39\,960 \times 500}{25}}\ 单位货物 = 1264.28\ 单位货物$$

对于指数递减规律,表达式如下:

$$\lambda = ap^{-b} \tag{12.18}$$

式中,a 和 b 为正常数,显然 $0 < p < \infty$。

将式(12.18)代入式(12.14)中,有

$$R(p) = ap^{-b}(p-c) - \sqrt{2ap^{-b}Kh} \tag{12.19}$$

将上式对 p 求导数并令其等于零,可得到

$$a(b-1)p - abc - b\sqrt{\frac{aKhp^{b}}{2}} = 0 \tag{12.20}$$

从上式中求出的 p 是式(12.19)的极值点,取其中的极大值点为销售单价,然后由式(12.15)得到对应的需求率 λ,进一步由式(12.13)得到补货批量。

例 12-5　继续例 12-4,根据分析,单位时间市场的需求量 λ 与商品的销售价格 p 呈现如下关系:

$$\lambda = 100\,000p^{-1.7}$$

试确定销售单价和补货批量。

解：将有关参数代入式(12.20)中,求解得到销售单价 $p = 325.93$ 元,可验证该点是极大值点。因此,对应的需求率为

$$\lambda = 100\,000 \times 325.93^{-1.7} \text{ 单位货物} = 5.34 \text{ 单位货物}$$

由式(12.13)可得补货批量为

$$Q^* = \sqrt{\frac{2 \times 5.34 \times 500}{25}} \text{ 单位货物} = 14.62 \text{ 单位货物}$$

12.3　时鲜类产品的库存管理

一些实际的库存系统,其货物本身的性质随时间会发生变化,最常见的就是食品类产品,随着时间的推移,产品可能会变质、腐烂等。因此,引起库存量变化的因素除了市场需求外,货物本身也在导致库存量发生变化。

这类产品又可分为两种情况:一是具有保质期的产品,产品在保质期以前是有效的,但一过保质期将变成无价值的货物;二是连续腐烂的产品,产品随时间不停地腐烂,腐烂的货物被剔除出库存系统,剩下的货物是有效的。

除货物本身的性质随时间会发生变化外,其他条件与基本经济补货批量模型相同。记 c 为补货单价,K 为补货启动费用,h 为持货成本系数,λ 为单位时间市场需求量。

12.3.1　具有保质期的产品

假设新补充进来的货物的保质期为 τ,即货物在库存系统里最多只能滞留 τ 时间单位,达到 τ 后被立即处理掉。

在不考虑货物的保质期的前提下,按基本经济补货批量来分析,当补货批量为 Q 时系

统长期运行下单位时间的总成本就是

$$C(Q) = \frac{\lambda}{Q}K + \lambda c + \frac{Q}{2}h$$

最优补货批量是

$$Q^* = \sqrt{\frac{2\lambda K}{h}}$$

对应的最优补货周期为

$$T^* = \frac{Q^*}{\lambda} = \sqrt{\frac{2K}{\lambda h}}$$

当货物具有保质期 τ 时,则最优补货周期应为 τ 和 T^* 的小者,这是合理的。因为,如果 τ 小于 T^*,在不允许缺货的要求下,补货周期必须小于等于 τ,从基本经济补货批量的成本曲线(见图 12.1)可知,在 T^* 的左边部分,成本曲线是随着补货周期 T 的增大而下降的,因此,小于 τ 处的成本就比等于 τ 处的成本大。如果 τ 大于 T^*,由于 T^* 是全局最小点,以 T^* 为补货周期可使系统的成本达到最小,因此,最优补货周期就是 T^*。综合以上情况,最优补货周期应为

$$T = \min\{\tau, T^*\} \tag{12.21}$$

最优补货批量为

$$Q = \lambda T \tag{12.22}$$

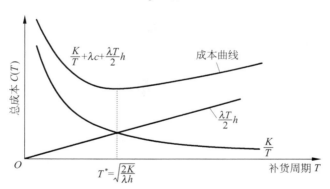

图 12.1　总成本与补货周期之间的关系

12.3.2　连续腐烂的产品

假设货物的腐烂速率为 θ,即单位货物每单位时间腐烂 θ 量,如果在 t 时刻的库存量为 $I(t)$,则单位时间腐烂的货物量为 $\theta I(t)$。由于货物腐烂的量与库存量有关,可建立以下微分方程:

$$\frac{\mathrm{d}}{\mathrm{d}t}I(t) = -\theta I(t) - \lambda \tag{12.23}$$

上式左端表示在 t 时刻库存量为 $I(t)$ 时所产生的增量变化(实际上是减少),右端表示 t 时刻引起库存量的变化有两个因素:一是货物的腐烂;二是货物被市场的需求所消耗。

假设在 $t=0$ 时刻正好是货物补充的时刻,批量为 Q,利用这一边界条件,可得到微分方程(12.23)的解是

$$I(t) = \left(Q + \frac{\lambda}{\theta}\right)e^{-\theta t} - \frac{\lambda}{\theta} \tag{12.24}$$

当补货批量为 Q 时,对应的补货周期为 T,则在 T 时刻库存量下降到零,同时马上补充一个批量 Q,库存状态的变化如图 12.2 所示。

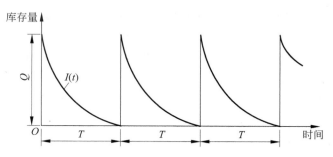

图 12.2 连续腐烂货物的库存状态变化

在 T 时刻库存量为零,即 $I(T)=0$,代入式(12.24)中,可得

$$Q = \frac{\lambda}{\theta}(e^{\theta T} - 1) \tag{12.25}$$

系统的平均库存与一个补货周期内的平均库存相等,而一个补货周期内的平均库存是图 12.2 中 $I(t)$ 下部分的面积除以补货周期的长度,即

$$\bar{I} = \frac{1}{T}\int_0^T I(t)\,\mathrm{d}t = \frac{1}{T}\int_0^T \left[\left(Q + \frac{\lambda}{\theta}\right)e^{-\theta t} - \frac{\lambda}{\theta}\right]\mathrm{d}t$$

$$= \frac{\lambda}{\theta^2 T}(e^{\theta T} - \theta T - 1) \tag{12.26}$$

通过上面的分析,系统长期运行下单位时间的总成本就为

$$C(T) = \frac{1}{T}(K + Qc) + \bar{I}h$$

$$= \frac{K}{T} + \frac{\lambda}{\theta T}(e^{\theta T} - 1)c + \frac{\lambda}{\theta^2 T}(e^{\theta T} - \theta T - 1)h \tag{12.27}$$

将上式对 T 求一阶导数并令其等于零,有

$$(\theta T - 1)e^{\theta T} = \frac{\theta^2 K}{\lambda(h + \theta c)} - 1 \tag{12.28}$$

从上式中求出的 T 是 $C(T)$ 的极值点,取其中的极小值点为补货周期,然后由式(12.25)得到对应的补货批量。

例 12-6 某商品的补货单价 $c=10$ 元,补货启动费用 $K=300$ 元/次,持货成本系数 $h=2$ 元/(单位货物·单位时间),市场需求率 $\lambda=2000$ 单位货物/单位时间,商品的腐烂速率 $\theta=0.05$ 单位货物/(单位货物·单位时间),试确定补货批量。

解:将有关参数代入式(12.28)中,求解得到补货周期 $T=0.344$ 单位时间,可验证该点是极小值点,由式(12.25)可得补货批量为

$$Q = \frac{2000}{0.05}(e^{0.05 \times 0.344} - 1) \text{单位货物} = 693.95 \text{单位货物}$$

作为对比，如果该商品无腐烂，则按基本经济补货批量可求得最优的补货批量为 $Q^* = 774.60$ 单位货物，对应的最优补货周期为 $T^* = 0.387$ 单位时间。

12.4　有限资源经济补货批量

如果系统资源是无限的，则在系统运行过程中不受资源的约束，能够保证系统按最优管理策略实施运行。这里，资源可以是仓库空间、采购资金等。

如果系统具有足够多的资源，则无限资源假设也是合理的。但如果资源有限，则不能保证库存系统按照无限资源下的最优管理策略运行。

假设系统总资源为 R，在资源有限的情况下，需要进一步分析最优的库存管理策略。

12.4.1　单品种库存系统

除系统资源有限外，其他条件与基本经济补货批量模型相同。记 c 为补货单价，K 为补货启动费用，h 为持货成本系数，λ 为单位时间市场需求量。

当补货批量为 Q 时，系统长期运行下单位时间的总成本就为

$$C(Q) = \frac{\lambda}{Q}K + \lambda c + \frac{Q}{2}h$$

假设单位货物占据资源量为 r，则有限资源下的库存管理就变成以下的最优化问题：

$$\min C(Q) = \frac{\lambda}{Q}K + \lambda c + \frac{Q}{2}h \tag{12.29}$$

$$\text{s. t. } rQ \leqslant R \tag{12.30}$$

上述最优化问题的求解思路如下。先求无限资源下式（12.29）的极值，即基本经济补货批量

$$Q^* = \sqrt{\frac{2\lambda K}{h}} \tag{12.31}$$

然后检查约束（式（12.30））是否满足，如图 12.3 所示。如果满足，即 $\frac{R}{r} \geqslant Q^*$，则说明现有资源可以保证系统按照基本经济补货批量运行；如果不能满足，即 $\frac{R}{r} < Q^*$，则要调整补货批量。从图 12.3 可知，在 Q 小于等于 $\frac{R}{r}$ 部分，总成本曲线 $C(Q)$ 上最小的点是 $\frac{R}{r}$，因此，应取补货批量

$$Q^* = \frac{R}{r} \tag{12.32}$$

12.4.2　多品种库存系统

当一个库存系统要管理的货物种类是多品种时，需要确定每个品种的库存管理策略。

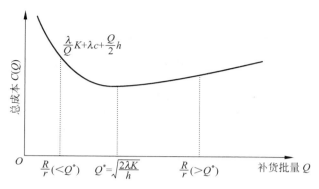

图 12.3　有限资源的最优补货批量

假设共有 M 个品种数，其中品种 m 的参数如下：c_m 为补货单价，K_m 为补货启动费用，h_m 为持货成本系数，λ_m 为单位时间市场需求量。

其他条件与基本经济补货批量模型相同。

当品种 m 的补货批量为 Q_m 时，系统长期运行下单位时间的总成本是

$$C_m(Q_m) = \frac{\lambda_m}{Q_m}K_m + \lambda_m c_m + \frac{Q_m}{2}h_m$$

假设品种 m 单位货物占据资源量为 r_m，则有限资源下多品种库存管理就变成以下的最优化问题：

$$\min C(Q_1, Q_2, \cdots, Q_m) = \sum_{m=1}^{M} C_m(Q_m) \tag{12.33}$$

$$\text{s. t.} \sum_{m=1}^{M} r_m Q_m \leqslant R \tag{12.34}$$

上述最优化问题的求解思路如下。先求各品种无限资源下式（12.33）的极值，即品种 m 的基本经济补货批量

$$Q_m^* = \sqrt{\frac{2\lambda_m K_m}{h_m}} \tag{12.35}$$

然后检查约束（式（12.34））是否满足，如果满足，则说明现有资源可以保证所有品种按照它们的基本经济补货批量运行；如果不能满足，则按下面的方式求解。

首先，由于现有资源不能满足所有品种按照它们的基本经济补货批量运行，因此，各品种的可行的补货批量应小于等于对应的基本经济补货批量；另一方面，又想使系统的运行总成本达到最小，则现有资源应全部被用上，不应有剩余，即式（12.34）应取等于号。因此，最优化问题变为

$$\min C(Q_1, Q_2, \cdots, Q_m) = \sum_{m=1}^{M} C_m(Q_m) \tag{12.36}$$

$$\text{s. t.} \sum_{m=1}^{M} r_m Q_m = R \tag{12.37}$$

对于上述最优化问题，可应用拉格朗日乘子法将约束优化问题转化为无约束优化问题，即

$$\min C(Q_1, Q_2, \cdots, Q_m, \alpha) = \sum_{m=1}^{M} C_m(Q_m) + \alpha\left(\sum_{m=1}^{M} r_m Q_m - R\right) \tag{12.38}$$

式中，α 为拉格朗日乘子。

将上式对 $Q_1, Q_2, \cdots, Q_m$ 和 α 求偏导数，并令它们等于零，有

$$-\frac{\lambda_1}{Q_1^2} K_1 + \frac{1}{2} h_1 + \alpha r_1 = 0$$

$$\vdots$$

$$-\frac{\lambda_M}{Q_M^2} K_M + \frac{1}{2} h_M + \alpha r_M = 0$$

$$\sum_{m=1}^{M} r_m Q_m - R = 0$$

从上可得到

$$Q_1 = \sqrt{\frac{2\lambda_1 K_1}{h_1 + 2\alpha r_1}} \tag{12.39}$$

$$\vdots$$

$$Q_M = \sqrt{\frac{2\lambda_M K_M}{h_M + 2\alpha r_M}} \tag{12.40}$$

$$\sum_{m=1}^{M} r_m \sqrt{\frac{2\lambda_m K_m}{h_m + 2\alpha r_m}} = R \tag{12.41}$$

先从式(12.41)中获得 α，然后将 α 代入式(12.39)、式(12.40)得到各品目的最优补货批量。

例 12-7　某库存系统共有 3 类品种，参数如下：

品种 1：$c_1 = 5, K_1 = 100, h_1 = 2, r_1 = 1, \lambda_1 = 1000$；

品种 2：$c_2 = 10, K_2 = 200, h_2 = 4, r_2 = 2, \lambda_2 = 2000$；

品种 3：$c_3 = 15, K_3 = 300, h_3 = 6, r_3 = 3, \lambda_3 = 3000$。

假设系统总资源 $R = 2000$，试确定最优补货批量。

解：先计算各品种的基本经济补货批量，由式(12.35)可得

$$Q_1^* = \sqrt{\frac{2 \times 1000 \times 100}{2}} = 316.23$$

$$Q_2^* = \sqrt{\frac{2 \times 2000 \times 200}{4}} = 447.21$$

$$Q_3^* = \sqrt{\frac{2 \times 3000 \times 300}{6}} = 547.72$$

检查约束条件(式(12.34))是否得到满足，有

$$1 \times 316.23 + 2 \times 447.21 + 3 \times 547.72 = 2853.81 > R = 2000$$

结果表明现有资源不足以使所有品种按照它们的基本经济补货批量来运行，需要重新确定各品种的最优补货批量。通过式(12.41)，可求得 $\alpha = 1.036$，然后，进一步得到各品种的最优补货批量为

$$Q_1 = \sqrt{\frac{2 \times 1000 \times 100}{2 + 2 \times 1.036 \times 1}} = 221.62$$

$$Q_2 = \sqrt{\frac{2 \times 2000 \times 200}{4 + 2 \times 1.036 \times 2}} = 313.42$$

$$Q_3 = \sqrt{\frac{2 \times 3000 \times 300}{6 + 2 \times 1.036 \times 3}} = 383.86$$

作为对比,如果所有品种都按照它们的基本经济补货批量来运行,则系统长期运行下单位时间的总成本为

$$\sum_{m=1}^{3} (\sqrt{2\lambda_m K_m h_m} + \lambda_m c_m) = 5632.46 + 21\,788.85 + 48\,286.34 = 75\,707.65$$

其中,单位时间的运作成本为

$$\sum_{m=1}^{3} \sqrt{2\lambda_m K_m h_m} = 632.46 + 1788.85 + 3286.34 = 5707.65$$

而在总资源 $R = 2000$ 的约束下,系统长期运行下单位时间的总成本为

$$\sum_{m=1}^{3} \left(\frac{\lambda_m}{Q_m}K_m + \lambda_m c_m + \frac{Q_m}{2}h_m\right) = 5672.84 + 21\,903.08 + 48\,496.19 = 76\,072.11$$

其中,单位时间的运作成本为

$$\sum_{m=1}^{3} \left(\frac{\lambda_m}{Q_m}K_m + \frac{Q_m}{2}h_m\right) = 672.84 + 1903.08 + 3496.18 = 6072.10$$

小结与讨论

库存管理的内容非常丰富,本章只介绍了与基本经济补货批量模型相关联的几种其他模型。

这些模型都可以与随机库存模型相关联。例如,在随机市场需求环境下,当销售价格对市场需求有影响时,如何同时确定最优销售价格和最优库存管理策略;当货物是时鲜类产品时,如何确定最优库存管理策略;当系统资源有限时,如何确定最优库存管理策略。进一步,这些模型都可以扩展到多级库存系统。

除了本章介绍的几种模型外,还有许多其他类型的库存模型。对于多级库存系统,当系统内各节点采取分散独立决策方式进行管理时,上下游之间存在着博弈,但博弈的形式并不是传统意义上的两败俱伤式的博弈,而是合作意义上的博弈,这种合作通过合同的方式来约定,这就构成了博弈模型,包括上下游之间的定价模型。在物流与供应链网络系统中,有时在节点之间可以进行调货和转运,此时,可应用转运模型来进行研究。还有,将库存与选址相结合的库存——选址模型,将库存与车辆调度相结合的库存——车辆调度模型,以及将库存与应急管理相结合的库存——应急管理模型等。

对库存管理的各种模型感兴趣的读者可以参考有关的文献资料。

习题

12-1　某电子产品的需求率为 5000 件/年,进货单价为 200 元/件,产品的合格率为 98%,补货启动费用为 2000 元/次,资本的年度回报率为 20%,试分别计算以下各种情况下

最优补货量：

（1）使用前发现废品并退款；

（2）使用前发现废品无退款；

（3）使用中发现废品并退款；

（4）使用中发现废品无退款。

12-2　某超市预采购一批空调。该空调的进货单价为 1000 元/台，补货启动费用为 4000 元/次，持货成本系数为 150 元/(台·年)。假设年度市场需求量 λ 与销售价格 p 有如下关系：

$$\lambda = 10\,000 - 3p$$

试确定最优销售单价和最优补货批量。

12-3　某牛奶的保质期为 45 天。若牛奶的补货启动费用为 500 元/次，持货成本系数为 0.01 元/(袋·周)。某超市的市场需求率为 500 袋/天，试求最优补货周期及最优补货批量。若牛奶的保质期为 30 天，则最优补货周期及最优补货批量又该为多少？

12-4　某水果店的香蕉的进货单价为 3 元/千克，补货启动费用为 200 元/次，持货成本为 0.05 元/(千克·天)，市场需求率为 500(千克/天)。香蕉的腐烂速率 $\theta = 0.05$，试确定最优补货批量。

12-5　某库存系统的仓储容量为 $R = 1000$ 平方米。假设系统中有两类品种的货物，各自参数如下：

品种 1：$c_1 = 10, K_1 = 200, h_1 = 3, r_1 = 1, \lambda_1 = 2000$；

品种 2：$c_2 = 15, K_2 = 300, h_2 = 4, r_2 = 2, \lambda_2 = 1000$。

试确定各品种的最优补货批量。

附录 A　标准正态分布面积表

$g(x)$——标准正态分布的概率密度函数,则面积 $\int_0^z g(x)\,\mathrm{d}x$ 可从表 A.1 获得。

表　A.1

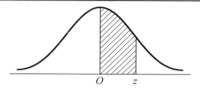

z	0.00	0.01	0.02	0.03	0.04	0.05	0.06	0.07	0.08	0.09
0.00	0.0000	0.0040	0.0080	0.0120	0.0160	0.0199	0.0239	0.0279	0.0319	0.0359
0.10	0.0398	0.0438	0.0478	0.0517	0.0557	0.0596	0.0636	0.0675	0.0714	0.0753
0.20	0.0793	0.0832	0.0871	0.0910	0.0948	0.0987	0.1026	0.1064	0.1103	0.1141
0.30	0.1179	0.1217	0.1255	0.1293	0.1331	0.1368	0.1406	0.1443	0.1480	0.1517
0.40	0.1554	0.1591	0.1628	0.1664	0.1700	0.1736	0.1772	0.1808	0.1844	0.1879
0.50	0.1915	0.1950	0.1985	0.2019	0.2054	0.2088	0.2123	0.2157	0.2190	0.2224
0.60	0.2257	0.2291	0.2324	0.2357	0.2389	0.2422	0.2454	0.2486	0.2517	0.2549
0.70	0.2580	0.2611	0.2642	0.2673	0.2703	0.2734	0.2764	0.2793	0.2823	0.2852
0.80	0.2881	0.2910	0.2939	0.2967	0.2995	0.3023	0.3051	0.3078	0.3106	0.3133
0.90	0.3159	0.3186	0.3212	0.3238	0.3264	0.3289	0.3315	0.3340	0.3365	0.3389
1.00	0.3413	0.3438	0.3461	0.3485	0.3508	0.3531	0.3554	0.3577	0.3599	0.3621
1.10	0.3643	0.3665	0.3686	0.3708	0.3729	0.3749	0.3770	0.3790	0.3810	0.3830
1.20	0.3849	0.3869	0.3888	0.3907	0.3925	0.3944	0.3962	0.3980	0.3997	0.4015
1.30	0.4032	0.4049	0.4066	0.4082	0.4099	0.4115	0.4131	0.4147	0.4162	0.4177
1.40	0.4192	0.4207	0.4222	0.4236	0.4251	0.4265	0.4279	0.4292	0.4306	0.4319
1.50	0.4332	0.4345	0.4357	0.4370	0.4382	0.4394	0.4406	0.4418	0.4429	0.4441
1.60	0.4452	0.4463	0.4474	0.4484	0.4495	0.4505	0.4515	0.4525	0.4535	0.4545
1.70	0.4554	0.4564	0.4573	0.4582	0.4591	0.4599	0.4608	0.4616	0.4625	0.4633
1.80	0.4641	0.4649	0.4656	0.4664	0.4671	0.4678	0.4686	0.4693	0.4699	0.4706
1.90	0.4713	0.4719	0.4726	0.4732	0.4738	0.4744	0.4750	0.4756	0.4761	0.4767
2.00	0.4772	0.4778	0.4783	0.4788	0.4793	0.4798	0.4803	0.4808	0.4812	0.4817
2.10	0.4821	0.4826	0.4830	0.4834	0.4838	0.4842	0.4846	0.4850	0.4854	0.4857
2.20	0.4861	0.4864	0.4868	0.4871	0.4875	0.4878	0.4881	0.4884	0.4887	0.4890
2.30	0.4893	0.4896	0.4898	0.4901	0.4904	0.4906	0.4909	0.4911	0.4913	0.4916
2.40	0.4918	0.4920	0.4922	0.4925	0.4927	0.4929	0.4931	0.4932	0.4934	0.4936
2.50	0.4938	0.4940	0.4941	0.4943	0.4945	0.4946	0.4948	0.4949	0.4951	0.4952

续表

z	0.00	0.01	0.02	0.03	0.04	0.05	0.06	0.07	0.08	0.09
2.60	0.4953	0.4955	0.4956	0.4957	0.4959	0.4960	0.4961	0.4962	0.4963	0.4964
2.70	0.4965	0.4966	0.4967	0.4968	0.4969	0.4970	0.4971	0.4972	0.4973	0.4974
2.80	0.4974	0.4975	0.4976	0.4977	0.4977	0.4978	0.4979	0.4979	0.4980	0.4981
2.90	0.4981	0.4982	0.4982	0.4983	0.4984	0.4984	0.4985	0.4985	0.4986	0.4986
3.00	0.4987	0.4987	0.4987	0.4988	0.4988	0.4989	0.4989	0.4989	0.4990	0.4990
3.10	0.4990	0.4991	0.4991	0.4991	0.4992	0.4992	0.4992	0.4992	0.4993	0.4993
3.20	0.4993	0.4993	0.4994	0.4994	0.4994	0.4994	0.4994	0.4995	0.4995	0.4995
3.30	0.4995	0.4995	0.4995	0.4996	0.4996	0.4996	0.4996	0.4996	0.4996	0.4997
3.40	0.4997	0.4997	0.4997	0.4997	0.4997	0.4997	0.4997	0.4997	0.4997	0.4998
3.50	0.4998	0.4998	0.4998	0.4998	0.4998	0.4998	0.4998	0.4998	0.4998	0.4998
3.60	0.4998	0.4998	0.4999	0.4999	0.4999	0.4999	0.4999	0.4999	0.4999	0.4999
3.70	0.4999	0.4999	0.4999	0.4999	0.4999	0.4999	0.4999	0.4999	0.4999	0.4999
3.80	0.4999	0.4999	0.4999	0.4999	0.4999	0.4999	0.4999	0.4999	0.4999	0.4999

附录 B 标准正态分布损失表

$g(x)$——标准正态分布的概率密度函数,则损失 $L(z) = \int_z^\infty (x-z)g(x)\mathrm{d}x$ 可从 表 B.1 获得。

表 B.1

z	$L(z)$	$L(-z)$	z	$L(z)$	$L(-z)$
0.00	0.3989	0.3989	0.31	0.2630	0.5730
0.01	0.3940	0.4040	0.32	0.2592	0.5792
0.02	0.3890	0.4090	0.33	0.2555	0.5855
0.03	0.3841	0.4141	0.34	0.2518	0.5918
0.04	0.3793	0.4193	0.35	0.2481	0.5981
0.05	0.3744	0.4244	0.36	0.2445	0.6045
0.06	0.3697	0.4297	0.37	0.2409	0.6109
0.07	0.3649	0.4349	0.38	0.2374	0.6174
0.08	0.3602	0.4402	0.39	0.2339	0.6239
0.09	0.3556	0.4456	0.40	0.2304	0.6304
0.10	0.3509	0.4509	0.41	0.2270	0.6370
0.11	0.3464	0.4564	0.42	0.2236	0.6436
0.12	0.3418	0.4618	0.43	0.2203	0.6503
0.13	0.3373	0.4673	0.44	0.2169	0.6569
0.14	0.3328	0.4728	0.45	0.2137	0.6637
0.15	0.3284	0.4784	0.46	0.2104	0.6704
0.16	0.3240	0.4840	0.47	0.2072	0.6772
0.17	0.3197	0.4897	0.48	0.2040	0.6840
0.18	0.3154	0.4954	0.49	0.2009	0.6909
0.19	0.3111	0.5011	0.50	0.1978	0.6978
0.20	0.3069	0.5069	0.51	0.1947	0.7047
0.21	0.3027	0.5127	0.52	0.1917	0.7117
0.22	0.3027	0.5186	0.53	0.1887	0.7187
0.23	0.2944	0.5244	0.54	0.1857	0.7287
0.24	0.2904	0.5304	0.55	0.1828	0.7328
0.25	0.2863	0.5363	0.56	0.1799	0.7399
0.26	0.2824	0.5424	0.57	0.1771	0.7471
0.27	0.2784	0.5484	0.58	0.1742	0.7542
0.28	0.2745	0.5545	0.59	0.1714	0.7614
0.29	0.2706	0.5606	0.60	0.1687	0.7687
0.30	0.2668	0.5668	0.61	0.1659	0.7759

续表

z	$L(z)$	$L(-z)$	z	$L(z)$	$L(-z)$
0.62	0.1633	0.7833	1.04	0.0772	1.1172
0.63	0.1606	0.7906	1.05	0.0757	1.1257
0.64	0.1580	0.7980	1.06	0.0742	1.1342
0.65	0.1554	0.8054	1.07	0.0728	1.1428
0.66	0.1528	0.8128	1.08	0.0714	1.1514
0.67	0.1503	0.8203	1.09	0.0700	1.1600
0.68	0.1478	0.8278	1.10	0.0686	1.1686
0.69	0.1453	0.8353	1.11	0.0673	1.1773
0.70	0.1429	0.8429	1.12	0.0659	1.1859
0.71	0.1405	0.8505	1.13	0.0646	1.1946
0.72	0.1381	0.8581	1.14	0.0634	1.2034
0.73	0.1358	0.8658	1.15	0.0621	1.2121
0.74	0.1334	0.8734	1.16	0.0609	1.2209
0.75	0.1312	0.8812	1.17	0.0596	1.2296
0.76	0.1289	0.8889	1.18	0.0584	1.2384
0.77	0.1267	0.8967	1.19	0.0573	1.2473
0.78	0.1245	0.9045	1.20	0.0561	1.2561
0.79	0.1223	0.9123	1.21	0.0550	1.2650
0.80	0.1202	0.9202	1.22	0.0538	1.2738
0.81	0.1181	0.9281	1.23	0.0527	1.2827
0.82	0.1160	0.9360	1.24	0.0517	1.2917
0.83	0.1140	0.9440	1.25	0.0506	1.3006
0.84	0.1120	0.9520	1.26	0.0495	1.3095
0.85	0.1100	0.9600	1.27	0.0485	1.3185
0.86	0.1080	0.9680	1.28	0.0475	1.3275
0.87	0.1061	0.9761	1.29	0.0465	1.3365
0.88	0.1042	0.9842	1.30	0.0455	1.3455
0.89	0.1023	0.9923	1.31	0.0446	1.3446
0.90	0.1004	1.0004	1.32	0.0436	1.3636
0.91	0.0986	1.0086	1.33	0.0427	1.3727
0.92	0.0968	1.0168	1.34	0.0418	1.3818
0.93	0.0955	1.0250	1.35	0.0409	1.3909
0.94	0.0953	1.0330	1.36	0.0400	1.4000
0.95	0.0916	1.0416	1.37	0.0392	1.4092
0.96	0.0899	1.0499	1.38	0.0383	1.4183
0.97	0.0882	1.0582	1.39	0.0375	1.4275
0.98	0.0865	1.0665	1.40	0.0367	1.4367
0.99	0.0849	1.0749	1.41	0.0359	1.4459
1.00	0.0833	1.0833	1.42	0.0351	1.4551
1.01	0.0817	1.0917	1.43	0.0343	1.4643
1.02	0.0802	1.1002	1.44	0.0336	1.4736
1.03	0.0787	1.1087	1.45	0.0328	1.4828

z	$L(z)$	$L(-z)$	z	$L(z)$	$L(-z)$
1.46	0.0321	1.4921	1.88	0.0116	1.8916
1.47	0.0314	1.5014	1.89	0.0113	1.9013
1.48	0.0307	1.5107	1.90	0.0111	1.9111
1.49	0.0300	1.5200	1.91	0.0108	1.9208
1.50	0.0293	1.5293	1.92	0.0105	1.9305
1.51	0.0286	1.5386	1.93	0.0102	1.9402
1.52	0.0280	1.5480	1.94	0.0100	1.9500
1.53	0.0274	1.5574	1.95	0.0097	1.9597
1.54	0.0267	1.5667	1.96	0.0094	1.9694
1.55	0.0261	1.5761	1.97	0.0092	1.9792
1.56	0.0255	1.5855	1.98	0.0090	1.9890
1.57	0.0249	1.5949	1.99	0.0087	1.9987
1.58	0.0244	1.6044	2.00	0.0085	2.0085
1.59	0.0238	1.6138	2.01	0.0083	2.0183
1.60	0.0232	1.6232	2.02	0.0080	2.0280
1.61	0.0227	1.6327	2.03	0.0078	2.0378
1.62	0.0222	1.6422	2.04	0.0076	2.0476
1.63	0.0216	1.6516	2.05	0.0074	2.0574
1.64	0.0211	1.6611	2.06	0.0072	2.0672
1.65	0.0206	1.6706	2.07	0.0072	2.0770
1.66	0.0201	1.6801	2.08	0.0068	2.0868
1.67	0.0197	1.6897	2.09	0.0066	2.0966
1.68	0.0192	1.6992	2.10	0.0065	2.1065
1.69	0.0187	1.7087	2.11	0.0063	2.1163
1.70	0.0183	1.7183	2.12	0.0061	2.1261
1.71	0.0178	1.7278	2.13	0.0060	2.1360
1.72	0.0174	1.7374	2.14	0.0058	2.1458
1.73	0.0170	1.7470	2.15	0.0056	2.1556
1.74	0.0166	1.7566	2.16	0.0055	2.1655
1.75	0.0162	1.7662	2.17	0.0053	2.1753
1.76	0.0158	1.7558	2.18	0.0052	2.1852
1.77	0.0154	1.7854	2.19	0.0050	2.1950
1.78	0.0150	1.7950	2.20	0.0049	2.2049
1.79	0.0146	1.8046	2.21	0.0048	2.2148
1.80	0.0143	1.8143	2.22	0.0046	2.2246
1.81	0.0139	1.8239	2.23	0.0045	2.2345
1.82	0.0136	1.8436	2.24	0.0044	2.2444
1.83	0.0132	1.8432	2.25	0.0042	2.2542
1.84	0.0129	1.8529	2.26	0.0041	2.2641
1.85	0.0126	1.8626	2.27	0.0040	2.2740
1.86	0.0123	1.8723	2.28	0.0039	2.2839
1.87	0.0119	1.8819	2.29	0.0038	2.2938

z	L(z)	L(−z)	z	L(z)	L(−z)
2.30	0.0037	2.3037	2.66	0.0012	2.6612
2.31	0.0036	2.3136	2.67	0.0012	2.6712
2.32	0.0035	2.3235	2.68	0.0011	2.6811
2.33	0.0034	2.3334	2.69	0.0011	2.6911
2.34	0.0033	2.3433	2.70	0.0011	2.7011
2.35	0.0032	2.3532	2.71	0.0010	2.7110
2.36	0.0031	2.3631	2.72	0.0010	2.7210
2.37	0.0030	2.3730	2.73	0.0010	2.7310
2.38	0.0029	2.3829	2.74	0.0009	2.7409
2.39	0.0028	2.3928	2.75	0.0009	2.7509
2.40	0.0027	2.4027	2.76	0.0009	2.7609
2.41	0.0026	2.4126	2.77	0.0008	2.7708
2.42	0.0026	2.4226	2.78	0.0008	2.7808
2.43	0.0025	2.4325	2.79	0.0008	2.7908
2.44	0.0024	2.4424	2.80	0.0008	2.8008
2.45	0.0023	2.4523	2.81	0.0007	2.8107
2.46	0.0023	2.4623	2.82	0.0007	2.8207
2.47	0.0022	2.4722	2.83	0.0007	2.8307
2.48	0.0021	2.4821	2.84	0.0007	2.8407
2.49	0.0021	2.4921	2.85	0.0006	2.8506
2.50	0.0020	2.5020	2.86	0.0006	2.8606
2.51	0.0019	2.5119	2.87	0.0006	2.8706
2.52	0.0019	2.5219	2.88	0.0006	2.8806
2.53	0.0018	2.5318	2.89	0.0006	2.8906
2.54	0.0018	2.5418	2.90	0.0005	2.9005
2.55	0.0017	2.5517	2.91	0.0005	2.9105
2.56	0.0017	2.5617	2.92	0.0005	2.9205
2.57	0.0016	2.5716	2.93	0.0005	2.9305
2.58	0.0016	2.5816	2.94	0.0005	2.9405
2.59	0.0015	2.5915	2.95	0.0005	2.9505
2.60	0.0015	2.6015	2.96	0.0004	2.9604
2.61	0.0014	2.6114	2.97	0.0004	2.9704
2.62	0.0014	2.6214	2.98	0.0004	2.9804
2.63	0.0013	2.6313	2.99	0.0004	2.9904
2.64	0.0013	2.6413	3.00	0.0004	3.0004
2.65	0.0012	2.6512			

参考文献

[1] ARROW K, HARRIS T, MARSCHAK J. Optimal inventory policy[J]. Econometrica, 1951, 19: 250-272.

[2] AXSATER S. Inventory control[M]. 2nd ed. New York: Springer, 2006.

[3] BALLOU R. Business logistics/supply chain management[M]. 5th ed. New Jersey: Prentice-Hall, 2004.

[4] CHASE R, AQUILANO N, JACOBS F. Operations management for competitive advantage[M]. 9th ed. New York: McGraw-Hill, 2001.

[5] GHARE P, SCHRADER G. A model for an exponentially decaying inventory[J]. The journal of industrial engineering, 1963, 14: 238-243.

[6] GRAVES S. Multistage lot-sizing: an iterative procedure[M]//Multi-Level production/inventory control systems: theory and practice: Chapter 5. North-Holland: Elsevier Science Publishers, 1981.

[7] GRAVES S, KAN A, ZIPKIN P. Handbooks in operations research and management, logistics of production and inventory[M]. North-Holland: Elsevier Science Publishers, 1993.

[8] HADLEY G, WHITIN W. Analysis of inventory systems[M]. Englewood Cliffs: Prentice-Hall, 1963.

[9] HARRIS F. How many parts to make at once[J]. Factory, The magazine of management, 1913, 10: 135-136, 152.

[10] LEE H, PADMANABHAN V, WHANG S. The bullwhip effect in supply chains[J]. Sloan management review, 1997, 38: 93-102.

[11] LOVE S. A facilities in series inventory model with nested schedules[J]. Management science, 1972, 18: 327-338.

[12] LOVE S. Inventory control[M]. New York: McGraw-Hill, 1979.

[13] NAHMIAS S. Production and operations analysis[M]. 4th ed. New York: McGraw-Hill, 2001.

[14] RAAFAT F. Survey of literature on continuously deteriorating inventory models[J]. Journal of the operational research society, 1991, 42: 27-37.

[15] RAY S, GERCHAK Y, JEWKES E. Joint pricing and inventory policies for make-to-stock products with deterministic price-sensitive demand[J]. International journal of production economics, 2005, 97: 143-158.

[16] SCARF H. The optimality of (s, S) policies in the dynamic inventory problem[M]//ARROW K, KARLIN S, SUPPES P. Mathematical methods in the Social Sciences. Stanford, CA: Stanford University Press, 1960.

[17] SCHWARZ L. Economic order quantities for products with finite demand horizons[J]. AIIE transactions, 1972, 4: 234-237.

[18] SCHWARZ L. A simple continuous review deterministic one-warehouse N-retailer inventory problem[J]. Management science, 1973, 19: 555-566.

[19] SCHWARZ L. A note on the near optimality of "5-EOQ's worth" forecast horizons[J]. Operations research, 1977, 25: 533-536.

[20] SILVER E, MEAL H. A heuristic for selecting lot size quantities for the case of a deterministic

time-varying demand rate and discrete opportunities for replenishment[J]. Production and inventory management，1973，14：64-74.

[21]　SILVER E，PYKE D，PETERSON R. Inventory management and production planning and scheduling[M]. 3rd ed. New York：John Wiley & Sons，1998.

[22]　WAGNER H，WHITIN T. Dynamic version of the economic lot size model[J]. Management science，1958，5：89-96.

[23]　WATERS D. Inventory control and management [M]. 2nd ed. New York：John Wiley & Sons，2003.

[24]　WHITIN T. Inventory control and price theory[J]. Management science，1955，2：61-68.

[25]　WINSTON W. Introduction to probability models[M]. Australia：Thomson，2004.

[26]　ZIPKIN P. Foundations of inventory management[M]. New York：McGraw-Hill，2000.

[27]　陈荣秋，马士华.生产运作管理[M].北京：机械工业出版社，2004.

[28]　运筹学教材编写组.运筹学[M].北京：清华大学出版社，2005.

[29]　黑田充，田部勉，圆川隆夫，等.生产管理[M].东京：朝仓书店，1992.

[30]　曲立.库存管理理论与应用[M].北京：经济科学出版社，2006.

[31]　顾基发，朱敏.库存控制管理[M].北京：煤炭工业出版社，1987.

[32]　CACHON G P. Supply chain coordination with contracts//De KOK A G，GRAVES S C. Handbooks in operations research and management science[M]. New York：Elsevier，2003：227-339.

[33]　LAL R，STAELIN R. An approach for developing an optimal discount pricing policy[J]. Management Science，1984，30(12)：1524-1539.